国家级一流本科课程"运营管理"指定参考书
北京高校"优质本科课程"(重点)项目指定教材
21世纪经济管理新形态教材·管理科学与工程系列

运营管理

从知识学习、能力提升到思维转变

主　编 ◎ 曲　立
副主编 ◎ 刘文涛　颜　瑞

清华大学出版社
北京

内 容 简 介

本书是北京高校"优质本科课程"（重点）项目、校级研究生课程建设项目、校级本科生课程思政建设项目以及校级本科优质课程（重点）项目成果。

本书旨在使学生从知识学习到能力提升，最终实现思维转变。内容涵盖运营管理的经典内容，如产品开发与服务设计、选址与设施布置、能力规划、生产计划；包含设备、库存、质量管理在内的运营系统的辅助管理；探讨了当前运营领域的一些新成果，如后疫情时代智能化、无接触、敏捷化供应链以及"人类命运共同体"下制造业与服务业运营管理的新变化。

本书可作为高等院校管理类专业本科生、研究生和 MBA 的教材，也可作为企业管理人员的学习和培训用书。

本书封面贴有清华大学出版社防伪标签，无标签者不得销售。
版权所有，侵权必究。举报：010-62782989，beiqinquan@tup.tsinghua.edu.cn。

图书在版编目（CIP）数据

运营管理：从知识学习、能力提升到思维转变 / 曲立主编. —北京：清华大学出版社，2023.1（2024.7重印）

21 世纪经济管理新形态教材. 管理科学与工程系列

ISBN 978-7-302-61115-8

Ⅰ.①运… Ⅱ.①曲… Ⅲ.①企业管理—运营管理—高等学校—教材 Ⅳ.① F273

中国版本图书馆 CIP 数据核字（2022）第 111967 号

责任编辑：徐永杰
封面设计：汉风唐韵
责任校对：王荣静
责任印制：沈 露

出版发行：清华大学出版社
网　　址：https://www.tup.com.cn, https://www.wqxuetang.com
地　　址：北京清华大学学研大厦 A 座　邮　编：100084
社 总 机：010-83470000　邮　购：010-62786544
投稿与读者服务：010-62776969，c-service@tup.tsinghua.edu.cn
质量反馈：010-62772015，zhiliang@tup.tsinghua.edu.cn

印 装 者：三河市龙大印装有限公司
经　　销：全国新华书店
开　　本：185mm×260mm　印　张：20.75　字　数：340 千字
版　　次：2023 年 1 月第 1 版　印　次：2024 年 7 月第 3 次印刷
定　　价：59.80 元

产品编号：088635-01

前　言

运营管理是企业的基本职能。如何降本增效、提高质量和准时交货率、提供个性化服务、保障供需匹配，是企业运营的永恒主题。

习近平总书记在党的二十大报告中指出："高质量发展是全面建设社会主义现代化国家的首要任务。"高效运营管理能够确保运营过程顺畅，减少资源浪费，提高生产效率，为企业的高质量发展提供坚实支撑。2023年9月，习近平总书记在黑龙江考察调研时首次提出新质生产力，新质生产力将改变企业的生产方式和管理模式，对企业运营管理提出新要求和新挑战。

21世纪是"速度""多变""危机"的时代，运营管理正以前所未有的速度向前发展。历史证明，一个国家在崛起时，往往伴随着运营模式的创新。例如，福特发明的流水线，伴随着美国成为头号经济强国；丰田准时制生产方式（just in time，JIT）使日本跨入经济强国之列；21世纪是中国的世纪，在互联网、信息技术等运营技术发生质变的同时，中国企业应该潜心锤炼运营模式。

本书具有以下几个特点。

（1）时效性。各章的案例导入与实践链接取自全球具有时代感和代表性的真实案例并且可在线更新。

（2）价值引领、思政护航。培养什么人，是教育的首要问题。新时代中国特色社会主义思想、社会主义核心价值观要进教材，知识传授与价值引领要相结合，本书从运营管理各角度讲述"中国方案"。从知识到能力，最终实现思维的转变。

（3）视角新颖。从供需匹配视角探讨能力配置、生产计划、收益管理等。

（4）内容与时俱进。跟踪当前社会运营管理实践和理论的最新成果，包括后疫情时代运营管理的变化、全球运营背景下的选址规划与运营系统管理、制造业与服务业运营管理的共性和差异性、智能制造的运营管理、公共部门的收益管理、全面质量管理等。

（5）配套齐备。

①与本书同步的"即测即练"，学生扫码即可自测。

②五问复盘再现本章知识要点。

③每章均配有思维导图。

④配套助教课件。

本书完整地阐述了运营管理的理论及应用。运营管理作为企业的三大基本职能中的核心职能，在运营领域内通过质量、时间、成本和差异化等方面的竞争优势满足市场的需求，从而支持企业的市场竞争战略。

在互联网支持下的智能制造业与现代服务业，其运营管理正发生着巨大的变化。本书从追求供需匹配视角，在运营战略的统领下，搭建了以"运营系统规划与设计"和"运营系统的组织与控制"为支柱的、具有完整体系的"运营视图"。

全书三篇，共9章。第一篇"通过运营管理赢得竞争优势"，包括运营管理概论、运营系统与战略两章。第二篇"运营系统规划与设计"，包含产品与服务开发设计、运营系统选址与设施布置、运营系统能力规划三章。第三篇"运营系统组织与控制"，包含运营系统计划、作业计划、运营系统辅助管理、运营管理方式变革四章。

本书由曲立教授主编和统稿。第1章由刘文涛、曲立编写，第2、4章由刘文涛编写，第3章由张琳编写，第5、6、8章由颜瑞、曲立编写，第7章由贾彦鹤编写，第9章由曲立、贾彦鹤编写。

本书在编写的过程中，参考了大量的国内外有关运营管理的著作、学者的最新研究成果、知名企业的官网、网媒提供的经典案例，这些为本书增色不少。因篇幅有限，书后仅列出了主要的参考文献，在此谨向相关作者表示深深的谢意。

除此之外，还要感谢清华大学出版社徐永杰编辑对编写思路的调拨，感谢北京信息科技大学领导给予的大力支持，在此一并表示感谢！由于编者水平有限，书中难免有不尽如人意之处，敬请有关专家、同行批评指正。

本书免费提供教学课件和相关教学文件，有需要的读者可以登录清华大学出版社网站http://www.tup.tsinghua.edu.cn下载。相关教材咨询与出版，可以添加微信18611819375与徐永杰编辑联系。

曲立
2022年10月1日

目 录

第一篇　通过运营管理赢得竞争优势

第 1 章　运营管理概论 ··· 002
　　学习目标 ··· 002
　　思维导图 ··· 003
　　案例导入 ··· 003
- 1.1 运营管理的内涵与作用 ··· 004
- 1.2 运营管理要解决的问题和内容 ··· 010
- 1.3 运营管理的发展历程与趋势 ··· 014
- 1.4 后疫情时代的运营管理新特征 ··· 027
　　本章小结 ··· 033
　　即测即练 ··· 033
　　五问复盘 ··· 033
　　思维转变 ··· 033

第 2 章　运营系统与战略 ··· 034
　　学习目标 ··· 034
　　思维导图 ··· 035
　　案例导入 ··· 035
- 2.1 运营管理的两大对象 ··· 037
- 2.2 竞争力与市场竞争战略 ··· 052
- 2.3 运营战略 ··· 060
　　本章小结 ··· 067
　　即测即练 ··· 067
　　五问复盘 ··· 067
　　思维转变 ··· 068
　　实践链接 ··· 068

第二篇　运营系统规划与设计

第3章　产品与服务开发设计 ……………………………………………… 070
- 学习目标 …………………………………………… 070
- 思维导图 …………………………………………… 071
- 案例导入 …………………………………………… 071
- 3.1　研究与开发概述 …………………………………………… 072
- 3.2　新产品研究与开发的必要性 …………………………………………… 076
- 3.3　新产品的开发与设计 …………………………………………… 077
- 3.4　服务设计 …………………………………………… 089
- 3.5　流程设计 …………………………………………… 094
- 本章小结 …………………………………………… 097
- 即测即练 …………………………………………… 098
- 五问复盘 …………………………………………… 098
- 思维转变 …………………………………………… 098
- 实践链接 …………………………………………… 098

第4章　运营系统选址与设施布置 ……………………………………… 099
- 学习目标 …………………………………………… 099
- 思维导图 …………………………………………… 100
- 案例导入 …………………………………………… 100
- 4.1　选址规划因素与程序 …………………………………………… 101
- 4.2　选址方案评价方法 …………………………………………… 112
- 4.3　设施布置 …………………………………………… 116
- 4.4　服务业典型布置 …………………………………………… 120
- 本章小结 …………………………………………… 125
- 即测即练 …………………………………………… 126
- 五问复盘 …………………………………………… 126
- 思维转变 …………………………………………… 126
- 实践链接 …………………………………………… 126

第5章　运营系统能力规划 ………………………………………………… 127
- 学习目标 …………………………………………… 127
- 思维导图 …………………………………………… 128

　　　　案例导入 ·· 128
5.1　工作研究 ·· 129
5.2　方法研究 ·· 132
5.3　时间研究 ·· 135
5.4　学习效应与规模经济 ·· 155
5.5　流水线设计与优化 ··· 161
　　　　本章小结 ·· 166
　　　　即测即练 ·· 167
　　　　五问复盘 ·· 167
　　　　思维转变 ·· 167
　　　　实践链接 ·· 167

第三篇　运营系统组织与控制

第 6 章　运营系统计划 ·· 170
　　　　学习目标 ·· 170
　　　　思维导图 ·· 171
　　　　案例导入 ·· 171
6.1　需求预测与能力核算 ·· 172
6.2　制造业生产计划 ·· 179
6.3　服务业生产计划 ·· 200
　　　　本章小结 ·· 201
　　　　即测即练 ·· 202
　　　　五问复盘 ·· 202
　　　　思维转变 ·· 202
　　　　实践链接 ·· 202

第 7 章　作业计划 ·· 203
　　　　学习目标 ·· 203
　　　　思维导图 ·· 204
　　　　案例导入 ·· 204
7.1　作业计划概述 ··· 205
7.2　制造系统作业排序 ··· 206
7.3　服务系统作业计划 ··· 215

	7.4 服务系统作业排序	224
	本章小结	229
	即测即练	229
	五问复盘	229
	思维转变	230
	实践链接	230

第 8 章　运营系统辅助管理　231

	学习目标	231
	思维导图	232
	案例导入	232
8.1	设备管理	233
8.2	库存控制与物资供应管理	241
8.3	质量管理	253
	本章小结	279
	即测即练	279
	五问复盘	279
	思维转变	279
	实践链接	279

第 9 章　运营管理方式变革　280

	学习目标	280
	思维导图	281
	案例导入	281
9.1	精益生产	283
9.2	大规模定制	294
9.3	敏捷制造	299
9.4	最优化技术与约束理论	304
9.5	智能制造	312
	本章小结	315
	即测即练	315
	五问复盘	315
	思维转变	315

参考文献　316

第一篇
通过运营管理赢得竞争优势

第 1 章 运营管理概论

 学习目标

➢ **知识目标：**

1. 理解并记忆运营管理的概念。

2. 了解运营管理内容。

3. 掌握运营系统功能。

4. 理解运营系统结构。

5. 了解运营管理的发展史，并能概括出运营管理在后疫情时代的发展趋势。

➢ **能力目标：**

1. 树立"企业中以生产运营为核心职能"的理念。

2. 能够触类旁通，体会并再现运营管理的作用。

➢ **思政目标：**

1. 理解"发展是解决我国一切问题的基础和关键"的理论依据。

2. 理解疫情及后疫情时代国家发展经济的举措、用意和逻辑。

3. 理解国家培育壮大新质生产力大环境对企业运营战略定位的影响。

思维导图

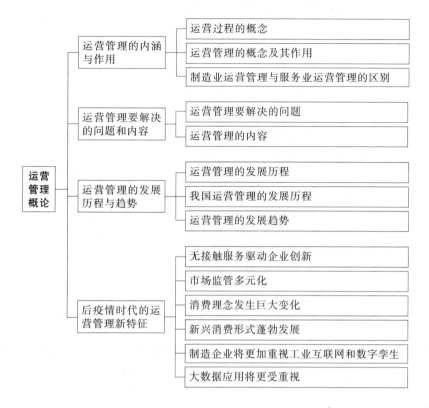

案例导入

无 人 送 餐

2020年春季正是新型冠状病毒肺炎大流行之际，随着长沙各社会组织陆续复工复产，员工"安全吃饭"成为各社会组织防疫的重头戏。2月11日，长沙经开区在全省率先采用"无人送餐车"，真正实现了员工无接触就餐。

该无人送餐车由无人快递车改造而成，首日上岗，送餐200份。当天17:30，在经开区的东方智造港内，一台银色的无人送餐车载满了餐盒，从园区东方美食城出发，不一会儿，就到达了该园区的微智医疗器械有限公司办公楼下。在附近上班的冯先生走过来，用手机扫描无人送餐车上的二维码，"嘀"，车门打开。冯先生从车中保温箱内拿出一盒饭菜离开，全程不到2分钟。

该无人送餐车是针对新冠肺炎疫情特制的，为了避免接触，触屏操作改成了扫码操作。同时，车体也改装为保温车体，确保送达的每一盒饭菜都是热乎乎的。此外，无人送餐车在每次送餐前，都会进行严格的消毒处理。

你可能会想:"这晚餐是如何从美食城一步步送来的?下单的信息都传递到了哪里?餐费从手机钱包中支出后是如何进行分配的?……"

问题:

1. "无人送餐"的管理将涉及哪些有关运营系统的规划与设计问题?
2. "无人送餐"的管理将涉及哪些有关运营系统的运行与控制问题?

生产是大多数人都了解的概念。然而,随着服务业的兴起,生产不再只是工厂里从事的活动了,而是一切社会组织最基本的活动。

无论是制造业还是服务业,其运营管理都致力于实现顾客满意和经济效益,实质在于对增值转换过程进行有效管理,实现技术可行、经济合理基础之上的资源高度集成,满足顾客对产品和服务的特定需求。运营系统的"规划与设计"以及"运行与控制"是构成运营管理的两个主要内容。

运营管理日新月异地发展着,新业态的出现,环境、道德与社会责任的归位,不仅仅是社会对社会组织提出的要求,更是社会组织生存和发展的基础与内在动力。

本章阐述运营管理的主要内容、运营管理在社会组织中的地位、发展历程和发展趋势,以及在后疫情时代,运营管理具有的一些新特征。

1.1 运营管理的内涵与作用

新一轮科技革命与产业变革风起云涌,以信息技术与制造业加速融合为主要特征的智能制造成为全球制造业发展的主要趋势。与此同时,服务业异军突起,特别是现代服务业发展日新月异,这些企业无一例外都需要进行运营管理。

1.1.1 运营过程的概念

运营过程是一个"投入—转换—产出"的过程,即投入一定的资源 x_i,经一系列的转换,最后以某种形式的产出 y_i 提供给社会,使得 $\sum y_i \geq \sum x_i$。运营过程示意图如图 1-1 所示。

投入包括人力、设备、物料、信息、技术、能源、土地等多种资源要素。产出包括两大类:有形产品和服务。前者指汽车、电视、机床、食品等各种物质产品,后者指某种形式的服务。例如，银行所提供的金融服务、邮局所提供的邮递服务、咨询公司所提供的设计方案等。中间的转换过程：即为劳动过程，是一个价值增值过程。它既包括一个物质转化过程：使投入的各种物质资源进行转变；也包括一个管理过程：通过计划、组织、实施、控制等一系列活动使上述的物质转换过程或服务过程得以实现。

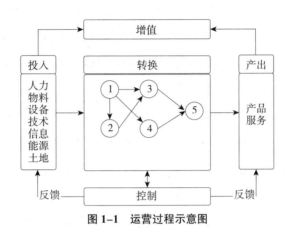

图 1-1　运营过程示意图

转换过程还可以是多种形式的。例如，机械厂主要是物理变换；石油精炼厂主要是化学变换；而航空公司或快递公司主要是位置的变换等。

在把投入转换为产出的过程中，不可避免地会出现各种问题。例如，质量不达标、设备故障、成本过高、延期交货等，需要及时发现这些问题，并采取措施尽快使运营过程回到正轨上来。因此需要有反馈机制，以实现增值并最终达到顾客满意、实现经济效益的目的。

表 1-1 列出了几种典型的社会组织的投入、转换和产出的内容。

表 1-1　几种典型的社会组织的投入、转换和产出

社会组织	主要投入	转换的内容	主要产出
蔬菜加工	肉禽蛋奶等原材料、机器设备、建筑物、能源、人力	清洗、加工、包装	脱水蔬菜
医院	病人、医务工作者、医疗设备和药品、实验室等	诊断与治疗	恢复健康的人
大学	高中毕业生，教师及管理服务人员，教室、实验室、操场，实验设备，食堂、宿舍等	教学	高级专门人才
餐饮服务企业	顾客、各种食材等其他原材料、房屋、餐饮服务人员、设备设施	饮食的加工	为顾客提供了餐饮服务
货运企业	产地的物资、运输工具及相关人员	位移	销地的物资
咨询公司	咨询的内容、相关工作人员、设备设施	咨询服务	咨询方案、策略等

运营系统实现的增值反映了投入与产出之间的差异。产出的价值由顾客愿意为该组织的产品或服务所支付的价格来衡量。增值越多，运营效率越高，对于非营利组织，产出的价值是其所实现的社会价值。

1.1.2 运营管理的概念及其作用

运营管理是指对社会组织运营系统进行规划、设计、组织和控制。其主要任务为在适当的时间、以适宜的价格，向顾客提供适当质量的产品和服务。

运营管理在社会组织中具有举足轻重的地位和作用，具体体现在以下几方面。

1. 运营管理是社会组织主要职能之一

典型的社会组织由多种职能相互配合运行才能实现其经营目标。社会组织有三大基本职能：市场营销、财务和运营。它们彼此依赖，相辅相成。在三大基本职能中，运营管理职能旨在实现"投入—转换—产出"过程的增值，负责生产或提供产品与服务，这就决定了它在社会组织各种职能中居于核心地位。因为一个社会组织所生产的产品和提供的服务是通过运营职能来实现的。没有运营职能，市场营销职能、财务职能等，都缺乏存在的根基。

财务管理职能强调确保以最低的价格获取资源并将这些资源在区域内进行分配。它包括预算、对投资方案进行评估和资金供应。财务管理人员必须与运营管理人员密切合作，及时进行信息沟通。

市场营销职能涉及销售或推销一个社会组织的产品和服务。可以采用广告宣传的方式，并作出定价决策。由此可见，若无运营职能产出的产品或服务，营销职能便没有进行销售的必要。

社会组织的三大基本职能互相依存，只有互相密切配合才能实现社会组织的经营目标。例如，如果运营部门与市场营销部门各自为政，那么市场营销部门推销的可能是无法盈利的产品或服务，或者运营部门生产或提供的是早已没有市场产品或服务。同样，如果没有财务部门与运营部门的密切配合，当社会组织需要扩大规模或更新设备时，就可能或因资金无法落实而难以实现；或有了资金和市场，但是造不出产品或提供不了服务，也只能眼睁睁地看着市场被竞争对手占领。三者关系如图1-2所示。

社会组织不仅具有上述三大基本职能，其他如公共关系、运输、采购、人力资源、信息技术等也是其重要职能，提供对三大基本职能的支撑，如图1-3所示。

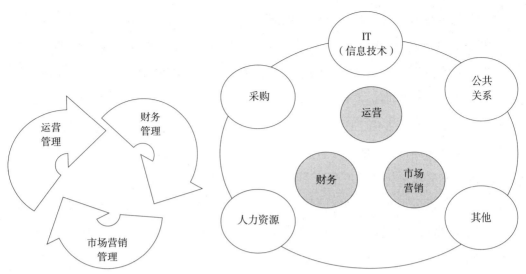

图 1–2 社会组织的三大基本职能的关系　　图 1–3 社会组织三大基本职能与其他职能的关系

社会组织的所有职能只有协调配合，才能实现社会组织的经营目标。

社会组织以运营管理职能为核心的发展建设理念，有助于理解国家的"发展是第一要务"的理论。改革开放以来，党高度重视发展问题，将发展作为解决中国一切问题的关键。邓小平提出了"发展才是硬道理"的著名论断。党的十九大报告指出，发展是解决我国一切问题的基础和关键，发展必须是科学发展，必须坚定不移贯彻创新、协调、绿色、开放、共享的发展理念。

2. 社会组织总成本中运营成本所占比例最高

表 1-2 所示为据不完全统计运营成本在各行业总成本中的比重。

表 1-2　各行业总成本中运营成本的比重　　　　　　　　　　　%

项目	食品加工业	医药制造业	电子及通信设备制造业	普通机械制造业	纺织业
运营	89	64	87	82	87
市场营销、财务与管理等费用	6	22	7	10	6
非经常性的项目税收等	5	14	6	8	7

由表 1-2 可知，运营成本占企业总成本的一半以上，因此抓大放小控制成本的前提就是要提高运营管理水平。

运营系统运行与控制的对象可以概括为质量、费用和进度。企业竞争成功的关键在于明确顾客需要什么，然后付诸行动来满足（甚至超过）顾客的期望。企业在运营实践中，必须解决好两个问题：第一，顾客需要什么？第二，如何满足顾客的需求？顾客所需要的产品或服务的竞争力主要体现在它们的性能、质量、成本、交货期等几方面，而这些内容是通过运营系统产出的。所以，上述对质量、费用和进度的运行与控制一定程度上决定了企业的竞争力。

3. 运营管理是提高生产率的主要途径

生产率反映了社会组织对资源的利用程度。生产率水平高意味着社会组织承受得起比竞争对手更低的价格，从而赢得市场份额；或者，在与竞争对手价格相同的情况下，可以实现更大的利润。从这一意义上说，较高的生产率是社会组织竞争力强的直接体现。运营管理是对"投入—转换—产出"的运营过程进行管理，直接决定产出与投入的比率。

4. 运营管理提供诱人的事业发展机会

图1-4显示的是2021年全国三大产业就业人数的构成。在各行业的所有工作中，约40%直接属于运营管理领域。

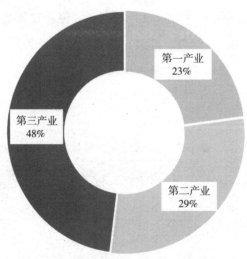

图1-4　2021年全国三大产业就业人数构成

5. 运营管理的概念和方法也被广泛应用于任何单位的其他职能领域

任何部门均需要做计划，都需要控制工作质量和工作进度等，这些方法均可在运营管理中获得。

1.1.3 制造业运营管理与服务业运营管理的区别

两者运营管理的基本问题类似。与制造企业所产出的物质形态的产品相比，服务业产出的主要是一种非物质形态的"无形"产品，其生产与消费几乎是同时进行的，且具有较强的时间相关性、地点相关性与服务设施相关性。这种产品的特殊性决定了服务业运营管理不能照搬制造业运营管理的方法。表1-3为制造业运营管理与服务业运营管理的区别。

表1-3 制造业运营管理与服务业运营管理的区别

内容	服务业运营管理	制造业运营管理
运营的基本组织方式	以人为中心组织运营； 需求有很大不确定性，无法预先制订周密的计划； 及时预先规范好服务程序，仍然会由于服务人员的随机性和顾客的随机性产生不同结果	以产品为中心组织运营； 根据市场需求或订单制订生产计划，并在此基础上采购所需物料，安排所需设备与人员； 以生产进度、产品质量和生产成本为控制对象
产品和运营系统设计方式	服务与服务提供系统同时设计； 服务提供系统是服务本身的一个组成部分（即服务的环境要素），两者的设计不可分割	产品和生产系统可分别设计； 同一产品可采用不同的生产系统来制造，例如，可以采用自动化程度截然不同的设备生产同一种产品
库存调节供需矛盾的作用	无法预先把"服务"生产出来，无法用库存来调节需求，例如，航空公司无法把某航班的空座位存起来销售给下一班次的乘客	可以通过库存来调节供需； 可以充分利用一定的生产能力，预先将产品制造出来，以满足高峰时的需求和无法预测的需求
顾客在运营中的作用	积极作用：促使企业提高服务效率，提高服务设施利用率； 消极作用：造成服务干扰	制造业企业生产系统相对封闭，顾客在生产过程中不起作用
职能间界限划分	生产运营、销售、人力资源管理职能很难区分，必须树立三者集成的观念，用集成的方法进行管理	生产运营、销售、人力资源管理三者职能划分明显
需求地点相关性	生产与消费同时发生，服务提供者与顾客必须处于同一地点； 不是顾客到服务地（如到餐厅就餐），就是服务提供者上门服务（如定制私厨）	生产与消费相对分离，销售地点需要靠近顾客，服务设施须分散化
人力密集特性	服务组织中员工地位更重要； 员工的知识、技能与表现对服务运营效率影响极大； 服务业中的技术进步更多体现为员工技能的更新和管理水平的提高	制造业对人力的依赖相对服务业略低

服务的消费者有时并非购买服务的人。例如，电视节目的消费者是观众，但是电视台的收入却来自广告费和赞助，因此服务业的目标市场更为复杂。

1.2 运营管理要解决的问题和内容

运营管理的主要任务是：在需要的时候，以适宜的价格，向顾客提供具有适当质量的产品或服务。其本质是"顾客满意"和"实现经济效益"两个子目标，这两个目标相辅相成，它以顾客满意为前提，以实现经济效益为目的。

1.2.1 运营管理要解决的问题

运营管理所要解决的问题归结为三大类。

1. 对产出要素的管理

产出要素包括产品或服务的质量（quality）、交货时间（delivery time）、成本（cost）和服务（service）的要求。

社会组织利用产出要素（产品和服务）参与市场竞争，在质量、交货时间、成本和差异性等方面取得竞争优势，从而赢得订单。因此，对产出要素管理的效果直接影响社会组织的竞争力。

2. 对投入要素的管理

投入要素包括设施设备、物料、人员、信息等资源。社会组织控制成本的重要途径就是提高资源的利用率，即以尽可能少的投入获取尽可能多的产出，以提高运营的效率。

3. 对环境要素的管理

环境问题是全球问题，要求社会组织在"投入"中，节约资源、合理使用资源；在生产和服务过程中，以及产品的使用过程中，降低"三废"排放。

国际标准化组织在 1996 年已颁布有关环境管理的 ISO 14000 系列标准，它是社会组织走向国际市场的一个"绿色通行证"。

1.2.2 运营管理的内容

1. 通过运营战略赢得竞争优势

运营战略是社会组织在运营系统的规划与设计、运行与控制以及维护与更新方面所作出的长期规划。运营战略属于该组织职能战略范畴。运营战略不但要与市场营销战略和财务战略等职能战略相得益彰，更要与社会组织的总体战略相一致。制定运营战略要以实现社会组织的总体战略、愿景和使命为出发点，从运营管理的视角，分析社会、经济、政治环境给社会组织带来的机会和威胁，针对社会组织在运营管理方面的优势和劣势，在低成本、高质量、准时交货等方面识别并培植社会组织的订单赢得要素，提升社会组织的核心竞争力，实现质量、费用和进度等方面的管理目标，从而使社会组织获得竞争优势。因此，运营战略的作用之一是通过在运营领域内取得某种竞争优势，以支持企业的市场竞争战略。

2. 运营系统的规划与设计

运营系统规划与设计包括新产品/服务开发与流程管理、运营能力规划、选址规划、设施布置、工作系统研究等。这些决策通常要从长计议。表1-4给出了运营系统规划与设计的主要内容。

表1-4 运营系统规划与设计的主要内容

内容	要解决的基本问题
新产品开发与流程管理（有没有一个好的产品或服务？采用什么样的流程？）	顾客真正需要什么？新产品开发的内在原因何在？ 产品在其生命周期的不同阶段的特点和管理重点是什么？ 如何开发新产品？有哪些新的开发理念？ 如何结合实际应用质量功能展开？ 采用什么样的流程生产所开发的产品？ 服务设计有哪些特殊性？如何进行服务设计？
运营能力规划（规模多大？）	运营能力的重要性体现在哪里？规划运营能力有哪些策略？ 规划运营能力时要考虑哪些因素？规划运营能力的程序是什么？ 如何应用实用的方法或技术进行运营能力规划？
选址规划（建在何处？）	选址规划的重要性体现在哪里？ 影响选址规划的因素有哪些？工厂、配送中心、医院等应建在哪里？ 如何应用实用的方法或技术进行选址规划？ 如何应用运输模型来规划物流配送系统？
设施布置（如何进行设施的优化布置？）	对象专业化布置要解决的基本问题是什么？ 工艺专业化布置要解决的基本问题是什么？ 如何应用成组技术（group technology，GT）？ 有哪些新思路进行非制造业的设施布置？
工作系统研究（如何设置岗位、定编定员？）	方法研究与时间研究的背景是什么？两者之间的关系是什么？ 如何通过方法研究提高工作效率？ 时间研究的基本程序是什么？ 如何通过时间研究科学地设置工作岗位？ 学习效应在社会组织中有哪些应用？

3. 运营系统的运行与控制

运营系统运行与控制的对象可概括为运营的质量、费用和进度。

（1）质量控制。质量是社会组织的生命线。质量控制的任务就是采用先进实用的质量管理方法和工具来识别、分析并解决质量问题。

如果说从早期的质量检查到后来的统计过程控制实现了"三个转变"（事后质量检验到事前质量控制、定性质量描述到定量质量分析、产品质量检验到过程质量控制），那么，从统计过程控制到全面质量管理和 6σ 贯彻了"顾客满意、持续改进"的新理念。

质量管理体系的建立与有效运行是世界经济一体化的现实要求，是质量保证活动成功经验的总结，是质量管理发展的历史必然，是社会组织在激烈的竞争中求得生存和发展，贯彻实施"顾客满意、持续改进"理念的必然选择。

（2）费用控制。费用控制就是保证产品价格既能为顾客所接受，又能为社会组织带来一定的利润。它涉及土地、人、物料、设备、能源等资源的合理配置和利用、社会组织资金的运用和管理，归根到底是努力降低产品的生产成本。

（3）进度控制。进度控制就是把运营中涉及的人员、物料、设备、资金等资源在需要的时候组织起来、筹措到位，以保证适时适量地将产品投放到市场。及时地提供给顾客所需要的产品或服务，才能更好地应对顾客在产品种类、数量和交货期上的变化。

项目的特殊性决定了应采用特殊的方法对其进行规划、建设、运营与维护，并对项目的范围、时间、费用、质量进行有效管理。

表1–5给出了运营系统运行与控制要解决的基本问题。

表1–5　运营系统运行与控制要解决的基本问题

内容	要解决的基本问题
质量控制	质量管理的重要性何在？ 如何通过理解质量管理大师的思想来更新质量管理理念？ 如何应用质量管理方法和工具识别、分析和解决质量问题？ 如何实施统计质量控制？ 如何通过质量管理体系的建立和有效运行提高质量管理水平？ 如何通过 6σ 改进或再造流程？如何有效实施 DMAIC（define，界定；measure，量测；analyze，分析；improve，改进；control，控制）模型？
费用控制	费用的基本构成是什么？ 库存的功能有哪些？ 如何实施有效的库存控制？ 何时订货？订多少货？

续表

内容	要解决的基本问题
进度控制	如何实现以销定产、产销平衡？ 如何把综合计划逐层分解为主生产计划、物料需求计划和作业计划？ 如何制订综合计划？ 如何把收益管理用于服务业综合计划的制订？ 如何制订主生产计划？ 如何制订物料需求计划？ 如何制订能力需求计划？ MRP Ⅱ（manufacture resource planning，制造资源计划）与 ERP（enterprise resource planning，企业资源计划）实现了怎样的功能？ 作业排序要解决的问题是什么？ 如何进行作业排序？ 如何进行作业控制？ 服务业作业计划管理有哪些特点？
项目管理	如何针对项目的特殊性对其进行有效的质量、费用、进度控制？ 如何进行项目管理的计划与组织？ 如何在网络计划技术的基础上进行项目计划的优化？

4. 运营系统的维护与更新

任何一个运营系统，不论其规划与设计如何科学、运行与控制如何精准，都免不了会出现问题，即使当时看来已经是最好的，也要不断进行更新与改善。

社会组织总是某一供应链的一个节点，其运营管理需要立足于供应链。近年来，新涌现的众多新理论和新方法被社会组织用于运营管理。例如，精益生产与大规模定制越来越焕发生机，而且已从传统的制造业延伸到服务业，并尝试在非营利性组织中应用。表 1-6 给出了运营系统维护与更新中要解决的基本问题。

表 1-6 运营系统维护与更新中要解决的基本问题

内容	要解决的基本问题
供应链管理	供应链管理为什么如此重要？ 如何做好物流管理工作？ 如何在供应链环境下做好采购管理？ 如何在供应链环境下做好库存控制管理？ 如何评价供应链绩效？
先进运营方式的应用	社会组织有无采用精益生产的可能性？实现途径是什么？ 如何把敏捷制造落到实处？ 社会组织有无采用大规模定制的可能性？核心技术是什么？ 如何有效实施收益管理？

把上面四个方面的内容归纳起来,就形成了图1-5所示的"运营视图"。"运营视图"涵盖了本书的全部内容。

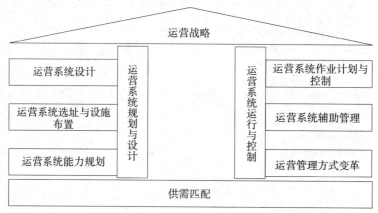

图1-5 运营视图

1.3 运营管理的发展历程与趋势

历史的车轮滚滚向前,运营管理的发展也从不停歇。在农耕时代甚至工业化社会初期,运营管理是粗放的,效率极低。随着工业化的发展、科学技术的进步、人民生活水平的提高,社会需求潜移默化地变化,运营管理随之发展。

1.3.1 运营管理的发展历程

自从有了劳动分工,便产生了管理的需要。生产管理是社会劳动分工的产物,也是社会的客观要求。工业生产从工场手工业到现代化大生产阔步发展,顺应解决供需矛盾的需求,社会组织的运营管理也发生了巨大变化,经历了工业革命、科学管理、人际关系学说的发展、决策模型与管理科学和日本制造商的贡献。

1. 工业革命(18世纪60年代—19世纪初)

工业革命是以机器取代人力,以工厂大规模化生产取代工场个体手工作业的一场生产与科技革命。工业革命始于18世纪60年代的英国,随后遍及其他国家。尽管机器取代人力,但是制造业仍采取手工作坊方式,产品是由手工艺人和徒弟在作坊里加工出来的。这种手工作坊式的生产方式直到19世纪初才发生变化。其间,许多发明创造改变了生产方式,具有重大意义的是蒸汽机的改良、劳动分工概念和标准化生产方式的提出。

1765 年，英国人詹姆斯·瓦特（James Watt）改良了蒸汽机，为制造业提供了机械动力，推动了制造业的发展。

1776 年，亚当·斯密在其著作《国民财富的性质和原因的研究》中提出了劳动分工的概念。1790 年，美国人伊莱·惠特尼（Eli Whitney）提出了标准化生产方式。标准化是指为在一定范围内获得最佳秩序，对实际或潜在的问题制定共同且重复使用的规则的活动。正是采用了标准化，才实现了零件的可互换性，零件无须单件生产，才能按照标准快速大批量生产，才使得后来福特汽车装配线的大量生产成为可能。

尽管发生了这些巨大的变化，但管理理论与实践并未获得长足的发展。这时，迫切需要一种系统的、切实可行的管理方法做指导。

2. 科学管理（1910—1920 年）

到了 20 世纪初，以弗雷德里克·泰勒（Frederick W.Taylor）为代表的管理学家创立了科学管理原理，给工厂管理带来了巨大变化。泰勒是科学管理原理的创始人，被尊称为"科学管理之父"。泰勒认为雇主与雇员的真正利益是一致的，只有最大限度地提高生产率，同时实现雇主和雇员的财富最大化，才能永久地实现社会财富的最大化。以此为出发点和基础，泰勒提出了科学管理原理，其精髓在于：

（1）对现有工作方法进行详细的观测、分析和改进，以便采用科学的作业方法。

（2）建立在方法研究基础上的差别计件工资制。

（3）根据工作性质的不同，科学地选择并培训工人。

（4）设立计划部门，负责方法研究与标准化、进度安排、成本分析、业绩考核与工资发放以及纪律检查等管理职能，即管理职能从实际执行业务中分离出来。

（5）来一次思想上的革命，即推行科学管理原理，旨在实现工人财富和资本家财富的最大化，最终实现整个社会财富的最大化。

泰勒强调的是最大限度地提高生产率，实现整个社会财富的最大化，但其思想并不总是受到工人的欢迎。工人认为采用这些方法后产出增加了，而他们的劳动报酬并未得到相应的提高。当时，确实存在有些企业为追求效率而让工人过度劳动问题。最终，美国国会在公众呼声下就此事举行了听证会。1911 年，泰勒被要求到会做证，也就是这一年，他的划时代著作《科学管理原理》出版了。那次听证会事实上促使了科学管理原理在工业领域的推广。

除了泰勒以外，还有不少先驱对科学管理作出了重大贡献，下面简要介绍其中的一些学者及其管理思想。

弗兰克·吉尔布雷斯（Frank Gilbreth）是一位工业工程师，被称为"动作研究之父"。莉莲·吉尔布雷斯（Lillian Gilbreth）是一位心理学博士，她把心理学的成果应用于动作研究，其成就被认为是人际关系学说的萌芽。吉尔布雷斯夫妇将研究集中在工人疲劳方面，最后提出了节约动作的10个原则。这些原则至今仍用于操作和动作的改进与优化。

亨利·甘特（Henry Gantt）看到了非物质利益对激励工人的价值，提出了至今仍被广泛使用的甘特图。利用甘特图，能够使计划的编制更加快捷和直观。

亨利·福特（Henry Ford）是一位实业家，为汽车行业采用大量生产作出了巨大贡献，使汽车进入美国普通家庭。20世纪初，汽车在美国开始畅销，福特公司的T型车大获成功，供不应求。需要指出的是，福特之所以能够使大量生产变成现实，一方面在于他淋漓尽致地发挥了亚当·斯密提出的劳动分工论，并充分采用了惠特尼提出的标准化生产方式；另一方面在于他把泰勒提出的科学管理原理系统地应用于工厂管理。

3. 人际关系学说的发展

科学管理强调工作技术方面的问题，而人际关系学说则强调在工作中人这一因素的重要性。吉尔布雷斯夫妇在20世纪20年代开始研究有关疲劳方面的问题，随后转入动机问题研究。

埃尔顿·梅奥在西方电器公司的霍桑工厂的研究表明：除了工作的实物和技术条件外，工人的动机对提高生产率是至关重要的。

20世纪40年代，马斯洛提出了激励理论。50年代，赫兹伯格又使激励理论得到进一步发展。60年代，麦格雷戈提出X理论和Y理论，这两个理论阐述了雇员看待工作的两个极端的态度，70年代，威廉·大内提出了Z理论，该理论集中了日本的诸如终身雇佣、关心雇员及协同一致的观点和西方的诸如短期雇佣、专门人才以及个人决策与职责的传统观点。

4. 决策模型与管理科学

定量的方法推动了工厂的发展。F. W. 哈里斯于1915年提出了第一个管理的数学模型——库存管理数学模型。1930年，在贝尔电话实验室工作的三个同事H.F.道奇、H.G.罗米格和W.休哈特提出了抽样和质量控制的统计程序。1935年，

L.H.C. 蒂皮特进行的研究为统计抽样理论提供了基础工作。

最初，数量方法在实业界的应用并不广泛。但是，到了第二次世界大战期间，由于战争对军需物资的要求，这些方法得到广泛的应用。大战期间，美国政府组织各方面的专家对战争中遇到的各种问题。例如，对如何搜索德国的潜艇和发现德国飞机的问题进行研究，使得作业研究或称运筹学（operations research，OR）发展起来。OR 在第二次世界大战中发挥了很大作用，战后，人们将其用于企业管理领域，发展成为管理科学。管理科学通过建模、提出算法、编制软件，有效地实现了需求预测、库存控制、生产作业计划编制和项目管理等。管理科学的作用是使普通人做事能够达到专家的水平。

5. 日本制造商的贡献

日本的制造业因其高质量、低成本的产品而具有强大的竞争力。以丰田汽车公司为代表的日本制造企业创造的精益生产（Lean production，LP）方式，是生产管理方式的一次革命，对全世界的制造企业产生深远影响。精益生产方式强调质量的持续改进、工人小组和授权以及让顾客满意。值得称道的是：日本制造商是目前正在工业化国家发生的"质量革命"的发起者。

日本制造商的另一个重要贡献是在运营管理中成功地采用了基于时间的战略，即准时制（JIT）。日本对美国的制造业及服务业的影响是巨大的，这种影响在可预见的将来还会持续下去。

表 1-7 按时间顺序列举了运营管理演变中的一些重大发展。

表 1-7 运营管理发展简史

时间	贡献/概念	创始人
1776 年	劳动分工	亚当·斯密
1790 年	零件互换性	伊莱·惠特尼
1911 年	科学管理原理	泰勒
1911 年	动作研究；工业心理学的应用	弗兰克·吉尔布雷斯和莉莲·吉尔布雷斯
1912 年	活动进度图	甘特
1913 年	移动装配线	福特
1915 年	库存管理的数学模型	F.W. 哈里斯
1930 年	关于工人动机的霍桑实验	梅奥
1935 年	抽样和质量控制的统计程序	H.F. 道奇，H.G. 罗米格，W. 休哈特等
1940 年	运作研究在战争上的运用	运作研究小组
1947 年	线性规划	乔治·丹茨格（George Dantzig）

续表

时间	贡献/概念	创始人
1951年	数字计算机	斯佩里·尤尼瓦克（Sperry Univac）
20世纪50年代	自动化	众多人
20世纪60年代	定量工具的广泛发展	众多人
1975年	以制造战略为重点	W.斯金纳（W.Skinner）
20世纪80年代	质量、柔性和准时制	日本制造商
20世纪90年代	互联网	众多人

在实现社会供需平衡的过程中，运营管理的发展历史显示，其发展源于推动和拉动两股力量。其一是市场需求的拉动，如福特的流水线生产方式满足市场低成本、低价格需求；丰田公司的JIT生产方式满足对性能、质量、价格、交货期的需求。其二是科学技术的推动。数字电子计算机的发展，使物料需求计划（material requirement planning，MRP）由设想变成现实。

自2020年起，肆虐全球的新型冠状病毒及变异新冠病毒深刻地改变了社会需求，同时，社会需求为运营管理提出了新的课题，现代科技的支持下，疫情及后疫情时代运营管理必将发生更加深刻的变化。

1.3.2　我国运营管理的发展历程

自新中国成立至今，我国的运营管理理论从无到有，在国内外各种冲击下艰难成长，经历以下阶段。

1. 运营管理著作和人才培养专门机构的诞生

1955年，汪应洛先生在哈尔滨工业大学接受苏联的管理学研究生教育，成为新中国第一位管理科学专业研究生。读研期间，汪先生结合在哈尔滨几个大型工厂的实习经验，撰写了新中国第一部管理科学学术著作《企业组织与计划》。

此后，汪应洛先生在西安交通大学开始组织管理科学教学队伍，并恢复了企业管理方面的两门课程："生产组织与计划"和"企业安全与防火技术"。由于20世纪50年代初的院系调整和60年代的特殊背景，西安交通大学的管理系被取消，其中工业管理被划入机械学院。面临"公众不认识，社会不承认，政府不支持"的"三不"不利因素，管理学作为一个学科实际上已经不复存在了。

1978年7月，钱学森等人在《文汇报》发表联名文章《组织管理的技术——系统工程》，为管理科学正名。文章明确提出，管理是一门学科，中国应该恢复管理学，在大学要恢复管理学教育。

1978年底，清华大学、大连工学院、华中工学院、天津大学和西安交通大学举行了中国管理学发展史上有着里程碑意义的一次会议，决定在这5所高校率先成立系统工程研究所。以系统工程研究所的名义，把特殊时期流散到各单位的管理教学科研人员聚集起来，为创建管理工程学科做了很好的准备工作。

西安交通大学的汪应洛先生另辟蹊径，先从系统工程开始，把系统工程的一些方法介绍到企业去，并很快在机械工业部系统推广开来。同时，建议在国家学位委员会从自动化学科组分出一个系统工程学科组，最终成立管理工程学科组。时任国家经济委员会副主任的朱镕基担任管理工程学科组组长，汪应洛担任副组长，两个人搭班子把管理工程学科组建起来。

1979年，汪应洛先生利用麻省理工学院与上海机械学院举办培训班的机会，促成了机械工业部第一次组团出国访问。团长是时任国务院秘书长、国家计划委员会主任薛暮桥。访问团的名字叫作"中国管理学家访问团"。

1984年，国家首批10个管理学院成立。汪应洛先生担任西安交通大学管理学院首任院长。同时，清华大学经济管理学院等其他9所大学管理学院获批成立，并于同年获得管理工程学科的博士授予权，这是该学科国内最早的博士点。管理学院成立之初，就承担了国家经济委员会培训全国厂长的任务。

1987年，培养了中国内地第一位管理工程博士生席酉民。席酉民先生在1996年接任西安交通大学管理学院院长、西安交大副校长，现任西交利物浦大学校长，是"和谐管理理论"的创立者。

2. 运营管理学科始终坚持将科学管理与工程实践有机结合

我国最初的运营管理将系统工程理论与方法融会贯通于管理工程、工业工程等领域，形成了独具特色的管理学派。一方面，坚持以工程实践为基础研究和创新管理工程理论，使科学管理与工程实践有机结合；另一方面，以世界先进管理理念服务于中国工程管理实践，同时追踪时代发展的最新理论。如20世纪七八十年代兴起的系统工程理论即被应用于工程与工业管理研究，解决了当时一些重大工程与战略决策问题，使管理工程的社会成效得以凸显。

其中最著名的当属在长江三峡大坝工程的支持论证中最受争议的坝高和投资问题。1982年9月，国家决定兴建三峡工程。国务院16个部委和鄂湘川3省以及58个科研施工单位、11所大专院校的专家经过努力，编制了正常蓄水位为150

米的综合利用方案的可行性报告并获得批准。1984年4月，中国葛洲坝集团股份有限公司组织的900人的施工队伍，开进了三峡工地；三峡省筹备组也宣告成立。就在三峡工程紧锣密鼓进行开工准备的时候，全国政协副主席、93岁的孙越崎率众考察三峡，向中共中央提交了《三峡工程近期不能上》的长篇调查报告；一些政协委员、专家学者纷纷发表言论，撰写文章，反对三峡工程上马；海外也对此迅速作出反应。邓小平和党中央对此非常重视。1986年6月，中央果断决定对三峡工程进行重新论证。下发15号文件《关于长江三峡工程论证有关问题的通知》，要求重新提出三峡工程可行性报告。从全国65个单位、部门、科研院所和高等院校抽调412名专家，最后形成14个专题论证报告。

其中，汪应洛先生带领团队综合发电、移民、航运、防洪等各种因素，建立数学模型，经优化计算，提出坝高185米、蓄水高175米的建议方案，赢得邓小平的肯定，成为最后采用方案。针对当时中国社会经济能否承受三峡投资的争议，汪应洛团队运用系统工程研究方法分析表明：三峡工程虽耗资1 000多亿元，但为分期投资，国力完全可以承受，为国家决策层提供了科学的决策依据。1992年4月3日，七届全国人大第五次会议以1 767票赞成、177票反对、664票弃权、25人未按表决器通过了《关于兴建长江三峡工程的决议》。

20世纪80年代以来，汪应洛先生开展了非线性经济学方面的多项研究，把负幂数模型、细胞自动机模型与布朗运动、重整化群方法等非线性工具引入经济学研究中，在中国的收入分配、人口配置等方面得出了一系列比较切合实际的结果，受到国内外学术界的重视，做了开创性的工作。

中国改革开放以来，在20世纪80年代陆续从日本引进了全面质量管理到现在正在兴起的丰田的经营生产方式。全球范围内大市场的形成与发展，加剧了企业之间在国内外市场的激烈竞争，迫使企业全方位地增强自身的竞争力以求得生存和发展，从而要求企业在生产管理上必须寻求新的理论和技术，以适应全新的竞争形式。此外，信息技术的飞速发展和在企业中的应用，正改变着企业生产与管理的面貌，信息技术已经成为提升生产率、提高产品质量和增加经济效益的主要力量。

改革开放后，朱镕基曾在一次外宾谈话中提到管理时连说三遍："我们需要管理！"由此可见，中国社会经济的改革与发展，亟须现代管理人才。

3. 新形势下现代企业运营管理发展面临的新环境

在20世纪初期，现代企业正处于起步时期，生产规模和生产技术还处在萌芽状态，产品供不应求，针对我国工业企业的特点，采用单一品种或少品种的大批量生产来降低成本。20世纪初，这种降低成本，大量生产和消费的方式得到了世界经济的认可并飞速发展，促使西方国家快速进入工业社会。

20世纪末以来，现代企业的运营发展情况开始发生变化，各类因素促使现代企业面临着一种与过去迥然不同的环境和形势，现代企业的运营管理出现了新特点，并向新的方向开始发展。

近些年来，我国现代企业所处的生存环境发生了巨大的变化。

（1）市场需求多元化。伴随着市场经济的快速发展，资源和能源的价格大幅度增长，从而提高了企业的生产成本，市场需求开始向多元化的方向发展，逐渐形成买方市场，因而对产品和服务有更高的要求。供需关系的变动，促使产品的寿命周期逐渐缩短和市场需求更加多样化，现代企业运营管理的方向迫使企业必须经常投入足够的资源进行新产品的开发与研究，因此，必须从单一品种的大批量生产方式向多品种、小批量生产方式进行转换。

（2）科技进步日新月异。由于科学技术日新月异地变化和进步，自动化技术、微电子技术、计算机技术、新材料技术、网络技术也在不断地进行改革与发展，促使企业需要更多的手段来制造多样化的产品，就会相应地提供多样化的服务。所以，现代企业不断地面临运营技术的重大选择，进行运营系统的重新设计、调整和组合。

（3）市场竞争激烈化。我国加入WTO（世界贸易组织）以来，现代企业的经济开放程度逐年加深，企业所面临的是更为激烈的市场竞争。由于市场竞争的方式和种类繁多，竞争的内容不仅是降低价格和提升质量，售后服务和对顾客需求的快速反应这些方面，产品设计的新颖和产品档次的提高，也是竞争的主要方面。随着通信技术和交通运输业的发展，市场经济一体化的进程逐渐加快，促使生产和贸易打破国界，全世界的各个国家都积极参与到世界竞争中来。

4.现代企业运营管理注重发展速度与效益有效互动

现代企业的发展速度和经济效益既互相促进又相互制约，企业要想快速成长就必须要求较快的发展速度，而企业的发展速度相应地决定了企业规模，现代企业的发展速度在一定程度上决定了企业经济效益的水平，虚假的、脱离效益的发展速度是很难持久的。所以，企业高效益是高速度的核心与灵魂，在激烈的市场经济竞争环境中，企业一旦不以追求效益作为衡量企业运作成功的标尺，就会造成经济利润大幅度降低。企业在追求效益的时候，首先重视企业的发展速度与规模的扩张程度。

5. 现代企业运营策略更加系统化

发展新质生产力是推动高质量发展的内在要求和重要着力点，是适应新一轮科技革命和产业变革的战略选择。现代企业需要提前布局，培育以高科技、高效能、高质量为特征的运营系统。

（1）降低成本。现代企业运营管理的发展要求资本能够得到迅速扩张，但资本的扩张首先得立足企业运用较少的资本去拉动10倍乃至上百倍的资本，促使这些资本为企业的正常运作服务。必须努力降低成本扩张过程中的交易成本，促使企业的收益最大化。

（2）传承企业文化。利用广告宣传、媒体报道和员工培训等，筛选出对企业管理价值观认可的合格员工，进行阶段性规章制度、企业文化、现代企业运营发展史的教育，使员工充分地融入企业之中。

（3）控制人才流失。企业之间的竞争，实质上是人才的竞争；市场产品和资本之间的竞争，也是人才的竞争。为了使现代企业内人才的能力能够充分发挥，就必须以企业本身的各个岗位实际需要为基础，最大限度地实现人才资源的优化配置，达到减少人才资源流失的效果。

（4）加强技术装备。在现代企业的运营管理中，必须采用国际先进技术来武装企业，促使企业具备完善的技术改革能力。尤其是在人类已逐步进入信息化时代的形势下，知识经济和高科技装备也得到了突飞猛进的发展，所以，只有采用先进的技术来武装企业，企业的技术创新能力才会向新的方向发展。

6. 现代企业运营管理注重各种优势的联合作用

现代企业在运营发展过程中，会存在多种优势，其中有政策优势、市场优势、规模优势、资金优势、品牌优势和技术优势等。在这些优势中，部分是现实的优势，部分则是潜在的优势，这两者有机地结合起来。在激烈的市场竞争下，企业优势产品所具有的市场开拓能力，也是企业生存和发展的灵魂所在。

综上所述，现代企业要想应对全球经济一体化带来的机遇和挑战，就必须利用各种有效措施来努力提高自身的竞争能力，从而获取竞争优势。首先，构建学习型组织，提高员工自身的技术技能；其次，合理化组织结构，使业务流程顺畅、生产和管理有序；最后，充分利用所有可以利用的资源，减少浪费，在现代企业内部构建较为公平的竞争环境、制定灵活高效的管理机制。

1.3.3 运营管理的发展趋势

人类的追求永无止境,运营管理的发展从未停息过,未来的发展趋势主要体现为企业社会责任归位、运营战略日益受重视、新型运营方式在服务业和非营利性组织中得到广泛的应用、工业 4.0 对运营管理模式的重构、制造业和服务业融合、绿色制造和绿色供应链。

1. 企业社会责任归位

企业社会责任(corporate social responsibility,CSR)是指企业在创造利润、对股东和员工承担法律责任的同时,还要承担对消费者、社区和环境的责任。企业社会责任涉及方方面面。

企业首先应该是遵纪守法的公民,然后才是盈利的组织。越来越多的企业认识到,更多地关注公众和社会的利益、认真履行社会责任虽然短时间内会牺牲企业的经营业绩,但从长期看,会改善企业在公众心目中的形象,可通过吸引大量人才、提高顾客的忠诚度等方式弥补短期的损失。

今天,低碳运营模式日益受到社会和各类组织的重视。低碳经济就是以低能耗、低污染、低排放为基础的经济模式。低碳经济的实质是能源效率和能源结构问题,核心是能源技术创新和制度创新,目标是减缓气候变化和促进人类可持续发展。从企业层面,应对企业的碳源进行分析,跟踪碳足迹,测算其排放量,以企业内部小循环为支撑,创新技术和管理,实行低碳运营模式。

2. 运营战略日益受重视

20 世纪 70 年代初,哈佛商学院的威克姆·斯金纳(Wickham Skinner)提出了运营战略的概念。运营战略可总结为如何通过运营管理赢得组织的竞争优势。其构成要素包括低成本、高质量、准时交货。现在,越来越多的组织认识到了运营战略对其生存和发展的重要性,认识到了运营战略对企业发展战略的支撑作用和对运营策略的引领作用,甚至将运营战略提升到公司战略的层次。

3. 新型运营方式在服务业和非营利性组织中得到广泛的应用

精益生产、敏捷制造(agile manufacture,AM)、大规模定制、收益管理等在服务业和非营利性组织中得到越来越广泛的应用。互联网运营、最优服务技术、即时顾客化定制等已成为运营管理的热点问题。

以英国乐购为例,它曾对其供应链系统进行精益运营实践,形成了一个由消费者需求触发的不间断价值流，供应链从原有的供应商推动变成了由顾客需求拉动。以可乐为例，从灌装线到顾客买走可乐的总运行时间由 20 天降到了 5 天，存货点从 5 个降到了 2 个，服务水平从 98.5% 上升到 99.5%。

4. 工业 4.0 对运营管理模式的重构

工业 4.0 是指以信息物理系统（cyber-physical systems，CPS）为基础，实现企业制造系统的网络化集成以及价值链数字化集成，进而构建智能工厂，实现智能制造，全面提升生产过程的智能化水平和制造业的商业价值工业变革。

工业 4.0 是由德国联邦教育局及研究部、联邦经济技术部联合资助德国国家工程院、弗劳恩霍夫协会、西门子等德国学术界和产业界启动的一项战略计划，现已成为德国国家级高科技战略。德国的工业 4.0 与美国提出的工业互联网、中国制造 2025、日本机器人计划、"互联网+"异曲同工。

如果说工业 1.0 是机械制造时代，工业 2.0 是电气化与自动化时代，工业 3.0 是电子信息化时代，那么，工业 4.0 就是智能制造时代。在这个时代，传统产业将被重新定义，智能机床、工业自动化、工业机器人、RFID（射频识别）传感器、3D 打印、互联网、移动通信、物联网、大数据、云计算等新兴产业将得到进一步发展。从运营管理视角看，在工业 4.0 时代，需要重新思考企业的价值取向、组织架构、管理模式，需要重新构建企业的运营体系，需要创新产品研发方式、生产过程控制技术、物流配送方案、顾客服务流程等运营管理模式。

以下运营管理方案正在或将要得到实现。

（1）顾客个性化需求的满足。能够直接从顾客那里获取个性化需求，并通过设计与制造的大规模定制将其实现。

（2）柔性化的制造。能够更好地响应来自内外部的各种变化。需求管理、设计变更、过程管理、维护更新等变得更灵活。

（3）智能化的运营管理。以 GPS（全球定位系统）为基础，实现人、设备、产品的互联互通，对价值链节点企业数据以及市场数据、销售数据、采购数据、研发数据、工艺技术数据、设备数据、生产过程实时数据、产品与服务数据、物流配送数据等进行深度挖掘，以给出更加科学的运营管理方案。

5. 制造业和服务业融合

以往，将既不属于农业和采掘业，又不属于制造业和建筑业的行业统称为服务业，它们是各自独立的。现在，它们之间的界限越来越模糊。农业和制造业，制造业和服务业互相渗透、融合，制造业的服务化趋势已经显现，生产性服务（如研发、第三方物流）逐步兴起。

美国通用电气公司（GE）从一个典型的制造企业变成一个以服务为主的企业，开创了服务型制造的先例。GE 原是一家生产多元化产品的公司，产品包括飞机发动机、发电设备、火车机车、医疗设备。1991 年，杰克·韦尔奇担任总裁时，公司年销售额为 250 亿美元，制造业的收入占公司总收入的 85%。2000 年，公司取得了辉煌的业绩，销售额达到 1 116 亿美元，服务业的收入占公司总收入的 75%。

韦尔奇提出了"全面服务""实时服务"和"提供解决方案"的构想，从而使 GE 得到奇迹般的发展。①全面服务。把制造的产品销售出去，仅实行"三包"等售后服务是不够的，而应提供全面服务，顾客需要什么，就提供什么，对产品负责到底。制造企业一年生产的产品数量是很有限的，如果只是围绕这些产品提供售后服务，业务量就很少，服务也不能形成规模。而企业过去累积的产品是大量的，围绕这些产品提供服务，业务量就大得多。韦尔奇不仅看到 GE 过去生产的大量的飞机发动机需要维修，而且看到其他公司生产的飞机发动机也需要维修，甚至不仅是维修飞机发动机，而且要考虑整个飞机的维护。②实时服务。当 GE 制造的设备出现故障时，能够及时提供维修服务，而不影响设备正常工作。例如，对医疗设备进行实时监测、及时修理，保证手术正常进行。③提供解决方案。从顾客的视角、按顾客的需要来提供解决方案，得到顾客的信赖和依靠，并通过制造商的资源和能力帮助顾客获取他们的竞争优势。GE 还通过特别保险、消费者服务和特别金融服务等为顾客提供全套解决方案。其他全球著名的制造企业，如 IBM 和戴尔等，也都在由制造领域向服务领域拓展。

对于服务型制造，美国称之为基于服务的制造（service-based manufacturing），澳大利亚称之为服务增强型制造（service-enhanced manufacturing），日本称之为服务导向型制造（service-oriented manufacturing），英国称之为产品服务系统（product service system）。服务型制造不仅是制造业发展的方向，也是解决我国制造业当前面临的困境的途径。服务型制造将传统的制造和服务融合，符合人们需求的发展规律，具有很强的生命力，将为制造企业创造持续的竞争优势。

2004 年 5 月，IBM（国际商业机器公司）研究和商务咨询服务部召集了商务、运筹学和科技领域的专家一起审视不断变化的商业环境。专家认为，世界各地的首席执行官开始重新关注公司收入的增长，而不是仅依靠降低成本来提高盈利，正逐渐认识到公司灵活性和反应能力的重要性。从发明创新到有选择的商务实践的周期正大幅缩短，出现了信息服务经济。同时，周期缩短迫使企业寻求新的途径以使自己提供有别于竞争对手的产品和服务，为顾客创造新的价值以吸引顾客。在此背景下，IBM的专家作出预测，认为服务科学是推动商务和技术专家联合创新的新方法。服务科学、管理和工程（service science, management and engineering, SSME）可以将计算机科学、运筹学、产业工程、数学、管理学、决策学、社会科学和法律学等领域的工作融合，创建新的技能和市场来提供高价值的服务。

6. 绿色制造和绿色供应链

人们发展生产，本意是不断提高物质生活和精神生活的质量。但事与愿违，人们在物质生活越来越丰富的今天，却面临着生存环境日益恶化的问题。在人们高喊"向自然界索取""向自然开战""人定胜天"的口号并付诸行动之后，大自然已开始对人类进行报复。阳光、空气和水是维持人类生存的最基本条件。然而，我们赖以生存的地球已被严重污染。资源的掠夺性开采和浪费，已造成森林、草原的破坏，气候恶化，水土流失，"沙尘暴"袭击，以及河流断流。大量的实体产品本是自然界没有的东西，产品的使用和报废时产生大量的工业垃圾和生活垃圾，它们被随意排入江河和大气，大量水体和空气被污染，大气臭氧层空洞使人们面临太阳紫外线照射的威胁，环境的破坏是人类为工业化付出的沉重代价。人类已开始觉醒。人们已经注意到工厂生产的不仅有对人们有用的产品，还有对人们无用甚至有害的废水、废气和废渣。生产管理者不仅要对提供产品和服务负责，而且要对产生的"三废"负责。于是，"绿色制造"的概念提出了。

绿色制造是一个综合考虑环境影响和资源利用效率的现代制造模式，其目标是使产品从设计、制造、包装、运输、使用到报废处理的整个生命周期中，对环境的影响（副作用）最小，资源利用效率最高。对制造环境和制造过程而言，绿色制造主要涉及资源的优化利用、清洁生产和废弃物的最少化及综合利用。

在美国国家科学基金会（NSF）的支持下，密歇根州立大学的制造研究协会（MRC）进行名为"环境负责制造"（ERM）的项目研究，于1996年提出了绿色供应链的概念，并将绿色供应链作为一个重要的研究内容。1996年和1997年，国际标准化组织发布国际环境管理标准ISO 14001和ISO 14040，规范了企业环境保护行为，也增强了人们对环境保护的关注。全球"低碳革命"正在兴起，我国政府提出了"双碳"战略国标，即2030年"碳达峰"，2060年"碳中和"。

多数学者认为,绿色供应链管理是在整个供应链管理中综合考虑环境影响和资源利用效率的一种现代管理模式,它以绿色制造理论和供应链管理技术为基础,涉及供应商、生产商、销售商和顾客,其目的是使产品从原材料的获取、加工、包装、仓储、运输、使用到报废处理及回收利用的整个过程,对环境的影响(副作用)最小,资源利用效率最高。绿色供应链管理的具体内容包括:绿色设计、绿色材料选择、绿色制造工艺、绿色包装、绿色营销和绿色回收。

1.4　后疫情时代的运营管理新特征

迈入 2020 年,新冠肺炎疫情让各种不确定因素遍布在社会生产和日常经营活动中,在灾难和挑战前,非接触商业与服务将加速兴起,承包了疫情下人们的日常生活,停学不停课的网络课堂开通,远程办公让企业业务能够"不停摆"……国内外的政府都在想方设法维持经济的基本运营,2020 年中国是全球唯一实现经济正增长的主要经济体,对世界的抗疫乃至经济发展都作出巨大贡献。

中国新消费市场蓬勃发展,新国潮汹涌澎湃,科技进步叠加需求变迁,共同驱动消费行业变革。从供给端来看,5G、人工智能、云计算、VR/AR(虚拟现实/增强现实)、物联网等新技术快速发展,科技变革重塑整个消费品产业链,带来整个消费品市场营销去中心化、渠道不断下沉、产品持续创新升级,传统消费形态正在经历一场剧烈的迭代进化,新场景、新模式、新应用的不断涌现正在对传统消费行业产生颠覆性影响;从需求端来看,人口结构变迁驱动新消费人群崛起和新消费理念盛行,以千禧一代及 Z 世代为代表的年轻消费群体已成为中国消费市场主力军,他们成长于经济高速增长的年代,拥有更强的消费能力和更高的边际消费倾向,对国货品牌的接受度更高,新国潮受年轻消费群体驱动迅速崛起。疫情和后疫情时代,供需方式发生急剧变化,企业运营表现在以下几个方面。

1.4.1　无接触服务驱动企业创新

无人机消杀、智能配送机器人、美团外卖的无人机送餐、无接触体温筛查机器人,以及在线问诊为居家隔离市民提供不间断的医疗服务;工业互联网平台将供需双方进行快速对接,保障企业正常生产活动;在线课堂为广大的学生提供了停课不停学的环境……数字化技术在疫情防控、保障人们生活以及经济生产等各方面发挥了重要的作用。面对无接触服务的快速增长的挑战，企业需要保持高的产品和技术开发迭代效率，不断满足顾客频发的最新需求，应用的快速交付能力将成为持续创新的核心驱动力。

各行业通过数字化技术强化自身适应市场变化的能力以及对冲风险的能力。基于5G、工业互联网、IT和人工智能，构建数字化供应链和柔性生产线抵御风险，稳健推动智能制造，促进产业升级则是制造企业"康庄大道"；通过人工智能和IT发展无人物流是物流行业未来关注的重点；利用大数据完善公共突发事件的防控预警预测机制是提升城市公共管理水平的关键因素。

1.4.2 市场监管多元化

党的十九届四中全会对市场监管工作提出新的和更高的要求，指出要严格市场监管、质量监管、安全监管，加强和改进食品药品安全监管制度，深入推进简政放权、放管结合、优化服务等，国家提出"放管服"的新理念，就是要简政放权、放管结合、优化服务。"优化服务"是改变"权力监管"的重要标志，表明国家尊重市场经济规律，市场的事情主要靠市场决定，减少政府对市场的干预。然而疫情及后疫情时代，市场监管面临新的挑战。

居家隔离催生了"宅经济"，线上云办公、云课堂、各种团购小程序或者生鲜配送App得以扩张，企业抓住获客成本降低的时机，纷纷扩大顾客群，提升业绩。这种网络交易在疫情期间对于正常社会生产生活起到了积极作用，同时，网络市场具有虚拟性、隐蔽性、技术性等特点，网络市场会出现诈骗、假冒伪劣、虚假广告、商标侵权、消费侵权、垄断经营、不正当竞争等违法违规行为。因此，改变传统的市场监管模式和手段、加强多元化市场的有效监管，成为一个重要命题。

创新市场监管机制，应用大数据、互联网、人工智能等技术，加快健全以"双随机、一公开"为基本手段、以重点监管为补充、以信用监管为基础的新型监管机制，以公正监管维护公平竞争。

1.4.3 消费理念发生巨大变化

1. 补偿性消费和报复性消费将会并存

何谓补偿性消费？如某个消费者没有办法带孩子出去旅游，那么他可能会在餐饮、文化等产业进行补偿性消费。

何谓报复性消费？有网友抱怨说疫情期喝不到奶茶，隔离结束后要去买77杯奶茶，来弥补自己"受伤的情绪"。类似案例就是一种报复性消费，类似一些生活嗜好品比如烟酒、咖啡等有可能会出现一些报复性消费。而那些因为疫情延迟的汽车购买计划、家居装修计划等消费行为，也会因为疫情结束而重新上扬。

2. 健康化消费深入人心

随着国人收入水平提升，健康、绿色、环保的消费理念日益深入人心，2020年发生的新冠肺炎疫情更是一次史无前例的全民健康教育，促使消费者持续增加健康消费支出。广大消费者对于健康消费的认识达到了一个新高度，无论是产品使用还是生活方式，消费者普遍对健康、安全、品质等属性的选项格外重视。

3. 高强度工作和快生活节奏使便捷化消费需求增长迅速

社会分工细分化的大背景下，"懒人经济"逐渐迎来爆发，社会的进步就是让一切都变得越来越简单、越来越方便。随着现代社会生活节奏加快，消费者工作时间过长导致闲暇时间变少，越来越倾向于选择足不出户、方便快捷、简单直接的消费方式——在网上点外卖解决吃饭问题、用扫地机器人处理家务活、躺在床上刷手机购物等。看似"变懒"的行为，和国人高强度工作和快生活节奏相关，这也是社会分工细分化带来的必然现象。

4. 个性化消费更加突出

随着新中产及年轻消费者的崛起，消费者消费心理逐渐从"从众消费"向"个性消费"转变。千禧一代和Z世代的年轻消费者自我意识更强，更注重自己的想法，在消费过程中更加偏好体现个性特征的时尚品牌和服务，彰显自己的生活情趣和喜好，进而达到精神上的满足。具有新鲜感的网红食品、护肤彩妆、新锐潮牌等都是年轻消费者多元化需求下的热门品类。

5. 情感化消费逐渐升温

按照消费主义的逻辑，消费升级总是沿着"量的消费→质的消费→情感消费"的特定路径展开，人们逐渐从追求买得起的商品（量的消费），到追求质量好的品牌商品（质的消费），再到注重情感体验、对商品情绪价值的追求胜过功能价值（情感消费），更加重视精神的愉悦舒适及优越感。

疫情为新消费开了很多新窗口，打开很多试验田。企业可以利用互联网大数据，从这些人群消费的动向和新趋势中挖掘消费红利，找到更多新品类。

每个企业都应该从趋势的角度去创新。从战略上基于消费趋势去进行新品类、新场景和新模式的创新。从产品和服务上，围绕消费需求和族群的变化，去进行周期性的迭代。

商业趋势有大趋势，也有小趋势，或者说，趋势也有长期和中短期的区别。如果是在半年到一年之内爆发完就消失的，可以定义为短期趋势。比如那些迅速蹿红，又迅速消失在大家视线中的"网红"。还有一些疫情的客观不便利所催生的消费行为，未来可能未必会长期存在，这些也属于短期趋势。

而那些带有文化属性和大健康意义的消费趋势，以及那些更加族群化的消费，则算是中长期趋势。而且有些短期趋势也可能会孵化出新消费潮流，并且会长期存在。做好这些判断，才能从容应对消费者的"报复"。

1.4.4 新兴消费形式蓬勃发展

新兴的消费场景包括线上购物、社交电商、社区拼团、无人零售、零售新物种等业态，利用新科学技术优化整个产业价值链，推动线上、线下消费场景深度融合。零售商利用大数据快速收集顾客基础数据、顾客行为数据和顾客交易数据等，对这些大数据进行整理、分析，可以快速获取顾客的真实需求，然后将这些需求反馈给生产商；生产商则快速改进产品的外观、性能，通过整合供应链缩短研发周期、减少产品上市时间。

1. 线上消费

数字化经济井喷式增长，生鲜电商、直播带货、在线拼团、短视频娱乐、游戏、线上教育、线上医疗、远程办公等在线消费场景渗透率持续提升。随着智能手机的普及，人们购物习惯已经发生了巨大变化，消费者可以不受时间、空间限制，随时、随地在线实现"逛街和购物"。目前电商渗透率较高的品类仅为家电、3C（中国强制性产品认证）产品和服装，而在生鲜、食品饮料和日用品等品类上在线消费的渗透率仍有广阔的提升空间。

2. 社交电商

社交电商经过10年的发展，已经从萌芽期过渡到成熟期，最终在下沉市场找到了新的出路，拼多多、淘宝、京东京喜等社交电商平台迅速崛起。2020年社交电商市场增长率达到60%，整体市场规模达到3.7万亿元、顾客规模逼近7亿、从业者人数超过7 000万。长期来看，下沉市场的覆盖率还远未饱和，下沉市场10

亿消费者的差异化、多功能化、多体验化的优质购物体验需求远远没有得到满足，社交电商未来依然大有可为。

3. 社区拼团

和传统零售的"工厂—分销商—零售商—消费者"模式相比，社区拼团"预售+自提"的模式可以大大减少中间环节、降低成本，并借助社区熟人天然的低成本流量实现迅速扩张。作为一种从生鲜品类切入、依托真实社区和团长资源实现商品流通的新型零售模式，社区团购主打三、四线城市（我国三、四线以下城市人口规模高达9.53亿人，是社区拼团的主流群体），相比传统菜市场价格更加低廉、市场规模前景可期。

4. 直播带货

直播带货集粉丝人设、专业选品、直观展示、实时互动等优势特征于一体，降低了流通费用和信息沟通成本，极高地提升了购买转化率。直播带货衍生发展出更多附属业态与参与者，直播的人、货、场、形也更加丰富多元，增加商家与消费者之间的互动，消费者体验得到提升。2020年上半年电商直播超1 000万场，活跃主播数超40万，观看人次超500亿，上架商品数超2 000万。

5. 无人零售

无人零售被认为是新消费场景的重要组成部分。新冠肺炎疫情无形中改变了消费者长久以来的购物习惯，越来越多的消费者开始接受、适应"无接触购物"，因为普通民众都开始意识到，勤洗手、戴口罩、减少外出接触或者无接触可以极大保障自身的人身健康和安全，"无接触购物"的商业化进程加速落地。

6. 业态融合新物种

以盒马鲜生等为代表的新业态，主打"生鲜超市+餐饮"的融合模式提供零售商品和服务。新物种将"消费场景"定位于餐饮、半成品和生鲜，围绕"吃"展开产品与服务的布局，实现餐饮、超市、数字化零售体验的融合。

7. C2M（用户直连制造）定制消费

C2M颠覆传统消费场景及供应链，消费者可直连工厂，通过定制化方式获取高性价比和个性化商品。传统品牌的订单策略是"大批量、少款式"，但随着终端消费人群和需求的变化，越来越多的品牌商开始调整供应链的节奏，订单变小、变多款，并且压缩生产周期。拼多多的拼工厂、京东京造、淘宝心选等纷纷切入上游供应链领域，利用自己积累的数据、技术提高工厂效率，反馈C

端需求。消费不再是单向的商品购买和使用，而是通过生产者与消费者互动来完成消费行为。

1.4.5 制造企业将更加重视工业互联网和数字孪生

疫情暴露出我国制造业在应急保障、产业链协同等方面的问题。有的企业因为疫情而破产，有的企业则顺势利用工业互联网平台对接供给侧和需求侧信息，为实时精准调配关键物资提供基础。因此，长期观察，后疫情时代，制造企业将更加积极拥抱数字化转型，构建智能工厂，推进柔性自动化生产线的应用，着力提升物流供应链的智能化，提升供应链的抗风险能力。

在制造企业的数字化转型中，工业互联网与数字孪生应该最具有代表性。制造企业通过工业互联网从边缘到中心，将人、机、物等各类工业要素，拢到一张大网下，实现全要素、全产业链、全价值链的全面连接，而以数字孪生大幅推动产品的设计、生产、维护及维修等环节的变革，降低运营成本，提高安全性。随着5G、IT、传感器、AI和边缘计算等相关技术的发展，数字孪生技术和工业互联网将给我国制造企业带来更多的可能。

1.4.6 大数据应用将更受重视

从这次"疫情大考"来看，大数据技术发挥了重要的作用。如通过大数据分析和人工智能技术，快速识别新型冠状病毒的空间结构；结合大数据技术提高疫情区域防控效率，精准摸排所有相关人员。疫情过后各企业势必进一步加深对于大数据应用的重视程度。

随着5G、AI、云计算、区块链等新一代信息技术的蓬勃发展，以及全球数据量的不断增加，大数据应用走向深化阶段，加速向行业渗透，赋能行业应用创新升级。

新消费时代对"人、货、场"进行重塑，增强了三者之间的协同，将原来以"场"为核心的商业模式转变为以"人"为核心的商业模式，顺应新时代发展的高度个性化、数字化产品与新型生产服务模式要求，推动传统门店数字化转型，同时提升顾客感知和数据实时分析能力。尽管疫情带来的影响是巨大的，但企业需要把握住数字化技术发展趋势，加速改变、聚焦价值，从而实现从受困于疫情到受益于疫情的蜕变。

本章小结

运营管理部门是社会组织中负责计划和协调资源的利用,从而使投入转化为产出的部门。运营是社会组织的基本职能之一。运营管理职能既存在于产品导向型的组织,也存在于服务导向型的组织。运营决策包括设计决策和运行决策。设计决策涉及生产能力计划、产品或服务设计、流程设计、设施布置和选址,而运行决策涉及质量保证、工作进度计划安排、库存管理和项目管理。很多现代管理模式如供应链管理和精益生产等同时涉及设计决策和运行决策。

本章讲述运营管理的内涵和对企业的作用。运营管理的发展史在经历新冠肺炎疫情后发生重大变化,运营管理在社会需求拉动和现代科学技术推动下正在发生剧烈变化。

即测即练

五问复盘

1. 运营管理的具体内涵是什么?
2. 运营管理有什么作用?
3. 运营管理发展的里程碑有哪几个?
4. 后疫情时代运营管理发展的新动向是什么?
5. 我国运营管理的发展路线图是什么样的?

思维转变

通过网络收集某一知名企业的发展史,分析运营管理职能所起的作用。

第 2 章　运营系统与战略

学习目标

➤ **知识目标：**

1. 理解并掌握运营管理的两大对象，掌握运营过程的构成及合理性的标志。
2. 掌握运营系统的构成、类型及选择依据。
3. 理解企业竞争力的表现形式，掌握市场竞争战略的类型。
4. 掌握企业战略的构成，理解运营管理战略在企业战略中的地位和作用。

➤ **能力目标：**

1. 能够对企业运营管理的管理对象、构成和标准有清晰的界定，能够对企业的运营框架进行解读。
2. 能够再现企业战略的框架，建立各战略的层次感。
3. 能够迁移知识，将市场竞争力与企业战略间关系的知识用于理解知名企业的重大决策。

➤ **思政目标：**

1. 通过居民消费水平变化引导竞争焦点发生变化的规律，理解"中国特色社会主义进入新时代，我国社会主要矛盾已经转化为人民日益增长的美好生活需要和不平衡不充分的发展之间的矛盾"的成因。
2. 通过企业战略的构成和相互关系的理论，理解十九大报告中的"以新体系提升经济创新力、竞争力"。

思维导图

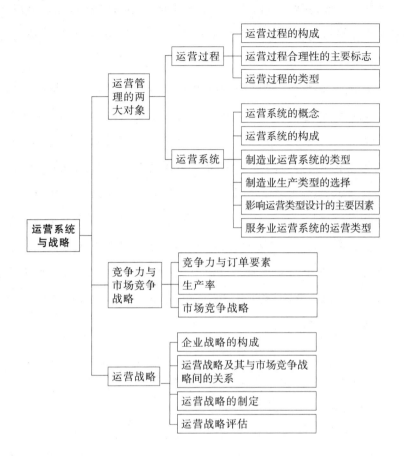

案例导入

成也萧何，败也萧何
——诺基亚的战略定位

1865 年诺基亚作为一家木匠工厂一炮打响，1982 年诺基亚第一台 NMT450 移动电话 Senator 问世。随后开发的 Mobira Talkman 是当时同类产品中最先进的，1990 年的诺基亚，因产业领域过宽而濒于破产。

痛定思痛，诺基亚决定只认准一点——手机，将其他产业全部舍弃。诺基亚的战略定位一直是：手机是通信和办公工具，追求的是功能实用和耐用性，并提供丰富的产品线供选择。基于这一战略，诺基亚在手机的质量方面投资巨大，使得诺基亚的手机质量好，价格低廉。为了满足不同顾客的需求，诺基亚开发了种类非常多的产品，多达 1 000 多个型号。5 年后它便东山再起，连续 15 年占据全球手机市场份额第一的位置。2010年第一季度，在全球智能手机市场中，诺基亚以44.3%的份额仍居首位。此外，它在通信网络设备制造（主要是GSM和WCDMA网络）及移动多媒体应用开发等领域的实力也处于世界前列，并可为企业级的顾客提供无线连通解决方案。

可是诺基亚在成为世界手机市场的巨头之后，却忽视了自己的战略定位和设计理念。当手机进入移动多媒体时代之时，一些在消费电子产品生产制造领域的日韩厂家，如三星、LG（乐金）和NEC（日本电气股份有限公司）开始发挥自己在这方面得天独厚的优势。当它们开始设计出时尚的翻盖手机来吸引广大消费者时，做了多年领导者的诺基亚却没有更新自己的战略，固执地在全线产品中坚持使用跟不上时代潮流的配置、过度注重手机的商务特征而忽视了手机的时尚性和个性化。同时，消费者需要的是一台拥有通话和上网功能的手持终端。诺基亚在智能手机市场，销售远远落后于三星、苹果iPhone和Google的Android系统手机，而在低端手机市场，又无法抑制住其在亚洲的竞争对手，最终，诺基亚在2012年上半年从法兰克福证交所退市。

问题：
1. 诺基亚的战略定位如何助力诺基亚手机的发展？
2. 诺基亚手机失败的原因是什么？

"人无远虑，必有近忧。"这句话充分说明了长远考虑与近期工作的关系。激烈的市场竞争中，为什么一度非常成功的社会组织后来遭受很大的挫折？为什么有的社会组织却能够保持竞争优势？重要原因在于其战略。

社会组织日益感到制定发展战略的重要性。美国未来学家阿尔文·托夫勒（Alvin Toffler）指出："对没有战略的企业来说，就像是在险恶天气中飞行的飞机，始终在气流中颠簸，在暴风雨中沉浮，最后很可能迷失方向，即使飞机不坠毁，也不无耗尽燃料之虞。"事实证明，在一个精心制定的、符合实际的战略指导下，企业各部门和全体员工能够团结一致，朝着共同的目标努力，企业就会取得巨大的成功。相反，如果战略制定失当，或者企业各部门追求各自的目标，缺乏总体协调，则会造成资源的巨大浪费，甚至给企业带来灾难。

企业之间的竞争，在相当程度上表现为企业战略定位、运作策略选择的竞争。方向正确，战略明确，企业的投入才能获得事半功倍的收益；否则，只能是南辕北辙，投入越多，损失越大。本章从企业参与市场竞争时体现的竞争力入手，介绍市场竞争战略类型、运营战略的构成，以及两种战略间的关系。

2.1 运营管理的两大对象

运营管理是对运营过程的规划、设计、组织和控制。如果细分其管理对象可以表述为：在运营系统支持下的运营过程。

运营管理的两大对象是运营过程和运营系统。运营过程是一个投入—转换—产出的过程，是一个劳动过程和价值增值过程。对运营过程管理，目的是考虑如何对这样的运营活动进行计划、组织与控制。

运营系统是指使上述变换过程得以实现的物质手段的总称。其构成与变换过程中的物质转化过程和管理过程相对应，其中包括一个物质系统和一个管理系统。

物质系统是一个实体系统，主要由各种设施、机械、运输工具、仓库、信息传递媒介等组成。例如，一个机械工厂，其实体系统包括每个车间，车间内有各种机床、天车等设备，车间与车间之间有在制品仓库等。而一个化工厂，它的实体系统可能主要是化学反应罐和形形色色的管道。又如，一个急救系统或一个经营连锁快餐店的企业，它的实体系统可能不集中在一个位置，而是分布在一个城市或一个地区内各个不同的地点。

管理系统主要是指运营系统的计划和控制系统，以及物质系统的配置、监控系统等。其中的主要内容是信息的收集、传递、控制和反馈。对运营系统管理，目的是考虑如何对运营系统进行设计、改造与升级。

2.1.1 运营过程

1. 运营过程的构成

现代生产管理中的运营过程是整个企业围绕着产品生产的一系列活动，包括上述单纯的"投入—转换—产出"过程，产品的研发、工艺设计、产品试制、售后服务、销售服务以及其他辅助工作。

运营过程

每个企业的运营过程的构成需要根据企业自身状况确定，未必一应俱全。

2. 运营过程合理性的主要标志

（1）连续性。加工对象一旦被投入运营过程，就能连续地经过各道工序和各加工阶段，很少出现不必要的等待现象。

运营过程若具备连续性的特点，则会有以下优点：资金周转快、缩短物流时间、减少库存、提高顾客满意度。例如，制造业的汽车装配过程连续紧凑，单位时间成品出厂率高；服务业的医疗或零售业，顾客能快速得到相应的服务，没有不必要的等待时间，顾客满意度提高。

（2）平行性。运营过程的各个阶段、各工序同时进行作业。

运营过程若具备平行性的特点，则就会有以下优越性：柔性提高、缩短产品的生产周期，保证运营过程的连续性。例如美发服务，假设包含三道工序：洗发、头部按摩和理发。按照顺序与平行加工两种方式分别为同时到达的两个顾客服务，则完工时间有较大差异，如图2-1所示。

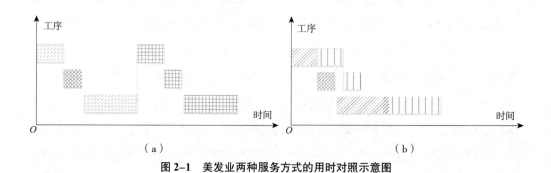

图2-1　美发业两种服务方式的用时对照示意图
（a）顺序移动方式；（b）平行移动方式

（3）比例性。运营过程各工艺阶段、各工序之间，在生产能力的配置上要与产品制造的要求成比例。

运营过程若具备比例性的特点，则会有以下优点：减少在制品等待生产的时间和设备的闲置时间，提高设备的利用率，保证连续性的实现。但是，比例性也有弊端。由于生产内外部条件的变化，特别是市场条件和科学技术的变化，很难保持比例性，需经常调整。

（4）节奏性（均衡性）。产品在运营过程中，能够按照计划有节奏地进行，保持在相等的时间间隔内所生产的产品数量大致相等或稳定上升，使工作地和工作人员能够经常达到均衡负荷，保证生产任务均衡地完成。

运营过程若具备节奏性的特点，则会有以下优点：可以避免突击赶工，利于保证和提高质量；生产周期缩短；降低产品成本；安全生产。

（5）适应性（柔性）。企业的运营过程对市场的变动应具有较强的应变能力。

运营过程若具备适应性的特点，则就会有以下优点：提高企业的竞争力。在某些环境下，企业的适应性甚至决定企业的生死存亡。

为提高供需的适应性，学者和专家提出了许多新理论、新方法，如：成组技术、柔性生产系统（flexibility manufacture system，FMS）、准时生产制、精益生产、物料需求计划、制造资源计划、企业资源计划、敏捷制造等。

3. 运营过程的类型

可以从不同的角度对运营过程进行分类。如果从管理的角度，可以将运营分成产品生产和服务运作两大类。

1）产品生产

产品生产是通过物理和（或）化学作用将有形输入转化为有形输出的过程。例如，通过锯、切削加工、装配、焊接、弯曲、裂解、合成等物理或化学过程，将有形原材料转化为有形产品的过程，就属于制造性生产。通过制造性生产能够产生自然界没有的物品。

企业的生产根据各部分在运营过程中的作用不同，可划分为以下三部分。

（1）基本运营过程。基本运营过程是指将构成产品实体的劳动对象直接进行工艺加工的过程，如机械企业中的铸造、锻造、机械加工和装配等过程。基本运营过程是企业的主要生产活动。

（2）辅助运营过程。辅助运营过程是指为保证基本运营过程的正常进行而从事各种辅助性生产活动的过程，如为基本生产提供动力、工具和维修服务等。

（3）生产服务过程。生产服务过程是指为保证生产活动顺利进行而提供的各种服务性工作，如供应工作、运输工作、技术检验工作等。

上述三部分结合在一起，构成了企业的整个运营过程。其中，基本运营过程是主导部分，其余各部分都是围绕着基本运营过程进行的。

2）服务运作

服务运作的基本特征是提供劳务，而不是制造有形产品。但是，不制造有形产品不等于不提供有形产品，可以按以下方式对服务和服务运作进行分类。

（1）按行业分类。我国国民经济行业分类中除农业、工业、建筑业之外的其他15个行业，都属于服务业，包括娱乐、教育、通信、金融、保险、运输、公用事业、政府服务、保健医疗、贸易和商业等。这种分类适于国民经济管理。

（2）按服务组织的目的可分为营利服务和非营利服务。政府服务、教育、医疗、公用事业应该为非营利服务；非营利组织应该在追求满意的服务质量前提下，努力降低成本，而不应该是追求利润最大化。

（3）按顾客参与方式可分为涉及顾客身体处理（如保健、医疗、理发和餐饮）、心理刺激（如教育、信息、娱乐、咨询和心理救助）和顾客拥有物处理（如维修、洗衣、清扫、房屋整理和剪草）三种服务。

（4）按照是否提供有形产品可将服务运作分成纯劳务运作和一般劳务运作两种。纯劳务运作不提供任何有形产品，如咨询、法庭辩护、指导和讲课；一般劳务运作提供有形产品，如批发、零售、邮政、运输和图书馆的书刊借阅。

（5）按顾客是否参与可将服务运作分成顾客参与的服务运作和顾客不参与的服务运作。前者如理发、保健、旅游、客运、学校和娱乐中心等，没有顾客的参与，服务不可能进行；后者如修理、洗衣、邮政和货运等。顾客参与的服务运营管理较为复杂。

（6）按劳动密集程度和与顾客接触程度可将服务运作分成大量资本密集服务、专业资本密集服务、大量劳动密集服务和专业劳动密集服务。大量资本密集服务又称为服务工厂（service factory），大量劳动密集服务又称为服务作坊（service shop），专业资本密集服务又称为大众化服务，专业劳动密集服务又称为专业化服务。不同类型的服务有不同的管理特征。按劳动密集程度和与顾客接触程度对服务运作分类如图 2-2 所示。

资本或劳动的密集程度

与顾客的接触程度	资本密集	劳动密集
低	大量资本密集服务： 航空公司 大酒店 游乐场	大量劳动密集服务： 中小学校 批发零售
高	专业资本密集服务： 医院 车辆修理	专业劳动密集服务： 律师事务所 专利事务所 会计师事务所

图 2-2　按劳动密集程度和与顾客接触程度对服务运作分类

3）产品生产和服务运作的异同

制造业以制造产品为特征，汽车、电脑等都是看得见、摸得着的实物。服务业以提供劳务为特征，外科医生做检查、修理工修理汽车以及教师授课，都只是某种行动和过程，不一定提供有形的物品。当然，服务业也会从事一些制造性生产，只不过制造性生产处于从属地位，如饭馆需要制作各种菜肴，是酒店提供餐饮住宿等一系列服务当中的一种。

产品生产管理和服务运营管理有相同点。在产品和服务开发、设施选址、设施布置、工作设计、需求预测、综合计划、项目管理和设备维护等方面，服务运营管理和产品生产管理的内容与方法是相同的，只不过服务运营管理有一些特点。例如，在需求预测方面，服务业更注重季节性波动和短期预测；制造设施选址是成本导向的，服务设施选址是收入导向的等。然而，由于制造是产品导向，服务是行动导向，因此不能把产品生产管理的方法简单地搬到服务运作中。具体而言，服务和服务运营管理具有以下特征。

（1）服务的特征。与产品相比，服务有以下几个特征。

①无形性（intangibility）。无形性指服务不可触摸的特性。服务只是一种"表现"，而不是一件"东西"。例如音乐会中美妙的音乐给人以精神的享受，这种服务就包含一定的无形性。尽管服务具有无形性，但是服务带来的状态变化是存在的，你参加一场表演可以让你回味无穷，听一次讲座可以让你受益终身。

②同步性（simultaneity）。同步性也称为不可分性（inseparability），指服务的提供与消费同时发生的特性。服务发生的时候就是服务提供者和顾客（包括顾客本身、顾客的物品或者顾客的信息）双方同时出现的时候，他们是不能分离的，也是不能储存的。美发时不能只有理发师而没有需要理发的顾客，维修时不能没有顾客的损坏的物品，咨询时必须有顾客提供的信息。产品制造可以将生产、配送和消费分离，服务的生产、配送和消费是同时发生的。顾客输入是服务进行的前提，因而服务具有同步性。

③异质性（heterogeneity）。异质性也称为波动性，是指不同服务之间不同时间及不同顾客的相同服务之间服务差异的特性。产品质量有其客观标准，其质量可以测量；但是服务质量衡量比较复杂，服务质量取决于顾客的预期与实际感知的差距，因此，服务运作的质量标准难以建立。同一个教师讲同一门课，尽管教学内容和风格不变，但不同班级、不同学生的评价往往不同。同样的外卖服

务，有的顾客会认为很便捷，因为在酒店点外卖不用辛苦找门店就可以享用当地特色美食。外卖的服务甚至影响顾客对景区的满意度，环保主义者会认为外卖制造了大量垃圾而给予差评，有的顾客会出于卫生、个人信息泄露等原因而拒绝点外卖……

④易逝性（perishability）。易逝性指服务能力的时间敏感性。由于服务的生产与消费同时发生，服务不能存储，如果顾客未能按预计时间出现，服务能力就永远丧失，酒店的房间将受到损失，客机的座位将浪费。没有顾客特定输入，服务就不能进行，服务能力就具有易逝性。

具有以上某些特征的事物并不一定是服务。实际上，有些特征并非服务所独有。例如，软件产品具有无形性，电力生产也具有不可存储性。应该说，单个顾客的特定输入是服务最本质的特征。

由于服务的供需都具有特殊性，所以需要对服务运营管理进行专门研究。

（2）服务运营管理的特征。对于既提供物品又提供劳务的服务，可以通过前台和后台的划分来提高效率。前台服务与顾客接触，后台服务不与顾客接触。提供物品的活动在后台进行，制造业运营管理的方法和技术可以直接用于后台的生产活动。前台运营具有服务的特征，不能简单套用制造业的运营管理理论和方法。

①由于服务的无形性，服务的生产率难以确定。工厂可以计算它所生产的产品数量，而律师进行一次辩护的服务工作量则难以计量。现行的考核脑力劳动者工作量的办法大多是考核体力劳动者的办法，非常不科学。

②由于服务不能存储，不能通过库存来缓冲，适应需求变化的难度加剧。制造业通过成品库存调节使工厂内部生产与市场需求隔离，尽管外部需求波动，但内部生产均衡，使制造资源能够被最有效地利用。服务运营系统就没有这么幸运了，它直接受到外部需求波动的冲击。例如，上班和吃饭时间的固定，使得公交和餐馆出现高峰负荷，服务运营能力不够必然造成排队，只能通过经济杠杆使需求波动减小，并在可能的范围调整能力，以尽量减少排队。

③由于服务的异质性，服务质量难以测量。对服务质量的管理与对产品质量的管理差别很大。在服务中满足顾客个性化需要十分关键，但个性化程度越高，就越难以制定统一的服务标准和规范。

④由于服务的易逝性，服务资源易浪费。如客机上的空座位、旅店里的空房间，当顾客不出现时，服务资源就永远地浪费了，给服务企业带来机会损失。针对服

务运作的这一特点，预订和超订这样的收益（或收入）管理方式就出现了。

⑤"顾客参与"使服务运营管理复杂化。顾客直接参与对服务企业有正面和负面影响。与顾客接触可能会影响服务企业的工作效率。顾客与服务员过多地交流会影响服务员的工作，不回答顾客的问题又会影响服务质量。因此，应该发挥顾客在服务运作中的作用，这样不仅可以提高服务能力，而且可以改进服务质量。对于服务业，由于顾客多在服务设施内接受服务，因此服务设施的设计如内部布置、装饰、照明、颜色和噪声控制方面都要人性化，使顾客有良好的感受和体验。

2.1.2 运营系统

运营系统的构成与运营中的物质转化和管理过程相对应，包括物质（实体系统：如机床、仓库、运输设备等；或服务业的实体系统，如连锁快餐企业的店面、设备等）和管理（计划和控制系统，及物质系统的配置等问题）两大系统。

1. 运营系统的概念

"运营系统"是"系统"母概念下的子概念，它是"系统"母概念在运营领域内的具体体现。系统是由若干相互联系的基本要素构成，并具有确定的特性和功能的有机整体。

运营系统是为了达到企业生产经营目的，由相互联系和相互作用的劳动者、生产手段、生产对象、生产信息等生产要素结合而成，并按预定的目标、计划和生产技术要求从事产品生产/服务提供活动的有机整体。

2. 运营系统的构成

运营系统的构成要素按其性质和作用可分为结构化要素和非结构化要素。其中结构化要素是指构成生产系统主体框架的要素，包括生产技术、生产设施、生产能力、生产系统的集成。非结构化要素是指支持和控制系统运行的软体要素，包括生产计划管理、生产库存管理、质量管理等。

结构化要素与非结构化要素之间的关系密切。结构化要素的内容及其组合形式决定生产系统的结构形式，非结构化要素的内容及其组合形式决定系统的运行机制。两者相辅相成，共同构成运作系统，来支持运营过程。

3. 制造业运营系统的类型

运营系统类型是按照一定标志对企业运营所做的一种分类。运营系统类型划分的目的是根据运营系统类型的特点采用合适的管理模式和管理方法。

由于运营管理涉及各种不同行业，而且即使在同一行业中，各企业的运营状况也千差万别，因此，为探求各行业、各企业在管理方面所具有的共同特点，必须以某些因素为标志，如其技术特性、市场特性、连续程度、品种与数量的关系、管理特性、工艺特征等。在实际工作中，按行业的运营特征可将运营系统划分为两大类，即制造业生产类型和服务业生产类型。

以制造为主的制造型企业，其运营系统类型见表2-1。

表2-1 制造业的生产类型

分类方法	生产类型
产品的使用性能	通用型产品
	专用型产品
生产工艺特征	流程型
	加工装配型
生产稳定性	大量生产
	成批生产
	单件生产
运营流程形状	V形企业
	A形企业
	T形企业
产品或服务的需求特性	订货型生产
	备货型生产

1）以产品的使用性能为标志划分

（1）通用产品是按照一定的标准设计和生产的产品，适用面广、需求量大。例如，轮胎、齿轮、铅芯等。

（2）专用产品是根据顾客的特殊需求专门设计和生产的产品，产品适用范围小、需求量也很小。例如，某型号空中客车的机翼。

2）以生产工艺特征为标志划分

（1）流程型生产是指把一种乃至数种原料投入最初工序或接近于最初工序的工序中，通过使它们共同连续地进行一系列的化学或物理变化进而制成成品的过程。流程型生产的工艺过程是连续进行的，不能中断，并且工艺过程的顺序是固定不变的。如化工、水泥。管理重点是连续供料和确保每一环节正常运行。

（2）加工装配型生产是指先分别通过固有的各种加工作业制造出零件，再把它们组合起来，制造成具有特定功能的产品的过程。各零部件的加工过程彼此独立。如机械制造、电子设备制造。管理重点是生产的配套性。

3）以生产稳定性为标志划分

根据生产稳定性来划分运营系统类型。产品或服务的品种越多、每一品种的产量越少、生产的重复性越低，则产品或服务的专业化程度就越低；反之，产品或服务的专业化程度越高。由此可以将运营系统划分为三种生产类型。

（1）大量生产。大量生产品种单一，产量大，生产重复程度高。福特公司曾长达19年始终坚持生产T型车一个车型，是大量生产的典型例子。大量流水生产的管理特点是保证原材料及动力的不间断供应；加强生产过程控制，保证产品质量稳定性；加强设备维修保养，避免发生设备故障；正确的市场预测。

（2）单件生产。单件生产与大量生产相对立，是另一个极端。单件生产品种繁多，每种仅生产一台，生产的重复程度低。我国某汽车公司冲模厂制造汽车冲模是典型的单件生产。若品种繁多，但每个品种产量极小，被称为"单件小批生产"。单件小批生产的管理特点是正确掌握企业的设计能力，对随机到达的订单进行正确决策；分析生产资源中的瓶颈环节，并提高瓶颈能力；保证生产的成套性和交货期。

（3）成批生产。成批生产介于大量生产与单件生产之间，即品种不止一种，每种都有一定的批量，生产有一定的重复性。在当今世界上，单纯的大量生产和单纯的单件生产都比较少，一般都是成批生产。由于成批生产的范围很广，因此通常将它划分成"大量大批生产""中批生产"和"单件小批生产"三种，如图2-3所示。

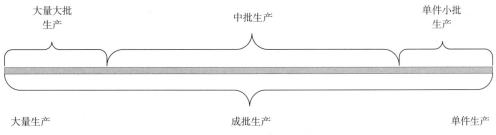

图2-3 生产稳定性划分运营系统类型

由于大批生产与大量生产的特点相近，所以，习惯上合称"大量大批生产"。同样，小批生产的特点与单件生产相近，习惯上合称"单件小批生产"。成批生产习惯上称为"多品种中小批量生产"。"大量大批生产""单件小批生产"和"多品种中小批量生产"的说法比较符合企业的实际情况。

对于服务性生产，也可以划分与制造性生产类似的生产类型。医生看病，可以看作单件小批生产，因为每个病人的病情不同，医治方法也不同；而学生体检，每个学生的体检内容都一致，可以看作大量大批生产；中小学教育，可以看作大量大批生产，因为课程、课本相同，教学大纲也相同；大学本科生的教育可看作中批生产，因为专业不同课程设置不同，但每个专业都有一定批量；硕士研究生只能是小批生产，而博士研究生则是单件生产。制造业和服务业的不同生产类型举例见表2-2。

三种不同生产类型的生产管理特点见表2-3。

表 2-2 制造业和服务业的不同生产类型举例

生产类型	制造性产品	服务
单件小批生产	模具、电站锅炉、大型船舶、潜水器、火箭、长江大桥、三峡工程	咨询报告、包机服务、保健、理发、特快专递邮件、出租车服务、博士研究生教育
大量大批生产	汽车、轴承、紧固件、电视、公共交通、快餐服务、普通邮件、洗衣机、电冰箱、灯泡	批发、体检、中小学
中批生产	服装、家具	本科生教育

表 2-3 三种不同生产类型的生产管理特点

比较项目	大量生产	成批生产	单件小批生产
品种	少	较多	很多
产量	大	中	小
设备	专用	部分通用	通用
生产周期	短	长短不一	长
成本	低	中	高
追求目标	连续性	均衡性	柔性

4）以运营流程的形状划分

按照物流的特征，制造企业可以分成V形、A形和T形三种或它们的混合型，如图 2-4 所示。V 形流程是"水库式"的，由一个水源引出多个灌溉渠道，由一种原材料经过基本相同的加工过程转换成种类繁多的最终产品。例如钢材的轧制，由钢锭轧制成板材、管材和型材等不同的产品；炼油厂将原油提炼成不同标号的汽油、柴油和润滑油。

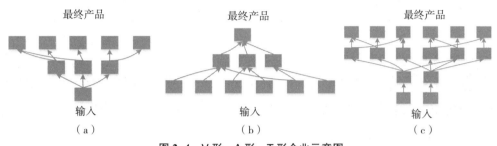

图 2-4　V 形、A 形、T 形企业示意图
（a）V 形企业；（b）A 形企业；（c）T 形企业

相反，A 形流程像河流似的，多条支流汇聚成一条大河，由许多原材料和零部件转换成很少几种产品，如飞机制造、汽车制造等企业。

T 形企业的最终产品是由相似零部件以不同方式组装成的不同的产品，加工零部件大体是平行进行的，装配时不同的产品会用到很多相同或相似的零部件，如家电器的生产。

V 形企业一般是资本密集型的，机械化和自动化程度很高，专业化程度高，生产系统缺乏柔性，降低成本是关注的焦点。A 形企业通用性较强，生产系统有柔性，加工过程复杂多样，生产管理十分复杂。T 形企业一般分加工和装配两个部分，加工路线和装配时间都较短，库存高，交货状况参差不齐。

5）以产品需求特性为标志划分

（1）订货型生产就是按照每个顾客所要求的设计、质量、规格等，生产各种具有特定功能的产品的生产类型，如发电设备制造企业、造船厂的生产等。订货型生产的管理重点是保证交货期。

（2）备货型生产，又称估需生产，它是在市场需求调查、需求量预测的基础上，有计划地进行生产，以满足市场需求的生产类型。备货型生产的产品通常为通用产品。备货型生产的管理以生产及库存量的预测为重点。

订货型生产与备货型生产对照见表 2-4。

表2-4　订货型生产与备货型生产对照表

内容	订货型生产	备货型生产
特点	按顾客需求设计、制造和销售。生产周期长。拉式组织生产。 管理目标：缩短生产周期	按市场调查、预测结果进行设计、生产和制造。库存量大。推式组织生产。 管理目标：满足需求条件下降低库存水平
适用范围	专用产品	通用产品
案例	空中客车	家电生产、化肥生产

4. 制造业生产类型的选择

制造业运营类型的选择，即生产流程设计的一个重要内容就是生产系统的组织与市场需求相适应。何种需求特征应该匹配何种运营过程，由此构成产品—工艺矩阵，如图2-5所示。

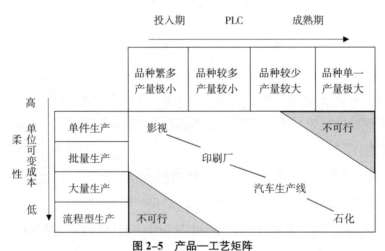

图 2-5　产品—工艺矩阵

注：PLC 即 product life cycle，产品生命周期。

图2-5根据产品的品种和数量特征去匹配相应的生产类型。匹配的结果形成了该矩阵的主对角线。利用产品—工艺矩阵选择生产类型时，注意以下两点。

（1）根据产品的结构性质，沿对角线选择和配置生产流程，可以达到最好的技术经济性。

（2）传统的根据市场需求变化仅仅调整产品结构的战略往往不能达到预期的目标，因为它忽略了同步调整运营类型的重要性。

5. 影响运营类型设计的主要因素

（1）产品/服务需求性质。考虑产品的数量、品种、季节的波动性等对生产能力的影响，决定采用何种运营类型。

（2）自制—外购决策。从产品的成本、质量、生产周期、生产技术等诸多方面综合考虑，解决企业产品所需部件的自制与外购问题。

（3）生产柔性。生产柔性包括产品品种柔性、产量柔性、人员柔性。

（4）产品/服务的质量水平。不同的质量水平决定了采用什么样的生产设备。例如螺钉有国际标准，而生日蛋糕只有卫生标准，其尺寸十分灵活。

（5）接触顾客的程度。某些制造业，顾客是生产流程的组成部分，特异性强的产品需要单件小批运营类型。

6. 服务业运营系统的运营类型

在 ISO 9000 系列中，对服务的定义是：服务是为满足顾客需求，在同顾客接触中，供方的活动或供方活动过程的结果。

从管理角度看，服务既然是一种活动，服务组织就必须对活动过程进行有效的计划、组织与控制；服务既然是一种结果，就必须达到满足顾客要求的目的。从产出角度出发，服务是顾客通过相关设施和服务载体所得到的显性收益和隐形收益的完整组合。其实任何企业所提供的产出都是"有形产品+无形服务"的混合体，但各自所占的比例不同。从顾客的角度来说，顾客无论购买有形产品还是无形服务，都不是为了得到产品本身，而是为了获得某种效用或收益。

服务业运营类型见表 2-5。

表 2-5 服务业运营类型

分类方法	运营类型
按顾客的需求特征分	通用型服务
	专用型服务
按运作系统的特征分	技术密集型
	人员密集型
按与顾客的接触程度分	邮件接触
	现场技术指导
	电话接触
	面对面规范严格的接触
	面对面宽松的接触
	面对面完全定制的服务

（1）按顾客的需求特征，服务业运营类型分为通用型服务和专用型服务，两者的特点比较见表 2-6。

表 2-6 通用型服务与专用型服务特点比较

内容	通用型服务	专用型服务
特点	顾客只在前台接触；过程规范；追求规模效益	顾客接触程度高；过程较难规范；追求响应速度和服务精确化
适用范围	常规服务	专门服务
例	学校、饭店、零售批发	医院、咨询公司、律师事务所

通用型服务是针对一般的、日常的社会需求所提供的服务，如零售批发业、学校、银行、饭店等。特点：顾客参与少，服务规范，服务有明确的前后台之分，顾客只在前台服务中介入，后台与顾客没有直接联系。管理特点：引入制造业的高自动化的设备和技术实现规模效益。

专用型服务是针对顾客的特殊要求或一次性要求所提供的服务，如医院、汽车修理站、咨询公司、律师事务所、会计师事务所等。特点：顾客介入较多，前后台不明显，服务性更强，难以使用统一的服务过程规范。管理特点：从规模效益以外的途径提高效益。

（2）按运作系统的特征，服务业运营类型分为技术密集型和人员密集型。

技术密集型需要更多的设施装备投入，如航空公司、通信业、医院等。管理特点：注重合理的技术装备投资决策，加强技术管理，控制服务交货进度与准确性。

人员密集型需要人员素质的作用更大，如百货商店、学校、咨询公司等。管理特点：注重员工的聘用、培训和激励，工作方式的改进，设施的选址和布置等。

（3）服务业运营类型设计。服务设计的两个关键点是服务要求的变化程度和顾客接触服务系统并渗透到服务系统的程度。这会影响到服务的标准化或必须定制的程度。顾客接触程度和服务要求的变化程度越低，服务能达到的标准化程度就越高，没有接触及很少有或没有流程变化的服务设计与产品设计极其类似；相反，高可变性及高顾客接触程度通常服务必须是高度定制的。

与制造业的产品—工艺矩阵一样，服务业在进行服务运营系统的战略决策时也有一种有用的工具——服务系统设计矩阵，如图 2-6 所示。

服务系统设计矩阵有以下三维变量。

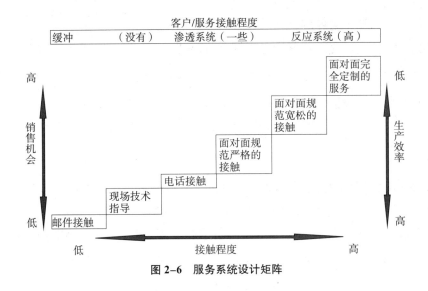

图 2-6 服务系统设计矩阵

横坐标表示与顾客的接触程度。最左端为没有接触，称为"缓冲"；最右端为高度接触区域"反应系统"；中间区域为"渗透系统"。

左边纵坐标表示销售机会。右边纵坐标表示生产效率。其特点就是横纵坐标的变化。

六种典型的服务方式如下。

①邮件接触。服务系统给顾客发邮件，互相无直接接触。特点：无顾客直接参与，生产效率高、销售机会少。如银行给顾客每月发出信用卡使用情况对账单。

②现场技术指导。顾客与服务系统有部分接触。特点：生产效率下降、销售机会增加。如自动提款机、外卖点餐等，顾客通过自我服务与服务系统接触。

③电话接触。顾客与服务系统通过电话接触。特点：接触程度进一步提高、销售机会增加、生产效率下降。

④面对面规范严格的接触。顾客与服务系统有较多的面对面接触，但是服务内容是严格按照程序进行的，顾客或服务人员均不能更改。如麦当劳快餐，其食品都符合某种标准，不能更改，但是确实提供了面对面服务。

⑤面对面规范宽松的接触。面对面的服务内容有规范，但是规范较宽松，可以有较大的挑选余地，并在一定程度上可以修改，如可以点菜的饭店。

⑥面对面完全定制的服务。完全根据顾客的要求，为其设计服务，如律师事务所、定制私厨、家庭全科医生等。特点：销售机会多、生产效率最低。

（4）服务运营系统类型设计指导原则。服务系统的开发需在某些原则指导下进行，以下是一些主要原则。

①以一个统一而又容易理解的标准进行设计。

②确保服务系统能够提供所有可能预料到的服务项目。

③检查和考核指标设置要合理，以确保服务是可靠和一贯优质的。

④系统设计要方便顾客，这对服务系统运营来说更加重要。

2.2 竞争力与市场竞争战略

企业高层领导最重要的工作就是进行战略管理。战略管理是指在企业战略的形成和实施过程中，制定的决策和采取的行动。企业高层领导对设置企业长期发展目标负责，并采取各种措施使企业的各个部门朝着这个目标前进。对企业总体发展方向有长期作用的决策称为战略决策。战略管理是一个过程，包括战略制定、战略实施和战略评价。战略制定包括确定企业任务，识别外部机会和威胁、辨别企业的优势和劣势，建立长期目标，开发多种战略方案，选择适当的战略。战略实施包括设计适当的组织结构和控制系统，设置企业年度目标、制定政策、激励员工和配置资源，以使制定的战略能够落实。战略评价是评价战略实施的效果，包括重新审视内外因素、度量业绩和采取纠正措施。战略管理是战略制定、战略实施和战略评价三个部分相互作用、相互衔接的过程。

为什么现代企业如此重视战略？最主要的原因是环境发生了巨大变化，企业竞争日益加剧。进入20世纪90年代以后，由于参与竞争的选手远远超过市场这个竞技场地的容量，加上科学技术日新月异地发展，竞争变得空前激烈。竞争不仅导致每年有大量的中小企业倒闭，也使一些著名的大公司破产。

企业环境是指企业赖以生存和发展的各种外部条件和外在因素。企业环境的构成是复杂的，从范围视角，企业环境可由国内环境和国际环境中的投资环境、劳动力环境、资金环境、技术环境、信息环境和市场环境等构成；从企业的社会联系视角，企业环境可由投资者、消费者、供应者、主管机关、政府部门和社会团体等构成。企业环境因素是多方面的、复杂的，它们相互依存、相互制约，综合地对企业产生影响，制约企业的行为。相反，企业战略实施又影响环境变化。

现代企业环境的特点：技术革新步伐急剧加快，需求日益多样化、个性化，竞争全球化、白热化，产品生命周期越来越短。

2.2.1 竞争力与订单要素

1. 企业的市场竞争力

企业制定并实施运营战略就是要通过运营管理提升竞争力。

竞争力是企业在自由和公平的市场环境下生产优质产品或提供优质服务，创造附加价值，从而维持和增加企业实际收入的能力。企业竞争力是决定企业成败的关键因素。企业之间的竞争体现在很多方面，但归根结底主要表现在质量、成本、准时交货率的差异上。

（1）质量。质量是产品或服务的"一组固有特性满足要求的程度"。质量与原材料、设计和生产过程密切相关。质量反映产品使用价值的高低和范围。

（2）成本。成本是为获得收益已付出或应付出的资源代价。低成本意味着企业可以在价格上有更大的选择空间。价格是顾客为了得到某一产品或接受某项服务所必须支付的金额。在其他所有因素均相同的情况下，顾客将选择价格较低的产品或服务。当顾客认为产品或服务价值高于他所付出的价格时，满意度较高。

价格竞争的结果可能会降低企业的利润，但大多数情况下会促使企业降低产品或服务的成本。沃尔玛以其"天天平价"策略成为全球零售业的大鳄。

（3）准时交货率。准时交货率是在一定时间内准时交货的次数占总交货次数的百分比。准时交货率反映的是企业在承诺交货的当日提供产品或服务的能力。在某类市场上，企业交货的速度是竞争的首要条件。联邦快递因其"使命必达"而成为世界上最大的快递服务公司。

除价格、质量、（包括准时交货在内的）时间之外，还有品种、服务和环保，它们是影响顾客对产品和服务需求的六大因素，是影响企业竞争力的因素。

品种是顾客对不同产品的选择余地。

服务是产品在购买、使用和报废的过程中提供给顾客各种服务和担保，尽可能满足顾客个性化的要求，建立顾客与企业之间的信赖关系。

时间是衡量以多快的速度向顾客提供产品和服务的。

环保是指产品在制造、使用和报废的过程中，对环境的污染破坏程度最小。

顾客对这六大因素的满意度越高，产品和服务就越能赢得顾客的信赖，企业就越具有竞争力。竞争成功的关键在于明确地知道顾客需要什么，然后付诸实施。

显然，不同的顾客对这六大因素的要求是不相同的。但随着消费水平的提高，影响需求的主要因素的变化是有一定规律性的。

工业化初期，居民消费水平较低，"有没有"的问题比较突出。产品只要可用、便宜就受欢迎。影响产品竞争力的主要因素是价格。

随着消费水平的提高，"价廉质劣"的产品不再受人青睐。人们的观念已经改变为：只要产品质量好或服务档次高，贵一点儿也可以。例如，格力董事长董明珠一直以来坚持"注重质量是一个企业应尽的社会责任"，一贯地追求卓越的格力电器，其企业标准高于行业标准、国家标准，追求的标准是市场的实际需求和最挑剔顾客的使用需求。

当"有没有"和"好不好"的问题得到一定程度的解决后，人们"厌恶重复"的本性使得顾客追求多样化的产品和服务，这就需要供方提供多种多样的产品和服务。单一化的产品，即使质量好、价格低，也难以成为竞争主流要素。

企业提供多样化的产品和服务时，尽管成本大幅度上升，但是依然难以满足顾客的个性化需求。顾客需要的不是产品，而是产品的功能，其能帮助他们解决问题，满足他们的个性化要求。服务就成为影响竞争力的主要因素。服务的本质就是使顾客个性化的要求能够得到满足。提供"量身定做"的产品和服务，才能真正为顾客提供解决方案。

当各种企业的产品和服务在前四种因素上的差别不大时，谁能够最及时地向顾客提供定制的产品和服务，谁能够最快地推出顾客意想不到的新产品和新服务，谁就会受到顾客的欢迎，因此，时间成为影响竞争力的主要因素。"时间"在物流业、快递业等行业成为第一竞争力，如国内快递业的"四通一达"无论是分拣还是运输的平均用时都少于顺丰速运，送达时间都以"天"计量；而同城快递，如"闪送"，送达时间以"分钟"计量。

随着消费水平的提高，人们更加关心健康和长寿。当各家企业提供的产品和服务在前五种因素上的差别不大时，哪种产品和服务能够清洁地生产出来，在使用中对环境的污染最小，报废处理也由企业承担，哪种产品就能得到顾客的青睐。由于产品的生命周期越来越短，还有使用价值的产品在功能上已经落后了，这样就出现了一个十分棘手的问题：大量需报废的产品如何处理？我国的家电产品即将面临大量报废的问题，环保就成为影响竞争力的主要因素。人们的环保意识日益加强。例如，房屋装修的设计方案、价格、质量、时间均能满足要求，但是如果装修材料中含有过量的对人体健康有害的物质，顾客就不会买账。居民消费水平与企业竞争焦点的变化如图2-7所示。

图2-7 居民消费水平与企业竞争焦点的变化示意图

图2-7描述了主要竞争因素随消费水平提高而变化的情况。例如，与所有产业一样，中国家电行业在发展成熟的过程中，伴随而生、相互交织、不断衍化着各种市场竞争方式：价格战、质量战、服务战、营销战、专利战、口水战……足以说明市场需求牵动企业供应竞争的焦点变化。需要说明的是，图2-7反映的是一种变化的总趋势，并不说明没有例外情况。如同马斯洛的需求层次理论，在低层次需要得到基本满足后，较高层次的需要就会凸显出来，但并不意味着低层次需要就没有了。主要竞争因素的变化也是一样，较高层次的因素凸显出来，并不意味着低层次因素不重要，只不过不是主要因素。

尽管我国社会生产已经实现质的飞跃，社会生产能力在很多方面进入世界前列，但是我们发展的不平衡、不充分的问题日益凸显。事实说明，我国社会主要矛盾已经转化为人民日益增长的美好生活需要和不平衡不充分的发展之间的矛盾。

企业为了满足顾客焦点持续迁移的要求，并在竞争中持续盈利，就必须密切关注市场焦点的转移，在保有当前竞争优势的同时，永不满足现状、持续改进争取更多的竞争优势，保持企业的可持续发展。

2. 订单资格要素与订单赢得要素

2000年，伦敦商学院的特里·希尔（Terry Hill）教授首先提出了订单资格要素和订单赢得要素的概念。

订单资格要素是指组织的产品或服务值得购买所必须具备的基本要素。订单赢得要素是指组织的产品或服务优于其竞争对手，从而赢得订单所必须具备的要素。

订单资格要素和订单赢得要素会发生转变。例如，20世纪70年代，日本汽车企业进入世界汽车市场时，改变了汽车产品原先的订单赢得要素，从成本导向变成了质量和可靠性导向。美国的汽车厂商在产品质量方面输给了日本的汽车厂商。20世纪80年代后期，福特公司、通用汽车公司和克莱斯勒提高了产品质量，才得以重新进入市场。现在，汽车的订单赢得要素在很大程度上取决于汽车的个性化。顾客知道他们需要什么样的产品特征（如可靠性、安全性、设计特征、外观和油耗等），然后希望以最低价格购进一辆能满足特定要求的汽车，以实现效用最大化。

再如，作为快递业，"能够送达"是订单资格要素，邮政特快专递（EMS）在国内拥有最大的快递网络，其网点甚至可以延伸到村级，拥有在海关和航空部门的优先权，而且其极低的丢失率一直是行业楷模，具备快递业的订单资格要素。可是只有订单资格要素是远远不够的，EMS的市场曾一度遭到挤压，原因在于在快递高端市场，国外的快递巨头如UPS（美国联合包裹运送服务公司）等及国内的顺丰速运能够做到"次日达"，可是EMS却需要2~8天，在"时间"上缺乏竞争优势。改革后的EMS已经能够提供同省"次晨达""次日递"、国际承诺服务、"限时递"等高端服务。崛起的国内快递业逐渐具备订单赢得要素，从而使跨国快递巨头逐渐退出中国快递市场。

2.2.2 生产率

1. 生产率的概念

生产率即投入产出比。生产率反映了产出（产品和服务）与生产过程中的投入（劳动、材料、能量及其他资源）之间的关系，是一个相对指标。生产率既可以从国家或行业宏观层面上来度量，也可以从企业微观层面上来度量。当从国家或行业宏观层面上来度量时，一般用总产值或国民收入来计量产出。当从企业微观层面上来度量时，一般用企业产量或创造的价值来计量产出。本书主要介绍微观层面的生产率。

投入和产出可以是实物量，也可以是价值量。以实物表示投入与产出，生产率所表示的结果直接、明了，可以在不同企业间进行比较，也可以在不同国家之间进行比较。但是，实际中企业所生产的产品或提供的服务不是单一的，这时，通常选取某一代表产品，利用换算系数把其他产品或服务折算为代表产品。当涉及的投入不是单一的时，只能以价值来统计投入。事实上，当以价值来表示投入与产出时，生产率就与企业的效益建立起了联系。此时，就体现出计算生产率的意义，即企业可以借助分析生产率水平来改进自身的管理和技术。

生产率对营利性组织、非营利性组织和国家都有重要的意义。对营利性组织，较高的生产率意味着较低的成本及较高的利润；对非营利性组织，较高的生产率意味着利用较少的社会投入为公众提供更好的服务；对国家，较高的生产率意味着经济运行状况更加良好，国家的实力得到增强。美国20世纪90年代长时期经济持续增长的一个主要因素是它的生产率提高了。

值得指出的是，生产率不同于效率。生产率反映出资源的有效利用程度，效率是指在一定的资源下实现的产出。

实际运用中，企业通常使用生产率的倒数来评价资源的利用情况，此即单位消耗。当把单位消耗与劳动定额、机时定额、原材料消耗定额等进行比较时，结果在一定程度上反映了企业的管理和技术水平。

2. 生产率的计算

生产率的定义式为

$$生产率 = \frac{产出}{投入} \tag{2-1}$$

生产率可按单一投入、两种以上的投入或者全部投入来度量。与这三种度量方法相对应的是三种生产率，即单要素生产率、多要素生产率和全要素生产率。表2-7列举了这些生产率的计算方法。实际运用中，具体选择哪一种度量方法视度量的目的而定。

表2-7 生产率的不同形式

生产率的类型	度量方法举例
单要素生产率	产出/工时、产出/机时、产出/资本、产出/能源
多要素生产率	产出/（工时＋机时）、产出/（工时＋资本＋能源）
全要素生产率	生产的商品或服务/生产过程中的全部投入

例2-1 4个工人8小时生产12 800个零件，产品单位售价为10元。为此投入5元/（人×小时），100元的原材料和140元的管理费用。请计算单要素生产

率和多要素生产率。

解：根据式（2-1）可得单要素生产率和多要素生产率，结果如表 2-8 所示。

表 2-8　不同类型生产率的计算结果

单要素生产率	12 800 件 /（8×4）小时 =400（件 / 小时） 12 800 件 /（4×8×5）元 =80（件 / 元） 128 000 元 /（8×4）小时 =4 000（元 / 小时） 128 000 元 /（4×8×5）元 =800（元 / 元）
多要素生产率	12 800/（4×8×5+100+140）=32（件 / 单位投入费用） 128 000/（4×8×5+100+140）=320（元 / 单位投入费用）

全要素生产率与诺贝尔经济学奖得主麻省理工学院的罗伯特·索洛提出的经济增长的索洛模型有一定关联。索洛模型先假定劳动力和技术保持不变，推导出投资与产出成正比；然后再逐步放宽假设（劳动力和技术进步），研究经济的增长。

全要素生产率研究的是生产的商品或服务 / 生产过程中的全部投入，多用于单个企业，而索洛模型与储蓄、人均消费等宏观数据相关，研究的是地区和国家的宏观经济增长问题。

尽管利用率与生产率都可以度量设备或企业的运营情况，但是着眼点不同。生产率是用来表示产出与投入比率的术语，反映内在的生产能力，是有单位的；利用率反映资源能力被利用情况，没有单位。运营实践中往往通过比较流程中各环节的利用率甚至隐含利用率来寻找流程中的瓶颈环节。

3. 影响生产率的因素

影响生产率的因素有很多，主要有管理、资本、质量和技术等。除了这四个主要因素外，还有如标准化、工作场所的设计与布置、激励制度等。一个错误观点是：工人是生产率的主要决定因素。照此观点，让工人更卖力地工作是提高生产率的途径。事实上，历史上很多生产率的提高是技术改进的结果。

技术是影响生产率的主要因素，但是，技术本身并不能保证生产率的提高。事实上，没有先进的管理，反而会降低生产率。早些年，中国在引进外资时就有过沉痛的教训：要么引进了过时的设备和技术；要么只引进了先进的设备和技术，而没有引入软件和管理。如果把管理和技术比作企业发展的两个车轮，那么这两个车轮一定要匹配。否则，企业不可能发展，只会原地打转。

4. 提高生产率的步骤

生产率度量可用于很多方面。通过度量生产率，可以评定企业在一定时期内的经营业绩，分析成绩和不足，并针对不足采取改进措施。

企业可采取以下步骤来提高生产率。

（1）确定生产率测评指标。

（2）识别影响整体生产率的"瓶颈"环节。

（3）以管理、资本、质量、技术等为切入点提高"瓶颈"环节的生产率。

2.2.3 市场竞争战略

波特教授提出了三种基本的市场竞争战略。

1. 成本领先战略

成本领先（overall cost leadership）战略就是要使企业的某项业务在行业内成本最低。成本领先战略针对规模较大的市场提供较为单一的标准产品和服务，不率先推出产品和服务。格兰仕、麦当劳和沃尔玛，都是运用成本领先战略的典型例子。

运用成本领先战略一般需要采用高效专用的设备和设施；在组织生产的过程中，要提高设备利用率；要对物料库存进行严密控制；要提高劳动生产率；采用低工资并降低间接费用。运用成本领先战略可获得大量生产、大量销售的好处。

2. 差异化战略

差异化（differentiation）战略的实质是要创造一种使顾客感到是独一无二的产品或服务，使消费者感到物有所值，从而愿意支付较高的价格。这种战略可以有多种形式，如唯一的品牌、唯一的技术、唯一的特点和唯一的服务等。如房车旅游，既不同于普通的租车业务，又不同于酒店业务，在旅游市场上独树一帜。

实施差异化战略的关键是创新。传统的把竞争对手击败的战略，属于零和博弈。差异化战略从顾客需求出发，通过技术创新提供给顾客更为满意的产品和服务，其间可能会与多方合作，讲求竞合。差异化战略被称作"基于创新的战略"。

3. 目标集聚战略

成本领先战略和差异化战略都是大范围使用的战略，目标集聚（target focus）战略是对选定的细分市场进行专业化生产和服务的战略，它为特定的目标市场顾客的特殊需求提供良好的产品和服务。绝大部分小企业都是依据目标集聚战略起步的，如社区医院同时为居家养老的顾客提供全科家庭医生服务。

随着时代的发展、供需环境的变化，还有动态竞争战略、快速反应战略等。

2.3 运营战略

企业战略是企业为求得生存和发展，在较长时期内对生产经营活动的发展方向和关系全局问题的谋划。这种谋划包括企业的宗旨、目标、总体战略、经营战略和职能策略。运营过程决定了企业的产品和服务的成本、质量、多样性、交付时间和对环境的影响，对企业竞争力有直接的影响。运营战略是在企业战略指导下制定的，它是企业总体战略成功的保证。

运营战略

2.3.1 企业战略的构成

企业有一个总体战略，称之为企业战略或公司战略。公司战略是公司最高层次战略，内容包括两方面：①选择企业经营范围和领域，如是专注于某个事业还是实行多元化，是实行垂直一体化还是实行水平一体化。②在各事业部之间进行资源分配，资源分配是战略实施的关键。一个大公司一般分成若干个事业部，事业部是相对独立的经营单位。事业部战略，也称为经营单位战略或经营战略，内容是在选定的事业范围内如何去竞争，因此有时也称为竞争战略。如果企业只从事一项事业，则公司战略和经营战略是一致的。由于每个事业部都下设不同的职能部门，职能部门的活动支持事业部的发展，相应地就有各种职能策略，如运营策略、财务策略和营销策略等。职能策略涉及企业的职能领域，它们支持事业部战略，而事业部战略支持公司战略，公司战略支持企业目标和使命。战术是实施战略的方法和行动，起指导运作的作用，战术解决"如何做"的问题,运作解决"做"的问题。使命、目标、总体战略、经营战略、职能策略、战术、运作之间的关系如图 2-8 所示。

无论是制造业还是服务业都有战略和战略管理问题。例如，一所大学，它的宗旨可能：为国家培养具有创造精神的高层次人才；目标：30 年内建成世界一流大学；战略：发挥优势，在信息技术、生物工程和管理科学领域在国内达到领先地位，创造出在世界上有影响的成果；战术：发挥现有教师的创造性和潜能，并

图 2-8 企业战略结构图

吸引国内外优秀人才来校工作；运作方法：制定有效的激励措施和优惠政策。

运营战略是企业在运营系统的规划与设计、运行与控制以及维护与更新方面所作出的长期规划。运营战略属企业职能战略范畴。运营战略不但要与营销战略和财务战略等职能战略相得益彰，更要与企业的总体战略相一致，有利于实现组织的愿景和使命。

制定运营战略，就是以实现企业的战略、愿景和使命为出发点，从运营管理的视角，分析社会、经济、政治环境给企业带来的机会和威胁，针对企业在运营管理方面的优势和劣势，在低成本、高质量、准时交货等方面识别并培植企业的订单赢得要素，凝练企业的核心竞争力，以使企业在市场上获得竞争优势。

2.3.2 运营战略及其与市场竞争战略间的关系

1. 运营战略的概念

运营战略是企业根据选定的目标市场和产品特点来构造其运作系统时所遵循的指导思想以及在这样的指导思想下的一系列有关决策的规划、内容和程序。

2. 运营战略与市场竞争战略的关系

运营战略的作用是使企业在运营领域内取得某种竞争优势以支持企业的市场战略。表 2-9 所述内容可有助于指导社会组织通过运营战略赢得竞争优势。

表 2-9 如何通过运营战略赢得竞争优势

内容	基本问题
运营战略	使命、愿景、组织战略、职能战略、策略、方案之间到底是怎样的关系？ 如何借助战略管理工具，如 SWOT 分析、波特五力模型、扩展的 BCG 矩阵来制定运营战略？
竞争力	社会组织之间的竞争体现在哪些方面？如何正确描述竞争力？ 如何识别并培植订单赢得要素，进而形成现实竞争力？
生产率	如何提高生产率，进而提高社会组织竞争力？

3. 运营战略的内容

运营管理部门是社会组织中负责计划和协调资源的利用从而使投入转化为产出的部门，它是社会组织的基本职能部门之一。运营职能既存在于产品导向型的组织，也存在于服务导向型的组织。运营决策包括设计决策和运行决策。设计决策涉及生产能力计划、产品或服务设计、流程设计、设施布置和选址，而运行决策涉及质量保证、工作进度计划安排、库存管理和项目管理。而很多现代管理模式如供应链管理和精益生产等既涉及设计决策，又涉及运行决策。运营战略一般包括：①产品选择。②生产能力需求计划。③工厂设施。④技术水平。⑤协作化水平。⑥劳动力计划。⑦质量管理。⑧生产计划与物料控制。⑨生产组织。

4. 运营战略的作用

运营职能对任何一个公司来讲都十分重要，不仅提供顾客需要的产品与服务，而且对企业战略的实施、支持、发展发挥导向作用，表现在：贯彻实施公司的战略；为公司战略提供支持；为公司提供长期竞争优势，以推动公司战略发展。

卓越的运营职能对企业的贡献表现在：改进企业薄弱环节、学习行业内先进企业的经验、形成企业的运营战略、成为企业的竞争优势。依靠卓越的运营，企业可以通过四个阶段的发展进而成为领先企业，图 2-9 表示了运营职能作用与贡献的四个阶段模型。

（1）改进运营中的薄弱环节，在企业各个运营系统中领先，不拖公司后腿，不成为企业的累赘与负担。不折不扣地贯彻实施公司战略，保证公司战略目标的实现。

（2）以行业内优秀企业为基准，学习其先进的运营管理经验。力争保持行业中游，不掉队，力争使运营系统支持公司总体战略的实现。

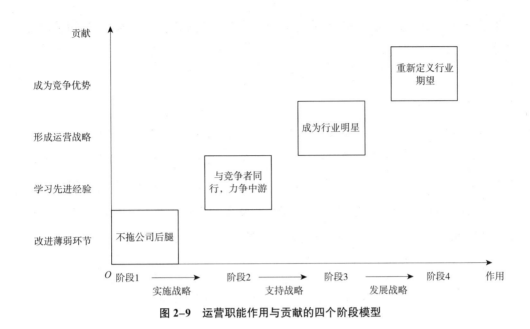

图 2-9 运营职能作用与贡献的四个阶段模型

（3）在竞争中积累经验，深刻理解企业竞争环境，以精益的思维，建立运营战略，成为行业明星，脱颖而出，但仍不能自满。应充分利用运营战略，进一步推动公司战略的发展，使公司再进入一个新阶段。

（4）着眼于未来的发展，进一步持续改善企业运营，关注协同运营，使运营系统成为企业的竞争优势。重新定义行业的期望，保持企业可持续健康发展。

5. 小公司的运营管理

理论上讲，运营管理的活动领域与改善的大小没有关系。然而实践过程中，小型公司改善运营与大公司相比存在许多不同的特征，必须予以关注。小公司运营管理的特点有以下几个。

（1）小公司管理职能交叉重叠，管理人员往往身兼数职，如总经理往往就是骨干业务员，人员配备精干，能起到以一顶十的作用。

（2）小公司采取非正式的组织结构，能够灵活、迅速地适应变化的情况。

（3）小公司的运营、营销、财务职能通盘考虑。

（4）小公司往往依靠供应链上的大公司发展，处于供应链的某环节上，销售公司的产品或向大公司提供某些服务。

引人注目的是，互联网为中外小型公司的发展提供了难得的平等竞争的机会，互联网上公司无大小。小公司发展成为大公司后，运营模式必须改变，否则容易产生混乱,妨碍企业的进一步发展。另外,大公司的运营也要借鉴小公司灵活的模式,避免产生臃肿。

2.3.3 运营战略的制定

运营战略制定框架如图 2-10 所示。制定运营战略的出发点有两个:①市场需求,分析企业所面临的市场需求到底是怎样的,在质量、价格、快速、柔性等若干竞争要素中,顾客更看重的是什么,同时需利用工具进行情况分析,做到知己知彼。②企业资源,分析企业自身所拥有的资源特点以及场地、设施、人员、技术等资源优势和劣势。常见的运营战略分析工具有以下三种。

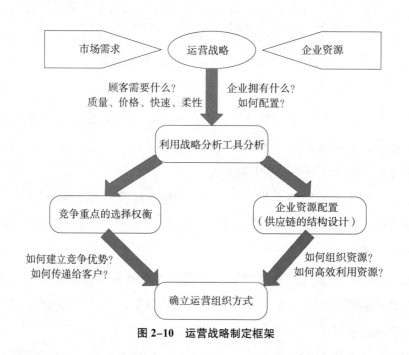

图 2-10 运营战略制定框架

1. SWOT 分析

SWOT 分析是基于企业内部条件和外部环境进行态势分析的一种战略管理方法。采用这种方法时,首先,以运营部门为主导对内部条件进行分析评估,哪些是自身的优势(strength),哪些是自身的劣势(weakness),做到知己知彼,扬长避短;其次,以营销部门为主导,分析企业所处的外部运营环境可能给本企业带来的机会(opportunity)和造成的威胁(threat);最后,根据内部条件和外部环境的分析结果制定相应的运营战略。

2. 波特五力模型

波特五力模型由迈克尔·波特于20世纪80年代初提出。他认为行业竞争对手、潜在进入者、替代品生产者、供应商和顾客五种力量综合起来影响着行业的吸引力和竞争态势。波特五力模型主要用于运营管理的外部环境分析，如图2-11所示。

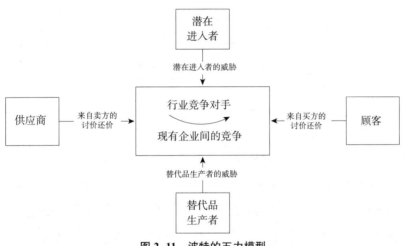

图 2-11 波特的五力模型

利用这一模型可以对企业所面临的五个方面的压力进行分析，从而对外部环境中对企业影响最直接的因素有更深入的了解。分析结果在企业的选址规划、能力规划、新品开发等很多方面都能得到应用。

3. BCG 矩阵

BCG 矩阵是由波士顿咨询公司首创的一种规划业务组合的战略分析工具。应用 BCG 矩阵时，通常从两个维度进行分析，即"业务增长率"和"相对市场占有率"（市场份额）。根据这两个维度可以把企业的业务分为以下四种类型：高增长低份额为问题型业务；高增长高份额为明星型业务；低增长高份额为金牛型业务；低增长低份额为瘦狗型业务。为了对决策对象的情况有更多的了解，可对通常的 BCG 矩阵进行扩展，增加"决策对象营业收入占总公司营业收入的百分比"和"决策对象所得利润占总公司利润的百分比"两个维度，如图2-12所示。

把通常的 BCG 矩阵扩展后，不但知道了决策对象的市场位置，而且知道了决策对象对总公司营业收入和利润的贡献。根据这些变量可精准地确定一个子公司的活动方向：扩大运营能力或是维持现状或是清算。

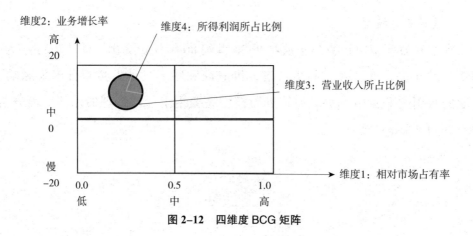

图 2-12 四维度 BCG 矩阵

2.3.4 运营战略评估

在上述分析的基础上,运营战略最重要的决策事项有以下三个。

(1)竞争重点的选择与权衡。质量、价格、快速、柔性等竞争要素之间是存在相悖关系的,一个企业不可能面面俱到,在每一项上都具有竞争优势,因此需要在市场需求分析的基础上决定突出什么特点,在哪些方面建立优势。

(2)企业资源配置方式。任何一项产品或服务的产出都需要经过多个步骤、多个环节,每个步骤、每个环节的运营都需要消耗资源,因此企业为了做产品做服务,必须决定各个不同环节所需的资源如何配置,哪些环节自己做,哪些环节自己不做而是采取外包的方式。由于不同的自制-外购决策最终形成了不同的供应链结构,对这种问题的思考和决策也称为供应链结构设计。

(3)一旦竞争重点选定、供应链结构选定,在企业内部,要确定一个基本的运营组织方式,以建立产品或服务的竞争优势,实现企业内部资源的高效组合和利用。

一个组织必须对其所制定的战略在执行后是否达到了预期目标进行评估。为此,应有一套评估准则,并设计一套数量化的评估指标。

1. 评估准则

根据相关理论研究成果和实例,现归纳整理出以下六条评估准则。

(1)内部一致性。用来评估所制定的战略与各种策略是否互相一致,并构成一个整体。例如,在执行有关设施规划的策略时,就必须与采购、制造、日程安排、物流等相配合。

（2）与环境的一致性。用来评估生产与运营战略中各种措施是否符合环境保护的法规和法令。例如，在产品品种策略中是否考虑了污染防治和废料处理。

（3）与企业资源的适宜性。用来评估战略在执行过程中是否充分利用了企业所独有的资源。例如，高素质的人力资源等。

（4）可接受的风险性。用来评估战略的风险定位是否与政府和社会的风险定位一致。

（5）进度的可控性。用来评估战略的执行是否与预期的进度相协调。

（6）战略的可行性。用来评估战略实施后是否达到了企业目的。

2. 数量化的评估指标

为使评估结果客观、结论准确，需设计一套数量化的评估指标。在实际应用中，将企业组织实际执行结果与设定的指标值进行对比，以便找出差距。指标一般应包括：净收益、股价、存货周转率、应收账款周转率、每股盈余、投资报酬率、负债比率、流动比率、速动比率、市场占有率、销售收入增长率、平均每天缺勤人数或缺勤率、生产成本与生产效率、员工流动率、员工工作满意度。

 本章小结

企业的战略指引着企业长期发展，企业的发展有赖于运营管理两大对象的升级与改造。市场竞争焦点是随着居民消费水平的改变而不断迁移的，企业在一定时期和范围内必须确立恰当的竞争战略。企业的运营战略是企业的职能战略之一，服务于企业的市场竞争战略。

即测即练

五问复盘

1. 企业运营管理的两大对象分别是什么？它们的构成如何？
2. 企业确定运营类型的依据是什么？

3. 市场竞争战略的类型有哪些?

4. 企业战略的构成是怎样的?

5. 运营战略如何制定?

思维转变

寻找一家企业,探讨其确立怎样的运营战略,从而改变了运营系统和运营过程,由弱小变得强大。

实践链接

第二篇
运营系统规划与设计

第 3 章　产品与服务开发设计

 学习目标

➢ 知识目标：

1. 了解现代企业面临的市场环境特征。

2. 理解研究与开发新产品的必要性和重要意义，新产品的概念、分类及未来发展趋势。

3. 掌握新产品开发过程及设计方法。

4. 掌握服务设计的概念与方法。

5. 熟悉各类流程设计的步骤，并尝试将其运用于实践中。

➢ 能力目标：

1. 熟知产品与服务的设计流程，能够了解产品设计方法在大规模定制及新型生产方式中的具体应用。

2. 掌握产品与服务设计的各类方法，能够将知识迁移，科学并合理地进行新产品与服务的研发。

➢ 思政目标：

1. 通过新产品研究与开发管理的学习，引导学生理解我国企业跻身国际竞争舞台和倡导"一带一路"发展共赢的战略布局，增强学生的使命感与紧迫感。

2. 主动对接国家和首都发展需求，不断提升科学创新和社会服务能力，壮大市场主体创造新产品,提升我国产业链的现代化水平。

3. 优化产品开发流程,提升产品开发效率,不断研发新产品,形成合理的产业结构和核心竞争力,满足人民日益增长的物质文化需要的同时增强企业核心竞争力,树立为建设创新型国家做贡献的信念。

思维导图

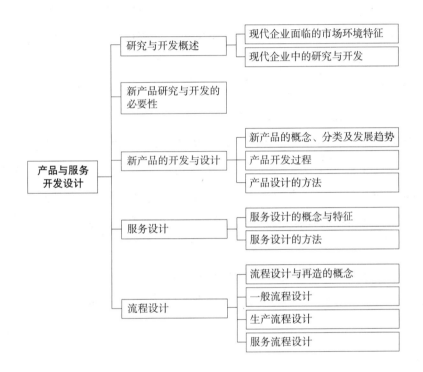

案例导入

华为,加速连接未连接

据统计,4G 网络中有超过 70% 的业务发生在室内。伴随着 5G 业务种类的持续增加、行业边界的不断扩展,业界预测,未来将会有超过 80% 的数据业务发生在室内。5G 时代的室内移动网络至关重要,将成为运营商的核心竞争力之一。

传统"室外覆盖室内"的宏站覆盖方案,信号在穿透砖墙、玻璃和水泥等障碍物后只能提供浅层覆盖,无法保证深度覆盖所需的良好体验。而由于合路器、功分器不支持 5G 新频段,无法增加馈线、天线等支持 MIMO(多进多出),因此传统开放系统的直连式存储(DAS)系统无法向 5G 平滑演进。

华为通过技术创新,在不到 2L 体积的方寸之内,推出了 5G 室内数字化(digital indoor system,DIS)家族系列全新产品和解决方案,把 5G 带入千楼万宇、使 5G 使能千行百业。面向机场、火车站、商场等大容量、高体验、高价值的场景,华为推出了更"强"的 5G 4T4R LampSite 产品,可支持 160 MHz、200 MHz、300 MHz 等不同带宽的头端,以匹配不同运营商的部署场景。截至 2019 年底,该产品已在 28 个国家,通过近 40 个运营商,在超过 2 万栋楼宇中实现规模部署。

2020 年,随着行业模组的规模商用,5G 将逐步进入工厂、医院等垂直行业场景。经过深入的行业调研,华为面向行业场景发布了 LampSite EE 解决方案,其具备支持 5G 室内超宽带、5G 室内精准定位、5G 工业级超低时延、5G 室内高可靠性、5G 工业级高密并发连接的五大功能集,可帮助运营商及企业用户全力打造现代化无线网络,助力垂直行业数字化转型。

在未来社会中,连接是经济发展、社会进步的驱动力。连接走到哪里,哪里就会涌现出更多的机会,展现出超越想象的发展。通过技术创新打造业界领先的网络解决方案,华为将助力加速连接未连接,消除数字鸿沟,让所有人享受到普及的、无差异的网络连接服务,为经济发展、社会进步作出自己的贡献。

问题:

1. 华为开拓国内及海外市场业务的优势是什么?
2. 华为 5G 业务新产品的研发管理涉及哪些有关产品开发与设计的流程问题?

3.1 研究与开发概述

产品是企业赖以生存和发展的基础,企业中几乎所有的工作都同企业生产什么样的产品有关。企业的生产能否稳定上升,企业的经济效益能否得到稳定提高,在很大程度上取决于企业选择和生产什么样的产品。随着现代科技的迅猛发展与市场竞争的加剧,企业必须加快技术创新的速度。如果一个企业不能对产品进行不断更新和改型,提高产品的创新速率,就难以保持它在市场上的竞争能力和创利能力。

3.1.1 现代企业面临的市场环境特征

当今世界呈现出经济全球化、区域经济一体化的局面,全世界的脉搏通过经济的脉络紧密地联系在一起，牵一发而动全身。全球化趋势对于企业来说既是一个机遇，亦是一个挑战，如何把握世界经济发展的潮流，用世界的眼光审视企业自身发展的有利因素和不利条件，通过改革创新，推动企业自身发展，在优胜劣汰的市场竞争大潮中立于不败之地，这是一个重大的课题，也是一个重大的挑战。创新的根本意义就是勇于突破企业的自身局限，革除不合时宜的旧体制、旧办法，在现有的条件下，创造更多适应市场需要的新体制、新举措，走在时代潮流的前面，赢得激烈的市场竞争。综合而言，现代企业面临的市场环境有以下几方面的特征。

1. 大数据时代带来的信息过载的压力

互联网技术的快速普及、科学技术的突飞猛进促使信息化水平大幅提升，大数据时代的到来使数据信息的应用更深层次地渗透到生活中的方方面面，不但令现代企业的信息化水平提高到前所未有的程度，同时也有助于管理者规划决策，对消费者需求进行精准预测。然而，海量的数据需要被处理，迫使企业必须把工作重心从如何快速获取信息转移到如何清洗无效信息而保留有效信息并加以利用。

2. 高新技术的广泛应用

互联网的快速普及，使企业能够以较低的成本、较快的速度获得所需要的信息，因而参与竞争的企业越来越多，从而大大加剧了市场竞争激烈程度。虽然高科技应用的初始投资很高，但它会带来许多竞争上的优势，高新技术的应用不仅仅在于节省人力、降低成本，更重要的是提高了产品和服务质量，降低了废品和材料损耗，缩短了对用户需求的响应时间，赢得了时间优势。

3. 消费者需求日益个性化与多样性

随着时代的发展、广大消费者知识水平的提高和市场可供挑选的产品增多，消费者的要求和期望越来越高，需求结构的层次逐步上移，表现在对产品的品种、规格、款式等呈现个性化、多样化需求，对产品的功能、质量和可靠性的要求日益提高，而对产品的价格要求越来越低廉。制造商发现，最好的产品不是它们为用户设计的，而是它们和用户一起设计的。

4. 产品研制开发的难度大

现代产品的开发成本越来越高，开发的不确定性越来越大，同时新产品开发对企业收益的影响越来越重要。许多企业为产品的研制开发不惜工本予以投入，但是效果并不理想，特别是那些结构复杂、技术含量高的大型产品的研制，由于需要各种先进的设计技术、制造技术、质量保证技术等，开发的难度就更大。因此，成功地解决产品开发问题是摆在企业面前的头等大事。

5. 市场和劳务竞争全球化

市场经济条件下，企业必须参与全球化竞争，同时也给企业带来了更多的竞争对手。发达国家的企业极力抢滩发展中国家的市场，许多发展中国家的企业也在积极寻找和掌握最新技术，以便在国际市场上占有一席之地。在商品市场国际化的同时，国际化的劳动力市场已形成，教育的发展使得原来相对专门的操作技能成为大众化的普通技能，这样就使企业的技术优势和成本优势更难以保持。

6. 全球性技术支持和售后服务

赢得用户信赖是企业保持长盛不衰的法宝，是企业核心竞争力的重要体现。赢得用户不仅要靠产品质量，而且要靠售后的技术支持和服务。许多世界著名企业在全球拥有健全有效的服务网就是最好的证明。

7. 可持续发展的要求

在大力发展全球制造和国际化经营的今天，各国政府将环保问题也纳入发展战略，相继制定出一系列政策法规，以约束本国及外国企业的经营行为。人们对维持生态平衡和环境保护的呼声也越来越高，"人类只有一个地球"的观点已成为全世界的共识。但目前许多不可再生资源急剧减少，随着发展中国家工业化程度的提高，原材料、能源、淡水资源、矿产资源等各种资源的短缺对企业形成很大的制约，而且这种影响将会更加严重。

3.1.2 现代企业中的研究与开发

1. 研究与开发的概念及分类

研究与开发（research and development, R&D）指在科学技术领域，为增加知识总量，以及运用这些知识去创造新的应用进行的系统的创造性的活动，包括基础研究、应用研究和试验发展三类活动。

（1）基础研究。基础研究指为了获得关于现象和可观察事实的基本原理的新知识（揭示客观事物的本质、运动规律，获得新发现、新学说）而进行的实验性或理论性研究，它不以任何专门或特定的应用或使用为目的。其成果以科学论文和科学著作为主要形式，用来反映知识的原始创新能力。

（2）应用研究。应用研究指为获得新知识而进行的创造性研究，主要针对某一特定的目的或目标。应用研究是为了确定基础研究成果可能的用途，或是为达到预定的目标探索应采取的新方法（原理）或新途径。其成果形式以科学论文、专著、原理性模型或发明专利为主，用来反映对基础研究成果应用途径的探索。

（3）试验发展。试验发展指利用从基础研究、应用研究和实际经验所获得的现有知识，为产生新的产品、材料和装置，建立新的工艺、系统和服务，以及对已产生和建立的上述各项做实质性的改进而进行的系统性工作。其成果形式主要是专利、专有技术、具有新产品基本特征的产品原型或具有新装置基本特征的原始样机等。主要反映将科研成果转化为技术和产品的能力，是科技推动经济社会发展的物化成果。

企业研究与开发可以理解为是一种利用自然科学知识进行有特定目的的探索或创造行为，也可以将其理解为实现企业经营目标的经济行为。企业的研究与开发主要包括新产品开发和新技术开发。新产品开发是企业生产运作战略和竞争策略的核心。产品开发和技术开发二者相辅相成，缺一不可。

2. 企业研究与开发领域的选择

随着我国经济的快速发展，企业面临的国内及国际市场竞争日益加剧。企业作为独立的市场主体，若想在激烈的市场竞争中立于不败之地，获取长期可持续的竞争优势，必须不断推陈出新，生产出更有生命力、更符合市场要求的新产品。企业发展必须与持续的技术创新、市场创新、制度创新、管理创新和产能扩张相结合，抓住国内外市场的发展变化趋势，扩大核心产品的规模，提高市场竞争力，促进企业迅速发展。因此，企业需要对新产品研究与开发的领域进行合理选择。

企业对新产品研究与开发的领域进行选择，目的是发现能够最适度发挥企业资本收益作用，提高企业竞争力的事业领域，决定对新产品、新事业的各种机会进行探索的基本方针。一般企业R&D领域选择的类型如图3-1所示。

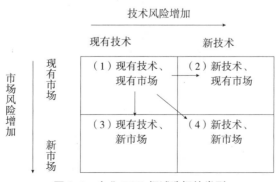

图 3-1　企业 R&D 领域选择的类型

3.2 新产品研究与开发的必要性

1. 产品生命周期理论的要求

首先,产品生命周期的要求企业不断开发新产品。产品的生命周期是指产品从进入市场到退出市场的全部运动过程,是由需求与技术的生产周期决定的。产品的生命周期是产品在市场运动中的经济寿命,也即在市场流通过程中,由消费者需求变化以及影响市场的其他因素所造成的商品由盛转衰的周期,一般分为导入期、成长期、成熟期、衰退期四个阶段。产品生命周期曲线如图 3-2 所示。

新产品研究与开发的必要性

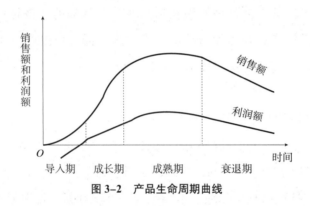

图 3-2 产品生命周期曲线

产品生命周期理论提供了一个重要的启示:在当代科学技术迅速发展、消费需求变化加快、市场竞争激烈的情况下,产品的生命周期越来越短,因此企业得以生存和发展的关键在于制定正确的新产品研发策略,同时要加快新产品研发速度,不断地创造新产品和改进旧产品。

企业同产品一样,也存在着生命周期。如果企业不开发新产品,则当产品走向衰退时,企业也同样走到了生命周期的终点。一般而言,当一种产品投放市场时,企业就应当着手设计新产品,使企业在任何时期都有不同的产品处在产品生命周期的各个阶段,从而保证企业的盈利稳定增长。

2. 消费需求变化和市场竞争加剧的要求

随着人们生活水平的提高,消费需求也会发生较大的变化,消费需求的变化要求企业不断开发新产品。这给企业带来了一定的威胁,企业不得不淘汰难以适应消费需求的老产品,大力开发新产品,从而迎合消费者的需求、适应市场的变化。

另外,市场竞争的加剧也迫使企业不断开发新产品。市场竞争的加剧给企业带来压力的同时也给企业提供了开发新产品适应市场变化的机会。企业只有不断运用新的技术改造旧产品，开发新产品，才能在市场上保持竞争优势，才不至于被挤出市场的大门，才能在市场占据领先地位，增强活力。

3. 科技发展和企业生存发展的要求

科技的发展推动着企业不断开发新产品。科学技术的发展，迎来了许多高新产品的出现，并加快了产品更新换代的速度，科技进步有利于企业淘汰过时的产品，从而生产出优越的产品。在科技飞速发展的今天，在瞬息万变的国内外市场中，在竞争越来越激烈的环境下，开发新产品对企业而言，是应付各种突发事件、维护企业生存与长期发展的重要保证。新产品的开发可以促使企业迅速占领市场、树立品牌策略、做市场的领导者、使用多元化战略、降低运营风险、增加产品组合。

3.3 新产品的开发与设计

3.3.1 新产品的概念、分类及发展趋势

一般来说，新产品是指在一定的地域内，第一次生产和销售的，在原理、用途、性能、结构、材料、技术指标等方面相较于老产品具有先进性或独创性的产品。其中先进性是由新技术、新材料产生的，或是由已有技术、经验技术和改进技术综合产生的。独创性指由于采用新技术、新材料或引进技术所产生的全新产品。

按创新程度，新产品可以分为：①全新新产品。其是指利用全新的技术和原理生产出来的产品。②改进新产品。其是指在原有产品技术和原理的基础上，采用相应的改进技术，使外观、性能有一定进步的新产品。③换代新产品。其是指采用新技术、新结构、新方法或新材料在原有技术基础上有较大突破的新产品。

按新产品所在地的特征，新产品可以分为：①地区或企业新产品。其是指在国内其他地区或企业已经生产但该地区或该企业初次生产和销售的产品。②国内新产品。其是指在国外已经试制成功但国内尚属首次生产和销售的产品。③国际新产品。其是指在世界范围内首次研制成功并投入生产和销售的产品。

按新产品的开发方式，新产品可以分为：①技术引进新产品。其是直接引进市场上已有的成熟技术制造的产品，这样可以避开自身开发能力较弱的难点。②独立开发新产品。其是指从用户所需要的产品功能出发，探索能够满足功能需求的原理和结构，结合新技术、新材料的研究独立开发制造的产品。③混合开发

的产品。其是指在新产品的开发过程中，既有直接引进的部分，又有独立开发的部分，将两者有机结合在一起而制造出的新产品。

新产品开发是企业研究与开发的重点内容，也是企业生存和发展的战略核心之一。企业新产品开发的实质是推出不同内涵与外延的新产品。当今环境下，市场竞争愈发激烈，而新产品也呈现出以下几方面发展趋势。

（1）高技术化。在当代高科技迅猛发展的影响下，知识和技术在经济发展中的作用日益显著，产品中的知识技术含量也日渐增多，朝着知识密集化和智能化的方向发展，未来新产品的高科技化趋势将日益明显。

（2）绿色化。人类对保护环境、维持可持续发展的渴望比以往任何时候都要强烈。消费者将越来越青睐不含任何化学添加剂的纯天然食品或天然植物制成的绿色产品，社会发展也迫使企业必须开发对环境无害或危害极小，有利于资源再生和回收利用的绿色产品。

（3）个性化。购买独一无二的产品，拥有能彰显自我独特性的产品是众多消费者对产品的渴望。此外，消费者对产品个性化的需求也将表现得更为突出。

（4）多功能化。将各种产品功能组合，移植成新产品是未来新产品发展的又一趋势。多种产品功能组合的新产品不仅能有效满足消费者多方面的需求，而且企业在开发此类新产品时风险也大大降低。

（5）简单化。尽管产品的科技含量越来越高，但使用简单化是消费者最看重的新产品特质。企业将复杂的高科技转化成人们容易使用的产品是未来高科技环境下新产品开发的必然趋势。

3.3.2　产品开发过程

新产品开发是一项极其复杂的工作，从根据用户需要提出设想到正式生产产品投放市场为止，其中经历许多阶段，涉及面广、科学性强、持续时间长，因此必须按照一定的程序开展工作，这些程序之间互相促进、互相制约，才能使产品开发工作协调、顺利地进行。产品的一般开发过程可由图3-3表示。

1. 调查研究阶段

开发新产品的目的，是满足社会和用户需要。用户的要求是新产品开发选择决策的主要依据。因此，必须做好调查研究工作。这个阶段主要是提出新产品构思以及新产品的原理、结构、功能、材料和工艺方面的开发设想和总体方案。

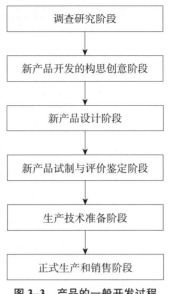

图 3-3　产品的一般开发过程

2. 新产品开发的构思创意阶段

新产品开发是一种创新活动，产品创意是开发新产品的关键。在这一阶段，要根据社会调查掌握的市场需求情况以及企业本身条件，充分考虑用户的使用要求和竞争对手的动向，有针对性地提出开发新产品的设想和构思。产品创意对新产品能否开发成功有至关重要的意义和作用。

企业新产品开发构思创意主要来自：①用户。企业着手开发新产品，首先要通过各种渠道掌握用户的需求，了解用户在使用老产品过程中有哪些改进意见和新的需求，并在此基础上形成新产品开发创意。②该企业职工。特别是销售人员和技术服务人员，经常接触用户，比较清楚用户对老产品的改进意见与需求变化。③专业科研人员。科研人员具有比较丰富的专业理论和技术知识，要鼓励他们发挥这方面的专长，为企业提供新产品开发的创意。此外，企业还可以通过情报部门、市场监督管理部门、外贸等渠道，征集新产品开发创意。

新产品创意包括：①产品构思。产品构思是在市场调查和技术分析的基础上，提出新产品的构想或有关产品改良的建议。②构思筛选。并非所有的产品构思都能发展成为新产品。有的产品构思可能很好，但与企业的发展目标不符合，也缺乏相应的资源条件；有的产品构思可能本身就不切实际，缺乏开发的可能性。因此，必须对产品构思进行筛选。③产品概念的形成。经过筛选后的构思仅仅是设计人员或管理者头脑中的概念，离最终的产品还有相当的距离。还需要形成能够为消费者接受的、具体的产品概念。产品概念的形成过程实际上就是构思创意与消费者需求相结合的过程。

3. 新产品设计阶段

产品设计是指从确定产品设计任务书起到确定产品结构为止的一系列技术工作的准备和管理，是产品开发的重要环节，是产品生产过程的开始，必须严格遵循"三段设计"程序。

（1）初步设计阶段。这一阶段的主要工作就是编制设计任务书，让上级对设计任务书提出体现产品合理设计方案的改进性和推荐性意见，经上级批准后，作为新产品技术设计的依据。它的主要任务在于正确地确定产品最佳总体设计方案、设计依据、产品用途及使用范围、基本参数及主要技术性能指标、产品工作原理及系统标准化综合要求、关键技术解决办法及关键元器件，特殊材料资源分析、对新产品设计方案进行分析比较，运用价值工程，研究确定产品的合理性能（包括消除剩余功能）及通过不同结构原理和系统的比较分析，从中选出最佳方案等。

（2）技术设计阶段。技术设计阶段是新产品的定型阶段。它是在初步设计的基础上完成设计过程中必需的试验研究（新原理结构、材料元件工艺的功能或模具试验），并写出试验研究大纲和研究试验报告；做出产品设计计算书；画出产品总体尺寸图、产品主要零部件图，并校准；运用价值工程，对产品中造价高的、结构复杂的、体积大而笨重的、数量多的主要零部件的结构、材质精度等选择方案进行成本与功能关系的分析，并编制技术经济分析报告；绘出各种系统原理图；提出特殊元件、外购件、材料清单；对技术任务书的某些内容进行审查和修正；对产品进行可靠性、可维修性分析。

（3）工作图设计阶段。工作图设计的目的，是在技术设计的基础上完成供试制（生产）及随机出厂用的全部工作图样和设计文件。设计者必须严格遵守有关标准规程和指导性文件的规定，设计绘制各项产品工作图。

4. 新产品试制与评价鉴定阶段

新产品试制阶段又分为样品试制和小批试制阶段。①样品试制阶段。它的目的是考核产品设计质量，考验产品结构、性能及主要工艺，验证和修正设计图纸，使产品设计基本定型，同时也要验证产品结构工艺性，审查主要工艺存在的问题。②小批试制阶段。这一阶段的工作重点在于工艺准备，主要目的是考验产品的工艺，验证它在正常生产条件下（即在生产车间条件下）能否保证所规定的技术条件、质量和良好的经济效果。试制后，必须进行鉴定，对新产品从技术上、经济上作出全面评价。然后才能得出全面定型结论，投入正式生产。

5. 生产技术准备阶段

在这个阶段，应完成全部工作图的设计，确定各种零部件的技术要求。

6. 正式生产和销售阶段

在这个阶段，不仅需要做好生产计划、劳动组织、物资供应、设备管理等一系列工作，还要考虑如何把新产品引入市场，如研究产品的促销宣传方式、价格策略、销售渠道和提供服务等方面的问题。新产品的市场开发既是新产品开发过程的终点，又是下一代新产品再开发的起点。通过市场开发，可确切地了解开发的产品是否适应需要以及适应的程度；分析与产品开发有关的市场情报，可为开发产品决策、为改进下一批（代）产品、为提高开发研制水平提供依据，同时还可取得有关潜在市场大小的数据资料。

3.3.3 产品设计的方法

产品设计是从制订出新产品设计任务书起到设计出产品样品为止的一系列技术工作。其工作内容是制订产品设计任务书及实施设计任务书中的项目要求（包括产品的性能、结构、规格、型式、材质、内在和外观质量、寿命、可靠性、使用条件、应达到的技术经济指标等）。企业的技术活动尤其产品设计在产品开发中作用重大。据统计，产品设计时间占产品开发时间的近60%，如图3-4所示。因此，为缩短产品上市时间，必须缩短产品设计时间，产品设计和工艺设计影响着产品的创新速度。

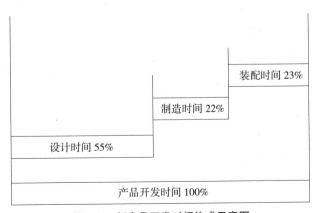

图3-4 新产品开发时间构成示意图

研究表明，75%的产品质量问题是由产品设计阶段引起的，80%的修改是在制造阶段以后完成的。如果在设计阶段修改一个错误需要花费1 000元的话，在工艺设计检查阶段,该数字就会上升到1万元，而在试验生产阶段则会上升到10万元。因此，企业的产品设计对新产品的开发会产生直接的影响。为缩短产品上市时间，必须缩短产品设计时间。

现代产品设计是有计划、有步骤、有目标、有方向的创造活动。每个设计过程都是解决问题的过程。设计的起点是设计原始数据的收集，其过程是各项参数的分析处理，而归宿是科学地、综合地确定所有的参数，得出设计内容，如图3-5所示。产品设计是一种程序，包括信息收集和理解的工作、创造性的工作、交流方面的工作、测试和评价方面的工作和说明的工作等。新西兰工业设计协会主席道格拉斯·希思将产品的一般设计程序分为六大步，包括：①确定问题。②收集资料和信息。③列出可能的方案。④检验可能的方案。⑤选择最优方案。⑥施行方案。

1. 并行工程

1）串行的产品设计方法

串行工程（sequential engineering，SE）是把整个产品开发全过程细分成很多步骤，每个部门和个人都只做其中的一部分工作，而且是相对独立进行的，工作做完以后把结果交给下一部门（图3-6）。

多年来，企业的产品开发一直采用串行的方法，即从需求分析、产品结构设计、工艺设计一直到加工制造和装配是一步步在各部门之间顺序进行的。然而，串行的产品开发过程存在许多弊端，首要问题是以部门为基础的组织机构严重妨碍了产品开发的速度和质量。产品设计人员在设计过程中难以考虑到顾客的需求、制造工程、质量控制等约束因素，易造成设计和制造的脱节，所设计的产品可制造性、可装配性差，使产品的开发过程变成了设计、加工、试验、修改的多重循环，从而造成设计改动过大，产品开发周期长，产品成本高。

归纳起来，串行的产品开发过程存在的主要问题有：①各下游开发部门所具有的知识和信息难以加入早期设计。②部门之间缺乏了解，降低了产品整体R&D过程的效率。

2）并行的产品设计方法

随着顾客需求趋于复杂化，越来越多的企业发现，它们的竞争力，甚至企业的生存，是由企业对新产品开发的速度和有效性决定的。由于传统的串行设计方

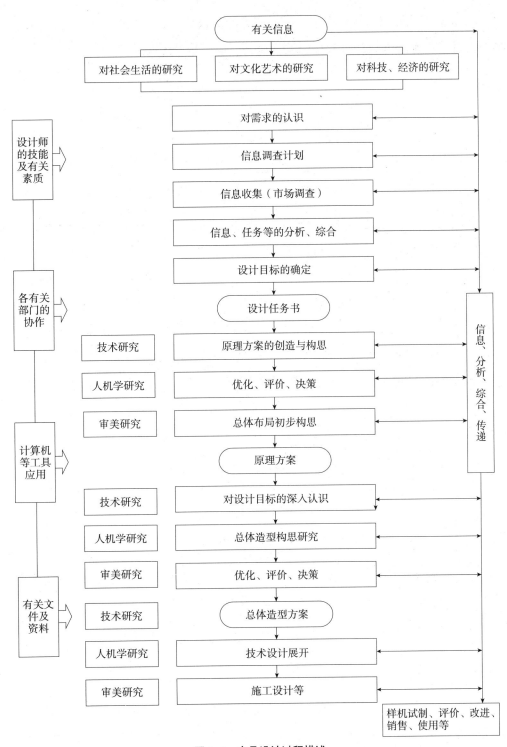

图 3-5 产品设计过程描述

法无法适应市场激烈竞争的需求，研究探索产品设计的新方法是当务之急。因此，许多企业在产品开发设计过程中开始采用并行的产品设计方法。

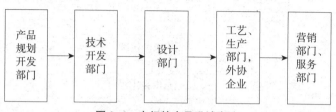

图 3-6　串行的产品设计方法

1988 年美国国家防御分析研究所（Institute of Defense Analyze，IDA）完整地提出了并行工程（concurrent engineering，CE）的概念，即并行工程是集成地、并行地设计产品及其相关过程（包括制造过程和支持过程）的系统方法。CE 的基本思想是，从产品开发的初始阶段开始，就由开发设计人员、工艺技术人员、质量控制人员、营销人员，有时甚至还加上协作厂家、用户代表联合工作，各项工作同时进行。由于产品设计各阶段的工作是互相影响的，因此 CE 开发过程要求企业各有关部门在开发的整个过程中加强联系，参与每一阶段的工作（图 3-7）。

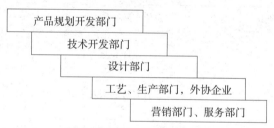

图 3-7　并行的产品设计方法

相对于传统的串行的产品设计方法，CE 无论是在产品开发技术和理念上还是在产品开发过程活动的组织与管理上，都发生了巨大的变革，对传统的串行产品开发模式产生了强大的冲击与挑战，CE 已成为当下新产品开发设计不可或缺的手段。

2. 模块化设计

模块化设计（modular design），又称组合设计，简单地说就是将产品的某些要素组合在一起，构成一个具有特定功能的子系统，将这个子系统作为通用性的模块与其他产品要素进行多种组合，构成新的系统，产生多种不同功能或相同功能、不同性能的系列产品。例如，在 2020 年新冠肺炎疫情期间，武汉的火神山医院从规划设计到建成只用了10天时间,火神山医院之所以能如此快速地完成施工,得益于医院使用了模块化设计(图3-8)。

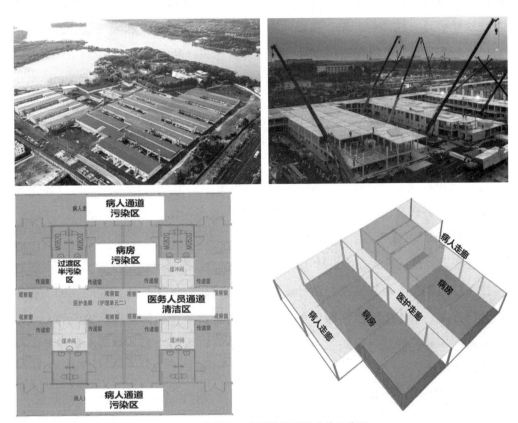

图3-8　火神山医院模块化设计建造示意图

模块化设计运用在建筑中会形成一种新兴的建筑结构体系,该体系以每个房间作为一个模块单元,均在工厂中进行预制生产,完成后运输至现场并通过可靠的连接方式组装成建筑整体。可以简单地理解为,提前按照功能和单元数量,预制好组装的板材和连接件,像儿童搭建、拼插积木玩具一样把一个个单元组合好,变成建筑空间使用。以火神山医院为例,利用模块化设计方法建造首先是模块搭建,而运输是先行的流程,也即所有的模块必须符合运载车辆的容积和限制尺寸。单个模块宽度不宜大于3.4米,总高度(路面到模块顶部)不宜大于4.5米。火神山医院建筑总平面图中病房的组成模块是6米长、3米宽的长方形模块。通过水平与垂直方向不同的组合方式,形成了病房、卫生间、缓冲间、病人走廊、医护走廊等不同的功能分区,基本解决了传染病医院的流线及分区问题。

模块化设计是将产品统一功能的单元设计成具有不同用途或不同性能的可以互换选用的模块式组件，以便更好地满足用户需要的一种设计方法。模块化设计是绿色设计方法之一，它已经从理念转变为较成熟的设计方法。将绿色设计思想与模块化设计方法结合起来，可以同时满足产品的功能属性和环境属性，一方面可以缩短产品研发与制造周期，增加产品系列，提高产品质量，快速应对市场变化；另一方面，可以减少或消除对环境的不利影响，方便重用、升级、维修和产品废弃后的拆卸、回收和处理。

模块化设计这一新的设计概念和设计方法迅速在各个领域得到广泛应用，它的竞争优势主要体现在：①解决品种、规格的多样化与生产的专业化的矛盾。②也为先进制造技术的出现、提高设备的利用率创造必要的条件，实现以不同批量提供顾客满意的产品，进而使企业实现产品多样化和效益统一。

3. 稳健设计

稳健设计，又称为鲁棒设计（robust design），是通过调整设计变量及控制其容差使可控因素和不可控因素与设计值发生变差时仍能保证产品质量的一种工程方法。换言之，若作出的设计即使在各种因素的干扰下产品质量也是稳定的，或者用廉价的零部件能组装出质量上乘、性能稳定与可靠的产品，则认为该产品的设计是稳健的。

稳健设计是在日本学者田口玄一提出的三次设计法上发展起来的一种低成本、高稳定性的产品设计方法。稳健设计包括产品设计和工艺设计两个方面。通过稳健设计，可以使产品的性能对各种噪声因素的不可预测的变化，拥有很强的抗干扰能力。产品性能将更加稳定，质量更加可靠。

在产品或工艺系统设计中，正确地应用稳健设计的基本理论和方法可以使产品在制造或使用中，或是在规定寿命内当结构或材料发生老化、变质，工作环境发生微小的变化时，都能保证产品质量的稳定。

4. 计算机辅助设计

计算机辅助设计（computer aided design，CAD）指利用计算机及其图形设备帮助设计人员进行设计工作。随着现代计算机技术的飞速发展，CAD在产品设计中的应用日益广泛。

在产品设计中，计算机可以帮助设计人员完成计算、信息存储和制图等工作。在设计中通常要用计算机对不同方案进行大量的计算、分析和比较，以决定最优方案。各种设计信息，不论是数字的、文字的或图形的，都能存放在计算机的内存或外存里，并能快速地检索。设计人员通常用草图开始设计，将草图变为工作图的繁重工作可以交给计算机完成。利用计算机可以进行与图形的编辑、放大、缩小、平移和旋转等有关的图形数据加工工作。

产品设计人员可以利用变量和参数设计这些功能，方便地完成几何相似、尺寸不同的产品设计工作，形成系列产品。在概念设计的草图打样阶段，设计人员可以利用 CAD 系统的几何元素定义和编辑功能勾画草图。在设计构思过程中，它将帮助设计人员思考，使之逐步深化、细化。草图构成之后，再逐步添加几何约束条件，尺寸约束条件，最终完成设计工作。

5. 质量功能展开

质量功能展开（quality function deployment，QFD）是一种将顾客需求转化为设计要求和参数的有效方法，在产品开发过程中已经得到了广泛的应用。它通过质量屋矩阵，将顾客的需求，包括主要需求、详细内容和重要性评分等，通过关系矩阵和相应的评估流程，转化为详细的设计要求和参数指标，保证了最终产品符合顾客的需要。由此可见，同样可以利用 QFD 方法将顾客需求更好地反映到服务设计的内容上，确保服务设计的对象和模式能让最终顾客满意。

QFD 于 20 世纪 70 年代初起源于日本，进入 80 年代以后逐步得到欧美各发达国家的重视并得到广泛应用。QFD 具有以下特点：① QFD 要求企业不断地倾听顾客需求，并通过合适的方法、采取适当的措施在产品形成的全过程中予以实现这些需求。② QFD 在实现顾客需求的过程中，帮助各职能部门制订出各自相应的技术要求的实施措施，并使各职能部门协同地工作。③ QFD 涉及产品形成的全过程，被认为是一种在产品开发阶段进行质量保证的方法。

QFD 亦称质量屋（house of quality），由于其形状如房屋，故而得名。质量屋是推动质量功能展开的一种十分重要且有用的工具，主要由以下部分构成。

（1）左墙：顾客需求。

（2）右墙：市场评价。

（3）天花板：技术要求。

（4）房间：关系矩阵。

（5）地板：质量规格。

（6）地下室：技术评价。

（7）屋顶：相关矩阵。

（8）其他部分：技术重要度、各项需求对顾客的重要度等。

图3-9是一种带橡皮头铅笔的质量屋。

为建造质量屋，可采取以下技术路线：调查顾客需求→评测各项需求对顾客的重要度→把顾客需求转化为技术要求→确定技术要求的满意度方向→填写关系矩阵表→计算技术重要度→设计质量规格→产品技术能力评价→产品市场竞争力评价→确定相关矩阵。建造质量屋的技术路线如图3-10所示。

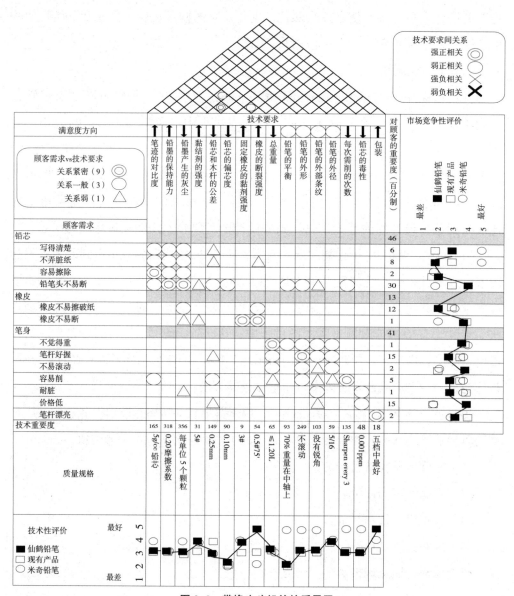

图3-9 带橡皮头铅笔的质量屋

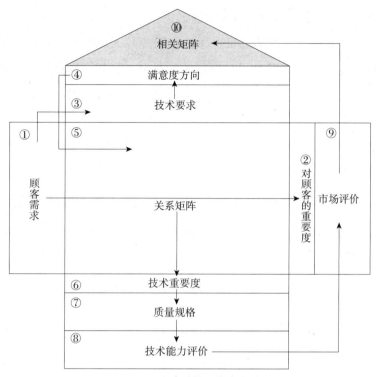

图 3-10　建造质量屋的技术路线

3.4　服务设计

3.4.1　服务设计的概念与特征

服务设计是指为了提高服务质量、实现服务提供者与顾客之间的交互，对服务的人员、基础设施、信息沟通和材料组成部分进行规划与组织的活动。服务设计可以是对现有的服务进行更改，也可以是创建全新的服务方式。简单来说，服务设计就是通过探索系统中的各个利益相关者的需求，构建一个整体服务框架，并对服务框架中的各类触点进行设计，旨在通过服务来为用户及系统中的其他利益相关者创造更好的体验和价值。

随着用户体验被越来越多提及，用户自我意识觉醒，产品外延已经越来越多地得到了扩展和延伸，设计已经不完全局限于产品本身，而有了更多的后续价值和服务的依托。以前，交易只涉及单纯地付钱收货，后来慢慢延伸到售后服务，以及在整个交易环节中所有的交易细节的规范和体验，这让交易从产品本身逐渐渗透到整个产品的生命周期中，用户对品牌的认识也开始从产品延伸至店面、店员、交易流程是否顺畅、售后是否到位及时上。

服务设计具有四方面典型特征：①由于服务是无形的，服务设计更注重环境因素。②服务的生产和消费是同时进行的。③由于服务无法存储，因此需要更加注重服务系统设计。④顾客的参与使服务质量难以控制，因此服务设计需要充分了解顾客心理。

3.4.2 服务设计的方法

了解了服务设计相关的原则、对象和流程，并不能保证就可以设计出合适、恰当的服务。服务设计的方法和工具可以帮助我们认识与理解如何使这些原则和对象在服务设计相应的流程阶段得以实现，以及怎样才能使设计的服务满足并超越顾客的需求。服务设计的方法主要包括服务蓝图、卡诺模型。

1. 服务蓝图

顾客常常会希望提供服务的企业全面地了解他们同企业之间的关系，但是，服务过程往往是高度分离的，由一系列分散的活动组成，这些活动又是由无数不同的员工完成的，因此顾客在接受服务过程中很容易"迷失"方向，感到没有人知道他们真正需要的是什么。为了使服务企业了解服务过程的性质，有必要把这个过程的每个部分按步骤地画出流程图来，这就是服务蓝图。但是，由于服务具有无形性，较难进行沟通和说明，这不但使服务质量的评价在很大程度上还依赖于我们的感觉和主观判断，更给服务设计带来了挑战。

服务蓝图是详细描画服务系统的图片或地图，服务过程中涉及的不同人员可以理解并客观使用它，而无论他的角色或个人观点如何。服务蓝图直观上同时从几个方面展示服务：描绘服务实施的过程、接待顾客的地点、顾客雇员的角色以及服务中的可见要素。它提供了一种把服务合理分块的方法，再逐一描述过程的步骤或任务、执行任务的方法和顾客能够感受到的有形展示。服务蓝图在应用领域和技术上都有广泛的应用，包括后勤工业工程、决策理论和计算机系统分析等。

绘制服务蓝图的基本步骤如下。

（1）识别需要制定蓝图的服务过程。蓝图可以在不同水平上进行开发，这需要在出发点上就达成共识。以快递业服务为例，快递蓝图是在基本的概念水平上建立的，几乎没有什么细节，基于细分市场的变量或特殊服务也没有列出。也可以开发这样一些蓝图，描述两天的快递业务、庞大的账目系统、互联网辅助的服务，或储运中心业务。或者,如果发现"货物分拣"和"装货"部分出现了问题和瓶颈,并耽误了顾客收件的时间,针对这两个步骤可以开发更为详细的子过程蓝图。总之,识别需要绘制蓝图的过程,首先要对建立服务蓝图的意图作出分析。

(2)识别顾客(细分顾客)对服务的经历。市场细分的一个基本前提是,每个细分部分的需求是不同的,因而对服务或产品的需求也相应变化。假设服务过程因细分市场不同而变化,这时为某位特定的顾客或某类细分顾客开发蓝图将非常有用。在抽象或概念的水平上,各种细分顾客纳入在一幅蓝图中是可能的。但是,如果需要达到不同水平,开发单独的蓝图就一定要避免含混不清,并使蓝图效能最大化。

(3)从顾客角度描绘服务过程。有时,从顾客角度看到的服务起始点商家并不容易意识到。如对理发服务的研究显示,顾客认为服务的起点是给沙龙打电话预约,但是发型师却基本不把预约当成服务的一个步骤。通常情况往往是,经理和不在一线工作的人并不确切了解顾客在经历什么,以及顾客看到的是什么。因此,从顾客的角度识别服务可以避免把注意力集中在对顾客没有影响的过程和步骤上。该步骤要求必须对顾客是谁(有时不是一个小任务)达成共识,有时为确定顾客如何感受服务过程还要进行细致的研究。如果细分市场以不同方式感受服务,就要为每个不同的细分部分绘制单独的蓝图。

(4)描绘前台与后台服务雇员的行为。首先画上互动线和可视线,然后从顾客和服务人员的观点出发绘制流程图、辨别出前台服务和后台服务。对于现有服务的描绘,可以向一线服务人员询问其行为,以及哪些行为顾客可以看到、哪些行为在幕后发生。

(5)把顾客行为、服务人员行为与支持功能相连。下面可以画出内部互动线,随后即可识别出服务人员行为与内部支持职能部门的联系。在这一过程中,内部行为对顾客的直接或间接影响方才显现出来。从内部服务过程与顾客关联的角度出发,它会呈现出更大的重要性。

(6)在每个顾客行为步骤上加上有形展示。最后在蓝图上添加有形展示,说明顾客看到的东西以及顾客经历中每个步骤所得到的有形物质。包括服务过程的照片、幻灯片或录像在内的形象蓝图在该阶段也非常有用,它能够帮助分析有形物质的影响及整体战略与服务定位的一致性。

典型的服务蓝图包括顾客行为、前台员工行为、后台员工行为和支持过程,如图3-11所示是高校食堂服务蓝图。

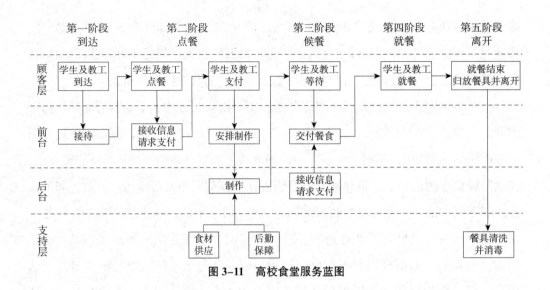

图 3-11　高校食堂服务蓝图

2. 卡诺模型

卡诺模型一般指 KANO 模型，该模型是东京理工大学教授狩野纪昭（Noriaki Kano）发明的对用户需求分类和优先排序的有用工具，以分析用户需求对用户满意的影响为基础，体现了产品性能和用户满意之间的非线性关系，如图 3-12 所示。

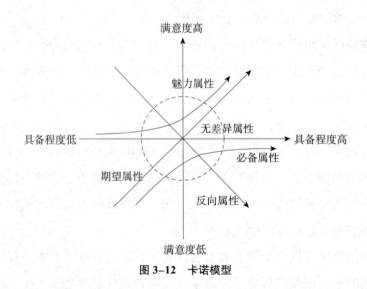

图 3-12　卡诺模型

KANO 模型将影响顾客满意度的因素划分为五个类型。

（1）基本型需求。基本型需求是顾客对企业提供的产品/服务因素的基本要求。这是顾客认为产品/服务"必须有"的属性或功能。当其特性不充足（不满足顾客需求）时，顾客很不满意；当其特性充足（满足顾客需求）时，顾客也可能不会因而表现出满意。对于基本型需求，即使超过了顾客的期望，顾客充其量达到满意，却不会对此表现出更多的好感。不过只要稍有一些疏忽，未达到顾客的期望，则顾客满意度将一落千丈。对于顾客而言，这些需求是必须和理所当然要得到满足的。例如，夏天家庭使用空调，如果空调正常运行，顾客不会为此而对空调质量感到满意；相反，一旦空调出现问题，无法制冷，那么顾客对该品牌空调的满意水平则会明显下降，投诉、抱怨随之而来。

（2）期望型需求。期望型需求是指顾客的满意状况与需求的满足程度成比例关系的需求。期望型需求没有基本型需求那样苛刻，其要求提供的产品/服务比较优秀，但并不是"必需"的产品属性或服务行为。企业提供的产品/服务水平超出顾客期望越多，顾客的满意状况越好，反之亦然。在市场调查中，顾客谈论的通常是期望型需求。质量投诉处理也可以被视为期望型需求。如果企业对质量投诉处理得越圆满，那么顾客就越满意。

（3）魅力型需求。魅力型需求是指不会被顾客过分期望的需求。但魅力型需求一旦得到满足，顾客表现出的满意度则是非常高的。对于魅力型需求，随着满足顾客期望程度的增加，顾客满意度也急剧上升；相反，即使在期望不满足时，顾客也不会因而表现出明显的不满意。这要求企业提供给顾客一些完全出乎意料的产品属性或服务行为，使顾客产生惊喜。顾客对一些产品/服务没有表达出明确的需求，当这些产品/服务提供给顾客时，顾客就会表现出非常满意，从而提高顾客的忠诚度。例如，一些著名品牌的企业能够定时进行产品的质量跟踪和回访，发布最新的产品信息和促销内容，并为顾客提供最便捷的购物方式。对此，即使另一些企业未提供这些服务，顾客也不会由此表现出不满意。

（4）无差异型需求。无差异型需求是指不论提供与否，对用户体验皆无影响的需求。是质量中既不好也不坏的方面，它们不会导致顾客满意或不满意。例如：航空公司为乘客提供的没有实用价值的赠品。

（5）反向型需求。反向型需求又称逆向型需求，指引起强烈不满的质量特性和导致低水平满意的质量特性，因为并非所有的消费者都有相似的喜好。许多用户根本没有此需求，提供后用户满意度反而会下降，而且提供的程度与用户满意程度成反比。例如：一些顾客喜欢高科技产品而另一些人更喜欢普通产品，过多的额外功能会引起顾客不满。

KANO模型的目的是通过对顾客的不同需求进行区分处理，帮助企业找出提高顾客满意度的切入点。KANO 模型是一个典型的定性分析模型，一般不直接用来测量顾客满意度，它常用于对绩效指标进行分类，帮助企业了解不同层次的顾客需求，找出顾客和企业的接触点，识别使顾客满意至关重要的因素。

3.5 流程设计

3.5.1 流程设计与再造的概念

20 世纪 90 年代，美国麻省理工学院的计算机教授迈克尔·哈默（Michael Hammer）和 CSC 管理顾问公司董事长钱皮（James Champy）提出了企业流程再造（business process reengineering，BPR）的概念，他们给 BPR 下的定义是："为了飞跃性地改善成本、质量、服务、速度等现代企业的主要运营基础，必须对工作流程进行根本性的重新思考并彻底改革。"它的基本思想是必须彻底改变传统的工作方式，也就是彻底改变传统的自工业革命以来、按照分工原则把一项完整的工作分成不同部分、由各自相对独立的部门依次进行工作的工作方式。

企业"再造"就是重新设计和安排企业的整个生产、服务和经营过程，使之合理化。通过对企业原来生产经营过程的各个方面、每个环节进行全面的调查研究和细致分析，对其中不合理、不必要的环节进行彻底的变革。

BPR 的核心是面向顾客满意度的业务流程，而核心思想是要打破企业按职能设置部门的管理方式，而以业务流程为中心，重新设计企业管理过程，从整体上确认企业的作业流程，追求全局最优，而不是个别最优。随着互联网对重构完整的价值链的要求越来越高，品牌之间的竞争和对抗将日益淡化，取而代之的是关于公司价值链的强度和效率之间的竞争。公司必须大量投资、谨慎管理、保护资产和持续对资产进行改良。拥有能够保持第一位的顾客关系、快速反应并参与顾客需求的动态价值链的公司将成为赢家。

3.5.2 一般流程设计

运营流程强调的是为战略的实施人员提供明确指导方向。领导者在制订计划的过程中要考虑到运营流程中可能出现的问题，并制订出一份能够将战略和人员及结果连在一起的运营计划。企业的运营流程设计步骤如图 3-13 所示。

（1）制定运营策略。应该评估企业产品的现状，处于什么阶段，以及当前所处的竞争环境，来制定运营策略。如果产品处于初期，那么运营策略更偏重于获取种子用户、拉新。如果产品已经处于成熟期了，那么运营策略会更偏重于转化付费。

图 3-13　企业的运营流程设计步骤

（2）拆分目标。在这一阶段，企业需要根据第一步制定的运营策略，来分解运营目标。如果目标是获取种子用户、拉新（量化），那么需要确定通过哪些渠道去获取用户以及各个渠道能够带来多少用户（预估量化）。如果目标是用户转化付费（量化），那么需要确定通过哪些运营手段（如促销）来激发用户为产品付费的意愿，并且预估各个运营手段能够带来多少付费。同时，需要做好各项准备工作，争取资源（如预算、人力资源）等。

（3）执行落实。在这一阶段，根据第二步的工作规划，需要把各项工作具体分配下去，落实到具体的负责人并且建立相应的考核机制。

（4）优化调整。在整个策略的执行当中，需要做好数据收集工作。如果是获取种子用户、拉新，则需要收集各个拉新渠道的数据，如新进用户的数量、注册用户的数量、留存用户的数量等，并对收集的数据进行分析。进行数据分析的目的，是给下一步决策的制定提供依据，帮助决策制定者发现整个过程中存在哪些问题，以便于做进一步的优化调整。在此之后，又进入第一步，进行下一个循环。

3.5.3　生产流程设计

生产流程设计所需要的信息包括产品信息、运作系统信息和运作战略，在设计过程中应考虑选择生产流程、垂直一体化研究、生产流程研究、设备研究和设施布局研究等方面的基本问题，慎重思考，合理选择，根据企业现状、产品要求合理配置企业资源，高效、优质和低耗地进行生产，有效满足市场需求。生产流程设计的结果体现为如何进行产品生产的详细文件，对生产运作资源的配置、生产运作过程及方法措施提出明确要求。生产流程设计的内容见表 3-1。

表 3-1 生产流程设计的内容

输入	生产流程设计	输出
1. 产品/服务信息 　　产品/服务要求 　　价格/数量 　　竞争环境 　　用户要求 　　所期望的产品特点 2. 生产系统信息 　　资源供给 　　生产经济分析 　　制造技术 　　优势与劣势 3. 生产战略 　　战略定位 　　竞争武器 　　工厂设置 　　资源配置	1. 选择生产流程 　　与生产战略相适应 2. 自制-外购研究 　　自制-外购决策 　　供应商的信誉和能力 　　配套采购决策 3. 生产流程研究 　　主要技术路线 　　标准化和系列化设计 　　产品设计的可加工性 4. 设备研究 　　自动化水平 　　机器之间的连接方式 　　设备选择 　　工艺装备 5. 布局研究 　　厂址选择与厂房设计 　　设备与设施布置	1. 生产技术流程 　　工艺设计方案 　　工艺流程之间联系 2. 布置方案 　　厂房设计方案 　　设备与设施布置方案 　　设备选购方案 3. 人力资源 　　技术水平要求 　　人员数量 　　培训计划 　　管理制度

3.5.4 服务流程设计

服务流程设计是指设计者针对服务组织内外部资源结构、优化配置能力等，为提高服务效率和效益而进行综合策划的活动过程。不同服务组织的业务流程及其内容、构成要素等存在差异，服务流程设计时，需要考虑一般需求、组织及其边界、权限、现有技术、所需技能等。服务流程设计应考虑的基本要素见表 3-2。

表 3-2 服务流程设计应考虑的基本要素

要素	内容
1. 一般需求	预期目标 基本产出 刺激产出 业务流程起点 不同部门界面 质量特征 关键成功因素
2. 组织及其边界	组织基本结构 组织支持结构 业务流程终点
3. 权限	管理层 员工 小组
4. 现有技术	
5. 所需技能	所需技术 人力资源 决策能力

服务流程设计分为以下五个步骤。

1. 明确目标、目的或使命

服务流程设计时，必须明确服务组织使命、宗旨、战略规划、目标要求等，并根据上述基本要素清晰界定"输入—加工—输出"的基本要素和属性，使执行者能够更加明确服务组织的目标和使命。

2. 确定内部需求和能力要素

服务流程设计内容必须符合服务组织内部需求及其相关能力，以便提高服务质量和效率，这些要素大多涉及有效产出率、时间、成本、质量等。

3. 适应组织结构与文化环境

必须适应组织结构与文化环境，其中，组织结构涉及技术系统或专用技能（如软件开发、保险精算、数据统计、会计等）等硬件设施，还包括一些软件内容，如组织使命、职能特点、团队或小组结构形式（如R&D团队、采购小组、营销小组等），同时必须兼顾软硬件及其交错性有机整合要求，力求使其形成独特的文化氛围。

4. 分析现有技术或可获得技术能力

服务流程设计时必须分析现有技术或可获得技术能力。互联网技术应用已使数据输入从手工抄写发展到电子媒介，并使服务作业运营效率大幅度提高，如果相关互联网技术比较缺乏或不足，则必须加大投资力度。

5. 准确定位所有利益相关者

跨边界作业活动流程参与者均为利益相关者，服务流程设计时必须准确定位利益相关者，以免在整体协调方面犯逻辑错误。勒特利斯贝格尔（Roethlisberger）认为：现代经济活动产生了许多工作团队，个人之间和不同团队个人之间存在一种行为模式，而且不同于社会关系，每项活动都存在社会价值。因此，服务流程设计时，对服务作业活动流程参与者的实际工作位置、社会地位等进行综合考虑，力戒利益相关者相互间界面混乱和利益冲突。

本章小结

本章对运营系统设计中新产品研发的相关概念和方法进行了介绍，应了解当前现代企业所面临的市场环境特征，理解新产品的含义、种类及未来发展趋势；明确新产品与服务的设计流程中都包含哪些步骤，以及在每个步骤中应注意什么事项；应掌握产品与服务开发的各种方法，并在实际生活中可以灵活运用设计的各种方法，熟记设计的各项原则。

即测即练

五问复盘

1. 研究与开发的含义和分类是什么？
2. 新产品的含义、分类及发展趋势是什么？
3. 新产品开发和服务设计包含哪几个过程？
4. 有什么方法可以帮助我们进行新产品开发和服务设计？
5. 一般流程设计、生产流程设计及服务流程设计分别包含哪几个步骤？

思维转变

通过网络收集某一项新服务，分析其服务设计的过程和思路以及特点。

实践链接

第4章 运营系统选址与设施布置

学习目标

➢ 知识目标：

1. 理解选址的重要意义和影响因素，掌握选址的定量化评价方法。
2. 掌握设施布置的基本原则和常见布置形式。
3. 理解仓库、办公室和零售店的布置。

➢ 能力目标：

1. 能够将知识迁移，以便无论在生活中还是工作中都能够理性选址。
2. 掌握设施布置的方法，结合现场管理的知识，能够合理地布置设施。

➢ 思政目标：

1. 从选址的意义视角，理解兴办经济特区、"要想富，先修路"、"南水北调"、"西气东输"等党和国家为推进改革开放和社会主义现代化建设而施行的重大决策。

2. 从中欧班列开通以来对"一带一路"沿线国家的经济拉动和对共同抗疫的支持，理解全球运营背景下设施选址的特点和"人类命运共同体"理念的重要意义。

3. 理解党的十九大的决胜全面建成小康社会、夺取新时代中国特色社会主义伟大胜利宏伟蓝图。

思维导图

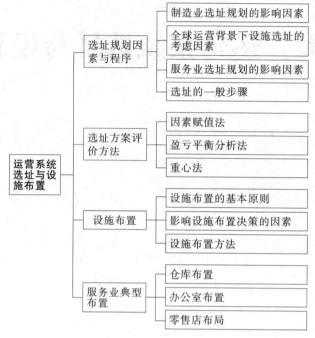

案例导入

中国劲酒原酒基地的选址

"中国劲酒"属滋补保健酒,酒度 35%～40%(V/V)适中,色如琥珀,清亮透明,药香优雅,醇厚可口,适合大众口味。喝后使人感觉酒力药力由上而下、由表及里运行,四肢灵活轻松,足津舌润,全身舒畅。

劲酒于 1993 年获"香港国际博览会"金奖,1995 年 4 月又在联合国亚太经社会亚太技术转让中心、国家科学技术委员会和中国食品工业总公司联合举办的"北京国际食品及加工技术博览会"上夺得金牌,1997 年被国家卫生部批准为保健食品(卫食健字〔1997〕728 号)。其商标是至今为止唯一一家保健酒保护商标,2002 年 6 月,在首届香港中国保健酒饮食产品博览会上,中国劲酒夺得最高奖——中国保健酒紫荆花特别金奖……

劲酒生产非常在意水质,"水者,酒之血也。"劲牌有限公司酿造的清香型原酒所用泉水来自被白酒界泰斗周恒刚先生称为"酿酒的世外桃源"的幕阜山脉的双龙泉、半山罗等多处天然溶洞泉源。劲牌有限公司的 4 座原酒基地都在湖北的幕阜山脚下。

药材是保健酒的精髓。劲牌公司根据《本草纲目》《神农本草经》等中医药经典著作,在全国道地药材产地产区建立有 10 000 余亩标准化种植基地……

问题：
1. 劲牌公司为什么选址在交通和客流量极少的幕阜山脚下？
2. 产品的质量与选址有什么关系？怎样兼顾这些影响收益的因素去合理选址呢？

4.1 选址规划因素与程序

设施指运营过程得以进行的硬件手段，通常由工厂、办公楼、车间、设备、仓库等物质实体构成。设施选址是指如何运用科学的方法决定设施的地理位置，使之与企业的整体经营运作系统有机结合，以便有效、经济地达到企业的经营目的。设施选址包括两个层次的问题：①选位。选位即选择什么地区（区域）设置设施，沿海还是内地，南方还是北方，等等。在当今全球经济一体化的大趋势之下，或许还要考虑是国内还是国外。②定址。地区选定之后，具体选择在该地区的什么位置设置设施，即在已选定的地区内选定一片土地作为设施的具体位置。

选址决策中一个产品从原材料制成零件、组装成部件、装配成产品，再经过分销、零售，最后到达消费者手中，要经过不同企业的劳动，克服地域和时间的限制，才能达到消费的目的。这本身就是一个系统，如图 4-1 所示。选址的问题就是在这样一个系统的基础上加以优化的。现代的企业运营，不仅要关注本企业的业务流程，而且还要考虑整个供应链系统，选址的含义早已扩展到整个供应链上的合作伙伴。

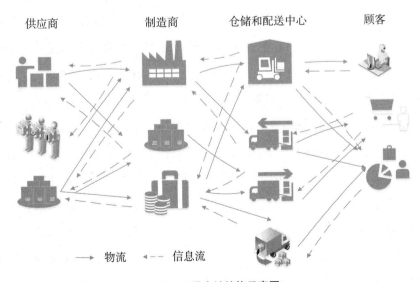

图 4-1 供应链结构示意图

选址是一项巨大的永久性投资，一旦工厂或者商店已经建成，再发现地址选择错误，则为时已晚，难以补救。因为新建的厂房既然不利于经营，那么出售也必无人问津；将厂房移动是不可能的，将设备搬迁而易地重建，则耗资巨大；如果继续维持下去，投资大、成本高、职工队伍不稳，企业将永远处于不利地位，一旦遭遇市场冲击，很可能就要倒闭。因此可以说，选址不当，将"铸成大错"，也就决定了企业失败的命运。

设施选址是建立和管理企业的第一步，它对事业扩大意义非凡。其重要性在于：首先，设施所在位置对建成后的设施布置以及投产后的生产经营费用、产品和服务质量及成本都有极大而长久的影响；一旦选择不当，它所带来的不良后果不是通过建成后的加强和完善管理等其他措施可以消除的。因此，在进行设施选址时，必须充分考虑多方面因素的影响，慎重决策。其次，除新建企业的设施选址问题以外，近二三十年以来，随着经济的发展、城市规模的扩大以及地区之间的发展差异，很多企业面临重新迁址的问题。在美国、日本以及欧洲的发达国家，企业纷纷把设施，不只是生产厂，甚至包括公司总部迁往郊外或农村地区，这一方面是为了利用农村丰富而廉价的劳动力资源和土地资源，另一方面是为了避开大城市高昂的生活费用、城市污染、高犯罪率等弊病，在中国，类似的趋势也在发生。例如，在北京，随着城市规模的扩大、地价的急剧上涨和城市格局的改变，"退二进三""退三进四"（退出二环和三环路以内，迁往四环外）的潮流席卷了很多企业。在今天，进一步发展到"退四进五、进六"。很多企业面临设施选址的问题。因此，设施选址是现代企业运营管理中的一个重要问题。最后，除了直接影响外，选址决策的正确与否还影响着企业运营的机会成本。机会成本不是账面上反映出来的费用，它是一种隐性的却对企业收益有重要影响的费用，因此，企业在进行选址时，不仅要考虑直接的、显性的成本，而且要考虑隐性成本及机会成本。

在21世纪的市场竞争环境下，选址决策更显得十分重要。与传统市场竞争环境下只有单一线下渠道相比，当今企业面临线上、线下和社交网络等全渠道的挑战，企业的供应商、生产厂、分销商和零售商如何选址布局，事关企业能否快速满足顾客的个性化需求。例如，有些企业同时开辟了传统零售渠道和电商渠道，而电商渠道面临的最大问题就是如何保证低成本、高质量、快速准时地将产品送到顾客手中，因此现在出现了"仓配一体化"的选址布局模式。也就是说，同步考虑全国性的仓储中心和配送中心的集成布局决策，最大限度地将响应速度和成本控制目标结合起来，以取得综合绩效最优。

4.1.1 制造业选址规划的影响因素

1. 经济因素

1）运输条件与费用

企业一切生产经营活动都离不开交通运输。原材料、工具和燃料进厂，产品和废物出厂，零件协作加工，都有大量的物料需要运输；职工上下班，也需要交通方便。交通便利能使物料和人员准时到达需要的地点，使生产活动能正常进行，还可以使原材料产地与市场紧密联系。例如，美国的凯泽钢铁公司，第二次世界大战期间建于加利福尼亚州南部，生产造船用的钢材，当时厂址选择是为了防止敌人的袭击，但后来，厂址成了钢铁厂本身发展的致命障碍，巨额交通运输费用使该厂无法与他人竞争，只好宣布破产。这是运输条件影响选址的典型例子。

根据产品及原材料、零部件的运输特点，应考虑靠近铁路、海港或者其他交通运输条件较好的区域。运输工具中，水运运载量大，运费较低；铁路运输次之；公路运输运载量较小，运费较高，但最具灵活性，能实现门到门运输；空运运载量小，运费最高，但速度最快。因此，选择水、陆交通都很方便的地方是最理想的。在考虑运输条件时，还要注意产品的性质。生产粗大笨重产品的工厂，要靠近铁路车站或河海港口；制造出口产品的工厂，厂址要接近码头。

在企业输入和输出过程中，有大量的物料进出。有的企业输入运输量大，有的企业输出运输量大，有的企业输入输出量都很大。在选址时，要考虑是接近原材料供应地，还是接近消费市场。

接近原料或材料产地时，原材料成本往往占产品成本的比重很大。优质的原材料与合理的价格，是企业所希望的。下述情况的企业应该接近原料或材料产地（供应地）。

（1）原料笨重而价格低廉的企业，如砖瓦厂、钢铁冶炼厂和木材厂等。

（2）原料易变质的企业，如水果、蔬菜罐头厂。

（3）原料笨重，产品由原料中的一小部分提炼而成，如金属选矿和制糖。

（4）原料运输不便，如屠宰厂。

工厂区位接近消费市场的主要目的，是节省运费并及时提供服务。市场的概念是广义的，也许是一般消费者，也许是配送中心，也许是作为顾客的其他厂家。设施位置接近产品目标市场的最大好处是有利于产品的迅速投放和运输成本的降低。在做选址决策时,要追求单位产品的生产成本和运输成本最低,不能追求只接近消费市场或只接近原料或材料产地。一般来说,下述情况的企业应该接近消费市场。

(1)产品运输不便,如家具厂、预制板厂。

(2)产品易变化和变质,如制冰厂、食品厂。

(3)大多数服务业,如超市、消防队、医院等。

与外协厂家的相对位置。如果企业所需的外协厂家较多,例如,机械装配工业的各种外协零部件,则应尽量接近外协厂家,或使中心企业与周围企业处于尽量接近的地域内。外协零部件较多的典型企业是汽车制造企业。如美国的底特律、日本的丰田市,都是有名的汽车城,主要是由于集中了大批的汽车装配厂和零部件供应厂家而形成的。

2)劳动力可获性与费用

不同地区的劳动力,其工资水平、受教育状况等都不同,在特殊情况下,还有可能在某些特定地区更容易提供符合某些特定要求的熟练劳动力等,对于大量需要具有专门技术员工的企业,人工成本占制造成本的比例很大,而且员工的技术水平和业务能力,又直接影响产品的质量和产量,劳动力资源的可获性和成本就成了选址的重要条件。事实上,今天的企业生产全球化的主要原因之一,就是企业试图在全球范围内寻找劳动力成本最低的地区。对于劳动密集型企业,人工费用占产品成本的大部分,必须考虑劳动力的成本。设厂在劳动力资源丰富、工资低廉的地区,可以降低人工成本。一些发达国家的公司纷纷在经济不够发达的国家设厂,一个重要原因就是降低人工成本。凡使用粗工的企业,工人易于训练,可以随时招用,劳动力的可获性不会成为选址的条件。

3)能源可获性与费用

没有燃料(煤、油、天然气)和动力(电),企业就不能运转。耗能大的企业,如钢铁、炼铝、火力发电厂,其厂址应该靠近燃料、动力供应地。

4)厂址条件和费用

建厂地方的地势、利用情况和地质条件,都会影响到建设投资。显然,在平地上建厂比在丘陵或山区建厂施工要容易得多,造价也低得多。在地震区建厂,则所有建筑物和设施都要达到抗震要求。同样,在易出现滑坡、流沙或下沉的地面上建厂,也都要有防范措施,这些措施都将导致投资增加。此外,需要强调的是,我国人均耕地面积十分有限，选择厂址要尽可能不占良田或少占良田。

地价是影响投资的重要因素。城市地价高，城郊地价较低，农村地价更低。

厂址条件还应考虑协作是否方便。和人类一样，企业也需要"群居"，与世隔绝的企业是难以生存的。由于专业化分工，企业必然与周围其他企业发生密切的协作关系。大城市是企业群居的地方，但地价高。因此，这些因素需要综合考虑。

基础设施主要指企业运营所需的水、电、燃气等保证。此外，从广义上说，还应考虑"三废"的处理。某些企业，如造纸厂、化学工业厂、制糖厂等，用水较多，需优先考虑在水源充足的地方建厂；有时根据产品的不同，还需要考虑水的适用与否等问题；而电解铝厂等，用电比一般企业要多得多，则应优先考虑在电力供应充足的地方设置设施。

2. 政治因素

政治因素包括政治局面是否稳定、法制是否健全、税负是否公平等。

尤其是在国外建厂，必须考虑政治因素。政治局面稳定是发展经济的前提条件。在一个动荡不安，甚至打内战的国家投资建厂，是要冒极大风险的。有些国家或地区的自然环境很适合设厂，但其法律变更无常，资本权益得不到保障，也不宜设厂。要了解当地有关法规，包括环境保护方面的法规，不能将污染环境的工厂建在法规不允许的地方。若税负不合理或太重，企业财务负担过重，也不宜设厂。相反，在某些国家或地区设置设施，可能会得到一些政策、法规上的优惠待遇，如我国的经济特区、经济开发区以及某些低税率国家等制定建厂地价从优、税收优惠，保障外商合法权益等政策，营造了有利的投资环境，这也是当今跨国企业在全球范围内选址时要考虑的重要因素之一。

3. 社会因素

投资建厂要考虑的社会因素包括居民的生活习惯、文化教育水平、宗教信仰和生活水平。

不同国家和地区、不同民族的生活习惯不同。企业的产品一定要适合当地的需要。本国流行的产品或流行的款式，拿到外国就不一定流行了。同样，外国流行的产品或流行的款式，拿到本国就不一定流行。

在文化教育水平高的地区设厂，有利于招收受过良好教育和训练的员工，而且该地区的氛围也有利于吸引更多的优秀人才，这对企业的发展是至关重要的。

在经济不发达地区建厂，要注意当地居民的开化程度和宗教信仰。清朝末年，修建铁路曾遭到举国上下的反对，甚至受到愚民和顽吏的破坏。如果生产企业的性质与当地宗教信仰相矛盾，则不仅原料来源和产品销路有问题，招收员工有困难，而且会遭到无端干涉和破坏。

建厂地方的生活条件和水平决定了对员工的吸引力。人们的住房、交通工具、饮食、衣着以及能耗，反映了人们的生活水平。但生活水平高的地区，企业付给员工的工资也高，从而产品的成本也高。

4. 自然因素

根据产品的特点，有时还需要考虑对温度、湿度、气压等气候因素的要求，如精密仪器的生产。自然因素主要是气候条件和水资源状况。气候条件将直接影响职工的健康和工作效率。根据美国制造业协会的资料，气温在 15 ~ 22℃时，人们的工作效率最高。气温过高或过低，都会影响工作效率。气温的高低关系着厂房和办公室的建筑设计。通过空调来保持适宜的温度，不仅作用范围有限，而且耗费能源、增加成本。有的企业对气候条件要求较高，如纺织厂和乐器厂。英国的曼彻斯特是著名的纺织业区，温度和湿度合适是一个主要原因。电影制片厂之所以集中在好莱坞，是因为该地气候终年温和干燥，适于室外拍摄活动。

有些企业耗水量巨大，应该靠近水资源丰富的地区，如造纸厂、发电厂、钢铁厂、化纤厂等。水资源短缺，是世界性问题。我国北方缺水，不仅影响了工业生产，而且影响了人民生活。耗水量大的企业给水造成的污染也大，选址时，要同时考虑当地环保的有关规定，并安装治理污染的设施，这又会增加投资。有些企业，如啤酒厂，对水质要求高，则不仅要靠近水源，而且要考虑水质。

选择具体位置时的影响因素主要有以下几个。

（1）可扩展性。除了根据运营规模规划决定所需的面积以外，还需考虑必要的生活区、绿地占地等。此外，最重要的是，要考虑未来的可扩展性，一开始就建设到容积极限，不留余地显然是不明智的。

（2）地质情况。如地面是否平整、地质能否满足未来设施的载重等方面的要求。

（3）周围环境。所选位置能否为职工提供包括住房、娱乐、生活服务、交通等在内的良好生活条件。这是运营系统能否高效运行的必要条件之一。对于一些技术密集型企业、高科技企业，如选择在大专院校、科研院所等科技人员集中的地区，还有利于依托于员工的智力和专业。

此外，还有其他一些因素，例如，环境保护问题、通信条件是否便利等。

4.1.2 全球运营背景下设施选址的考虑因素

20世纪80年代后出现了越来越明显的企业运营全球化的趋势。例如，2020年全球新冠肺炎疫情持续蔓延，虽然欧洲一些国家开始逐步解封，复工复产有序推进，但是受疫情影响，各国纷纷加强国际交通管控，部分海运、空运线路关闭，货物积压，国际货物运输线畅通受到阻碍，全球的供应链均受到冲击。关键时刻，中国秉承构建人类命运共同体理念，为疫情防控打通"生命通道"，仅仅中欧班列在2020年就共为欧洲20多个国家的90多个城市运送防疫物资939万件，为全球疫情防控输送中国力量。2021年1月数据显示，中欧班列运营品质持续提升，连续9个月保持单月开行千列以上，为世界经济发展"舒经活络"。随着"一带一路"倡议不断走深走实，其辐射的国家越来越多，国家与国家、地区与地区之间在贸易往来中相互融合，贸易量也会不断增加。中欧班列的开行将进一步推动贸易的合作共赢，带动"一带一路"沿线国家的繁荣，使更多人实现就业，同时也能促进各国之间的友谊和文化交流。

全球经济的互联互通，企业运营全球化趋势主要表现在：①企业在全球设置生产基地。②企业在全球采购物料。③产品是多国生产协作的结果。④跨国流动的产品越来越多。

企业运营全球化还体现为技术转移全球化和对外直接投资全球化。前者指企业在全球范围内引进或转让技术、机器设备等；后者指企业在全球范围内选择投资场所，通过独资、合资、收购、兼并等设立分部、附属公司或合营公司等，从事全方位的经营活动。

跨国协作运营成为常态。如美国的通用汽车、GE、IBM，日本的松下、索尼、丰田，欧洲的大众、西门子等著名跨国公司，纷纷在北美、亚洲等地的多个国家和地区建立生产基地，一件产品往往要用到多个国家的原材料和半成品，如美国电子计算机产品的出口中，有30%以上是零部件。美国的波音747飞机有450万个零部件，是6个国家的1.1万家大企业和1.5万家中小企业协作生产的。这种跨国生产协作已成为一种越来越常见的运作方式。全球制造业现在约有一半依赖发展中国家的出口，美国、日本等发达国家的鞋、玩具、服装等产品几乎不再有本国制造的。产品的跨国流动，生产地与消费地的分离已经司空见惯，没有任何一个国家的市场上不存在别国制造的产品，生产和贸易已经变得没有国界。对于很多公司来说，国外业务的增长甚至使国内业务显得无足轻重，因此，它们正在重新考虑其经营方式。在非制造业，这种跨国合作趋势也正在加快。

1. 企业运营全球化的发展动因

（1）企业经营和运营全球化的趋势来自发达国家及新兴工业化国家和地区。它们面对国内劳动力成本不断升高的压力，不得不向外转移劳动密集型产品。与此相关联的动因是发达国家的适龄劳动力人数在下降，这促使大公司在人口比较众多的发展中国家建厂，它们需要劳动力，也需要众多的消费者。这种动因在今天的中国更加明显，外国公司在中国建厂是因为既看好中国廉价和众多的劳动力，也看好中国这个巨大的市场。

（2）交通运输技术和通信技术的迅速发展及价格的迅速下降，为生产全球化提供了便捷的工具。近三四十年来交通运输技术的发展使全球运输的成本变得更加低廉。通信技术、信息技术的发展提供了全球范围内随时随地可以进行"联络"的条件，而且不必再为昂贵的国际通话费用伤脑筋。

（3）第二次世界大战以后的新技术革命极大地推动了社会生产力的发展，形成了一批高技术、新技术产业，如巨型飞机、航天器、原子能电站、大规模集成电路、巨型电子计算机以及新型汽车等。这些产业的发展，从原材料供应，产品设计、研制、加工到产品销售等各个环节、各个方面都需要若干国家的资源和技术的配合与合作。当代任何一个国家，不论其资源如何丰富、资金如何雄厚、技术如何先进，都做不到在一国完全独立地进行这样的产品开发、生产和销售。此外，出于各国政治、经济、军事上的竞争考虑，各主要国家都要求有相对的最好技术。这就使得世界各国及其企业之间，以其占有优势的生产要素（资金、技术、人才、设备、管理、土地等）进行某种形式的合作，并根据一定的协议分担一定的义务和风险，共同分享合作收益。从这个意义上说，生产全球化实际上就是社会分工超越国界的结果。马克思指出："大工业与国土无关，只有依靠世界市场、国际交换和国际分工。"正是20世纪50年代以来新的科学技术革命，使整个生产过程发生了巨大变革，使国际分工进一步向纵深发展。

（4）世界金融体制的开放和资本市场的全球化。各国金融体制和金融政策的日益开放，再加上遍及全球的信息网络的迅速形成，全球资本市场正在实现一体化，可以快速、低成本地迅速流动，为企业在全球范围内投资建厂提供了资金条件，进一步促进了运营全球化的趋势。

2. 全球运营背景下设施选址的考虑因素

当一个企业进行全球运营时，其设施选址决策要考虑的因素更多。如图4-2所示，全球运营背景下的设施选址决策包括：①制定企业的全球供应链战略。②构思不同地区（亚太、北美、欧洲等）的设施布局框架。③在既定地区内进行设施选位。④在既定方位内进行设施定址。在每一步决策中，要分别考虑不同的因素。例如，在制定全球供应链战略时，既要考虑企业已有的竞争战略和企业进行全球运作的内部条件，也要考虑一般性的全球竞争要素；在构思不同地区的设施布局框架时，则要分别考虑该地区是否能够提供所需的生产技术、是否具有足够的熟练的技能人员、当地需求如何、关税政策如何以及是否会面临政治、汇率风险等不同要素。在接下来的决策步骤中，要考虑的因素与上述4.1.1节所述类似，但是也离不开与前两个步骤的结合。总而言之，在全球运营的情况下，设施选址决策要考虑更多的因素。

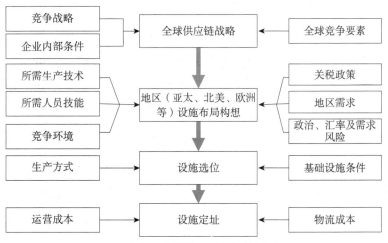

图4-2 全球运营背景下设施选址的考虑因素

4.1.3 服务业选址规划的影响因素

服务业追求总收益最大化。由于服务业必须有顾客参与，提供服务与顾客享用服务需要同步进行，纯粹的服务无法储存，而且服务具有可视化等特点，要求服务业的选址不能像制造业一样以成本最低为目标，只能选择客流量大、目标顾客集中的地方，而这类地方往往地价昂贵，所以服务业选址追求的目标是总收益最大。

与制造业企业的设施选址问题类似，服务企业的设施选址问题也包括两个层次：先选位后选址。显而易见，选择地区和选择地点时考虑的因素是不尽相同的。

一般来说,服务企业选择地区时考虑的因素主要有以下三个。

(1)该地区的顾客特点(人群密度、平均收入水平等)。

(2)公用基础设施(道路,水、电等能源的可利用性等)。

(3)顾客的接近程度以及可利用的劳动力的素质。

尽管如此,不同服务行业的企业,仍然会有不同考虑。从服务设施的角度出发,服务可分为三类:顾客到服务提供者处、服务提供者到顾客处、服务提供者与顾客在虚拟空间内完成交易。

如果顾客必须到服务者处,那么服务设施选址就需要考虑与制造设施选址截然不同的因素,即必须考虑服务设施对最终市场的接近与分散程度,设施必须靠近顾客群,因此受很大约束。例如,宾馆、饭店、银行、商场、医院、学校、居民服务场所(邮局、洗衣房、职业介绍所等)等,其位置对经营收入有举足轻重的影响,该类设施周围的人群密度、收入水平、交通条件等,将在很大程度上决定这类企业的经营收入。例如,很多大型超市一方面要靠近顾客群,另一方面由于私家车的普及,所以超市的半径被大大扩大,同时还要考虑交通便利、停车方便的位置。

如果服务的进行需要服务提供者到顾客处,如事后维修、害虫控制、家庭保洁等,与服务设施对最终市场的接近与分散程度相比,交通条件和工具就成为更重要的关键因素。

服务提供者与顾客在虚拟空间内完成交易是指顾客和服务提供者都不用移动,而是通过信件、电话、计算机等通信方式完成服务,如网络银行服务、网上购买保险等。这种服务是对传统服务的创新,知识含量较高。其选址更看重信息交流的速度和质量。

对于制造业企业的设施选址来说,与竞争对手的相对位置并不重要,而在服务业,这可能是一个非常重要的因素;在有些情况下,选址时应该有意识地避开竞争对手。但商店、快餐店之类的服务企业靠近竞争对手可能有更多的好处。所以有"美食一条街"等,扎堆连片后它们的辐射力、影响力增大,对局部地区的经济搞活和经济发展都有很大的影响。因为在这种情况下,自会有一种"聚集效应",即受聚集于某地的几个企业的吸引而来的顾客总数,大于分散在不同地方的几个企业的顾客总数。

服务行业门店选址讲究金角、银边、草肚皮。但是,随着移动互联时代的到来,O2O(线上到线下)商业模式的盛行以及App的广泛应用,应重新思考常见的服务业门店的选址问题。例如，传统的银行营业网点布局通常要考虑每一服务半径的人群和要求服务的频率，但现在越来越多的简单服务被 ATM 机（自动取款机）、网上银行等所取代，导致银行在营业网点的布局上发生了很大变化。对餐饮业来说，如果完善线上平台的功能，综合考虑租金、餐厅门面装饰、后厨操作等，传统的金角未必就是餐厅最好的选择。对以供应团餐为主的餐厅来说更是如此。把干洗店、鲜花店、咖啡馆、面包房、打印社等选择在街区黄金地段，确实可以因为客流而产生随机销售机会。但考虑到黄金地段的高租金，如果有功能完善的社群管理，相对不太繁华的地段则可能是门店地址最好的选择。

因此，企业在考虑服务设施选址问题时，需要思考更多的问题：如果服务不能在一个方便的地方提供，顾客的购买行为是否会改变？服务的可得性和方便性对企业的竞争能力到底有多大影响？能否通过设施地点的改变创新服务，形成竞争优势？如何利用新技术、新系统、新流程来确定最优设施地点？其他企业的设施位置决策是否会对本企业产生影响？等等。

4.1.4 选址的一般步骤

选址没有固定不变的程序。一般程序为：选择某一个地区；在同一地区选择若干适当的地点，比较不同地点，作出决定。

选址的方法与步骤

1. 选择某一个地区

按照企业发展战略，选择若干地区新建厂或扩建厂区。选择地区时要综合考虑经济、政治、社会和自然因素，最后确定某一个地区。

2. 选择适当的地点

选位后，要确定在哪片土地建厂。这时要针对企业的特点，更深入地分析研究各种有关因素。通常考虑的是产品的可变成本，如直接人工、物料搬运费和管理费等。具体要求还有：①确定厂址应考虑厂区平面布置方案，并留有适当的扩充余地。②确定整理厂地环境的费用。③职工生活方便。在远离城市的地区建厂，还要考虑员工的住房、通勤问题等。

总体而言，选址规划包括以下几个步骤。

（1）确定选址总体目标。首先要明确，在一个新地点设置一个新设施是符合企业发展目标和运营战略的，能为企业带来收益。只有在此前提下，才能开始进行选址工作。

（2）收集与选址有关的信息。比如组织类型、运营能力、工艺流程、运输要求等。对各种因素进行主次排列，权衡取舍，拟订初步的候选方案。这一步要收集的资料数据应包括多个方面，如政府部门有关规定，地区规划信息，工商管理部门有关规定，土地、电力、水资源等有关情况，以及与企业经营相关的该地区物料资源、劳动力资源、交通运输条件等信息。

（3）根据选址总体目标和主要影响因素确定候选区域。

（4）收集各候选区域的信息，确定可供选择的具体地址。

（5）采用定性与定量相结合的方式对备选地址进行评价。所采用的分析方法取决于各种要考虑的因素是定性的还是定量的。例如，运输成本、建筑成本、劳动力成本、税金等因素，可以明确用数字度量，因此可通过计算进行分析比较。也可以把这些因素都用金额来表示，综合成一个财务因素，用现金流等方法来分析。另一类因素，如生活环境、当地的文化氛围、扩展余地等，难以用明确的数值来表示，需要进行定性分析。在对每一个候选方案都进行了详细分析后，将会得出各方案的优劣程度，或找到一个明显优于其他方案的方案。这样就可选定最终方案，并准备详细的论证材料，以提交企业最高决策层审批。

（6）根据评价结果，选择最佳地。

4.2 选址方案评价方法

备选选址方案各有所长，因此在选址时要对备选方案进行分析。

4.2.1 因素赋值法

根据影响决策主要因素的重要性，对备选方案进行综合评分，在此基础上选择最佳备选方案。因素赋值法的内涵在于，它不但综合考虑了影响选址的主要因素，而且考虑了这些因素对选址影响的重要程度，从而使选址建立在科学的基础之上。

因素赋值法应用于生活和工作的各个方面，如购房、职业规划、旅游路线选择、新产品评价等。这里介绍其在选址规划中的应用。

因素赋值法的步骤如下。

（1）识别影响选址规划的主要因素（为叙述方便，以下简称因素），如市场位置、原材料供应、基础设施等。

（2）根据所确定的影响因素对选址规划的重要性，给每个因素赋予权重，并做归一化处理，即让所有因素权重之和等于1。确定权重的具体方法有专家评价法（如德尔菲法）、两两对比排序法等。

（3）确定一个统一的分值，如100分。

（4）对每一个备选地址的每一个因素给出评价分值。

（5）将每一个因素的评价分值与其权重相乘，计算每一个备选地址的每一个因素的加权评分值。

（6）把每一个备选地址的所有因素的加权评分值相加，得到各个备选方案的综合评价分值。

（7）综合评价分值最高的地址就是最佳选址。实际中，为了使决策更加客观，也可以设置最低综合评价分值，对超过最低综合评价分值的少数几个备选方案再结合经济技术分析进行优选。

例 4-1 某公司在亚洲设立自行车制造厂，可选方案为中国、新加坡、泰国、印度尼西亚。重要因素如表 4-1 所示。用因素赋值法确定厂址。

表 4-1　某自行车制造厂选址因素分析表

主要因素	权重	中国		新加坡		泰国		印度尼西亚	
		评分	相乘后得分	评分	相乘后得分	评分	相乘后得分	评分	相乘后得分
政治稳定性	0.107	4.9	0.524 3	4.6	0.492 2	3.2	0.342 4	2.5	0.267 5
政策法规完备性	0.089	3.5	0.311 5	4.8	0.427 2	3.5	0.311 5	3	0.267
政策优惠	0.089	5	0.445	4	0.356	4.5	0.400 5	4.5	0.400 5
市场潜力	0.143	5	0.715	3	0.429	2	0.286	1.5	0.214 5
靠近目标市场	0.125	5	0.625	4.2	0.525	4	0.5	3	0.375
劳动力价格	0.071	4.5	0.319 5	3	0.213	4	0.284	5	0.355
劳动力素质	0.089	3.5	0.311 5	4.5	0.400 5	3.5	0.311 5	3.5	0.311 5
基础设施	0.125	4	0.5	5	0.625	3.5	0.437 5	3	0.375
原材料供应及运输	0.089	4	0.356	4	0.356	3	0.267	2.5	0.222 5
环保要求	0.073	3.5	0.255 5	5	0.365	4	0.292	3.5	0.255 5
总分	1		4.363 3		4.188 9		3.432 4		3.044

解：从表 4-1 可知，四个备选地址方案的得分分别为：4.363 3、4.188 9、3.432 4、3.044，其中得分最高的是中国内地，所以该自行车厂应选址在中国。

4.2.2 盈亏平衡分析法

生产经营中总成本（TC）分为固定成本（FC）和变动成本（VC）。固定成本在一定时期和一定业务范围内不随产量（业务量）的变化而变化，如折旧、管理人员工资、机器和厂房投资；变动成本随产量（业务量）的变化而变化，如原材料费。在一定范围内，产量增加时，由于单位产品分摊的固定成本减少，总成本将等于或小于总收入。而当总收入等于总收益时，成本曲线与收益曲线的交点即为平衡点（Q^*）。当组织的生产产量低于平衡点产量时将亏损；而当产量高于平衡点产量时则盈利。盈亏平衡点的产量为

$$Q^* = \frac{FC}{P-V} \quad (4-1)$$

式中，FC 为固定成本；V 为单位可变成本；P 为单位产品售价。

例 4-2 已知固定成本 20 万元，单位可变成本 10 元，售价每件 15 元，求盈亏平衡点产量。

解：
$$Q^* = \frac{FC}{P-V} = \frac{200\,000}{15-10} = 4（万件）$$

将盈亏平衡分析法应用于选址，即假设可供选择的各个方案均能满足厂址选择的基本要求，但投资额及投产后的原材料、燃料等变动成本不同，绘制总成本图，找出每个备选地点产出的最优区及盈利区间，确定在要求的产量下总成本最小的方案为最佳选址方案。

例 4-3 请在表 4-2 所示的三个备选方案中选出不同产量下的最佳方案。已知产品单价为 15 元。

表 4-2 各选址方案的成本数据

方案	固定成本 / 万元	单位可变成本 / 元
A	40	2
B	10	20
C	25	5

解：（1）计算各方案的总成本。总成本 TC 为

$$TC = FC + V \times Q$$

令 $Q = 1\,000$，绘制总成本图，如图 4-3 所示。

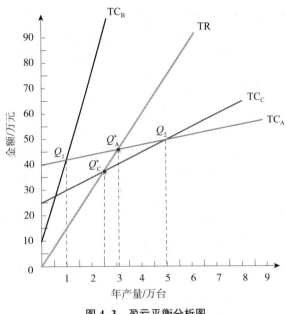

图 4-3 盈亏平衡分析图

（2）计算三方案的成本交点。如，求 B 方案与 C 方案的交点 Q_1：$TC_B=TC_C$，即 $100\,000+20\times Q_1=250\,000+5\times Q_1$，得 $Q_1=10\,000$（台）；同理可得 A 方案与 C 方案的交点 Q_2，$Q_2=50\,000$（台）。

（3）计算盈亏平衡点，如 $Q_C^*=\dfrac{250\,000}{15-5}=25\,000$（台），其余同理。

（4）通过数据比较，得出（25 000，50 000）范围内 C 方案最佳；（50 000，+∞）A 方案最佳；B 方案无最佳区间。

4.2.3 重心法

重心法是一种单个设施布置的方法。这种方法要考虑现有设施之间的距离和要运输的货物量，经常用于中间仓库或分销仓库的选择。它假设运入和运出成本相等，不考虑在不满载情况下增加的特殊运输费用。

采用重心法的前提条件是：已知目的地的地理位置和配送到各个目的地的经济量。这一经济量可以是重量，也可以是数量。例如，当应用重心法为医院选址时，这一经济量就是入住附近各个小区的居民数。

重心法一般有以下几个步骤。

（1）绘制表示配送目的地相对位置的地图。

（2）添加坐标系，并标明各个配送目的地的坐标。

（3）计算重心位置的坐标，计算公式为

$$C_x = \frac{\sum d_{ix} V_i}{\sum V_i} \qquad C_y = \frac{\sum d_{iy} V_i}{\sum V_i} \qquad (4-2)$$

式中，C_x 表示重心的横坐标；C_y 表示重心的纵坐标；d_{ix} 表示第 i 个目的地的横坐标；d_{iy} 表示第 i 个目的地的纵坐标；V_i 表示向第 i 个目的地配送的货物量。

（4）根据重心位置周边的具体情况，综合考虑其他因素确定经济中心的位置。

例 4-4 某电脑制造公司在三个工厂（A、B、C）生产电脑。最近管理人员决定，建仓库 D 为三个工厂提供零部件，各工厂相对位置如图 4-4 所示，对零部件的需求量如表 4-3 所示。在何处建仓库 D 成本最低？

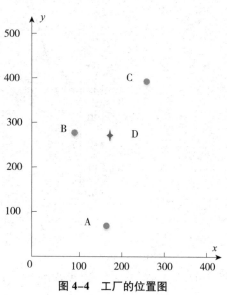

图 4-4 工厂的位置图

表 4-3 各工厂零部件的年需求量和位置

工厂	年需求量/件	位置
A	5 000	（180，80）
B	6 500	（100，280）
C	8 000	（260，400）

解：利用公式（4-2）可得

$$C_x = \frac{\sum d_{ix} \times V_i}{\sum V_i} = \frac{180 \times 5\,000 + 100 \times 6\,500 + 260 \times 8\,000}{5\,000 + 6\,500 + 8\,000} \approx 186$$

同理，可得 $C_y \approx 278$

仓库 D 的位置为（186，278），根据此坐标确定具体地理位置。

除上述方法外，还有计算机辅助选址、利用线性规划法选址等。

4.3 设施布置

生产和服务设备/设施布置就是指合理安排企业或某一组织内部各个生产作业单位和设施的相对位置与面积、车间内部生产设备的布置。生产和服务设施布置要在确定了企业的内部生产单位组成和生产单位内部采用的专业化形式之后才能进行。

对象专业化（product focused）和工艺专业化（process focused）两种基本布置类型要解决的问题似乎不同：对象专业化追求的是流水生产线的平衡；工艺专业化则追求设施相对位置的优化布置。但内涵完全一致：通过设施布置生产效率更高、成本更低，以及更富柔性。

办公室与零售店等的科学布置终于从幕后走到前台，更先进的思想在酝酿，更有效的方案在形成。

4.3.1 设施布置的基本原则

生产单位的专业化原则和形式，影响企业内部的生产分工和协作关系，决定着物料流向、物流路线和运输量，它是企业与车间平面布置中必须考虑的重要问题。按照生产流程的不同类型，生产单位专业化原则有工艺专业化原则和对象专业化原则。

1. 工艺专业化原则

按照工艺专业化特征建立的生产单位，形成工艺专业化车间。工艺专业化形式的生产单位内集中了完成相同工艺的设备和工人，可以完成不同产品上相同工艺内容的加工，如制造业企业中的机械加工车间、锻造车间、车工工段、铣工工段等生产单位。

工艺专业化生产单位具有对产品品种变化适应能力强、生产系统可靠性高、工艺管理方便的优点，但由于完成整个生产过程需要跨越多个生产单位，因而也有加工路线长、运输量大、运输成本高、生产周期长、组织管理工作复杂等缺点。同时，由于变换品种时需要重新调整设备，耗费的非生产时间较多，生产效率低。

2. 对象专业化原则

按照产品（或零件、部件）建立的生产单位，形成对象专业化车间。对象专业化形式的生产单位内集中了完成同一产品生产所需的设备、工艺装备和工人，可以完成相同产品的全部或大部分的加工任务，如汽车制造厂的发动机车间、曲轴车间、齿轮工段等生产单位。

按对象专业化形式组成的车间（工段）的主要优点：有利于提高工作地的专业化程度，从而可以采用高效率的专用设备，提高工作效率；可缩短运输路线，进一步提高生产过程的连续性，缩短生产周期，简化生产管理工作。在以对象专业化形式建立的车间与工段内多采用流水生产组织形式。该形式的主要缺点：适应市场需求变化的应变能力较差。对象专业化原则布置形式适用于大量大批生产类型。

上述两种专业化形式相应有两种车间内部的布置形式，如图4-5、图4-6所示。

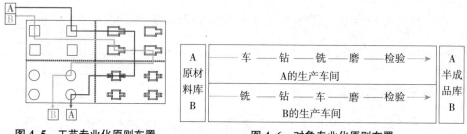

图4-5　工艺专业化原则布置　　　　图4-6　对象专业化原则布置

事实上，现实中的企业，特别是机械制造企业，纯粹按工艺专业化形式或对象专业化形式布置的较少，常常是同时采用两种专业化形式进行车间或企业的布置。工艺专业化原则适用于批量生产，对象专业化原则适用于大量大批生产。工艺专业化原则和对象专业化原则具有普遍的适用意义。例如，政府部门有各种职能部门，一般按职能分工布置，可以认为是工艺专业化原则。在这种布置下，一份公文的审批要经过若干部门，花费时间多，效率较低。如果围绕某个特殊任务，如审批外商投资项目，为提高办公效率，从有关职能部门抽出办事人员集中在一起，采用流水作业方式处理项目申请，很快就可以办完手续，这就是对象专业化原则的具体应用。

4.3.2　影响设施布置决策的因素

（1）厂房的布置应满足生产过程的要求，以避免互相交叉和迂回运输，缩短生产周期，节省生产费用。

（2）生产联系和协作关系密切的单位应相互靠近布置，如机械加工和装配车间应该安排在相邻的位置上。

（3）充分利用现有运输条件，如公路、铁路、港口及供水、供电等公共设施。

（4）按照生产性质、防火和环保要求，合理划分厂区，如热加工车间区、冷加工车间区、动力设施区。为了减少居民生活区的污染，生活区应设在上风区。

（5）在考虑防火和卫生条件下，总平面布置应力求占地面积小。

（6）工厂布置应考虑有扩建的余地。

4.3.3 设施布置方法

1. 物料流程形式

设施布置方法的目标是使物流成本最小。为此，流程分析在布置中起举足轻重的作用。流程形式可以分为水平和垂直两种。当所有的设备、设施都在同一个车间里时，就按水平形式考虑；当生产作业在多个楼层周转时，就按垂直形式考虑。常见的水平流程形式如图 4-7 所示。

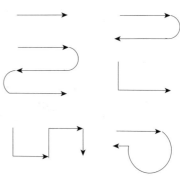

图 4-7 常见的水平流程形式

2. 设施布置常见类型

除工艺专业化原则布置和对象专业化原则布置两种基本设施布置类型外，其余常见的设施布置类型有以下两种。

（1）固定式布置。固定式布置（fixed position layout）是指加工对象位置固定，生产工人和设备都随加工产品所在的某一位置而转移，如内燃机车的装配、造船装配等，这种布置适用于大型产品的装配过程。

由于某些产品体积庞大笨重，不容易移动，因此可保持产品不动，将工作地按生产产品的要求来布置，如图 4-8 所示。诸如大型飞机、船舶、重型机床等，就是如此。对于这样的项目，一旦基本结构确定下来，其他一切功能都围绕着产品而固定下来，如机器、操作人员、装配工具等。

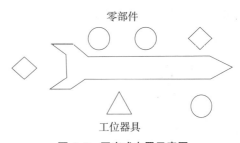

图 4-8 固定式布置示意图

（2）成组制造单元布置。按工艺专业化布置生产和服务设施，容易造成被加工对象在生产单位之间交叉往返运输，不仅引起费用上升，而且延长了生产周期。经过研究，通过实践创造了成组制造单元布置（layouts based on group technology）的形式。其基本原理是，先根据一定的标准将结构和工艺相似的零件组成一个零件组，确定零件组的典型工艺流程，再根据典型工艺流程的加工内容选择设备和工人，组成一个生产单元，如图 4-9 所示。成组制造单元布置很类似对象专业化形式,因而也具有对象专业化形式的优点。但成组制造单元布置更适合于多品种的批量生产,因而又比对象专业化形式具有更高的柔性,是一种适合多品种中小批量生产的理想生产方式。

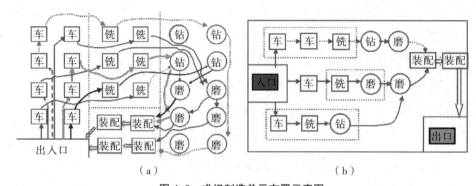

图 4-9 成组制造单元布置示意图
(a) 运用成组技术之前;(b) 运用成组技术之后

4.4 服务业典型布置

4.4.1 仓库布置

一般情况下,企业都有不同类型的仓库,储存不同种类的物资。生产或服务过程中会经常有物资运进搬出,工作量很大。仓库如果布置不合理,也会影响生产成本。仓库类似于制造业的工厂,因为物品也需要在不同地点(单元)之间移动。因此,仓库布置也可以有多种不同的方案。

例 4-5 家电用品仓库共 14 个货区,分别储存 7 种家电。其存储信息如表 4-4 所示,仓库平面示意图如图 4-10 所示。如何布置货区,使总搬运量最少?

表 4-4 家电用品仓库的存储信息

序号	存储物品	搬运次数(每周)	所需货区个数
1	电烤箱	280	1
2	空调	160	2
3	微波炉	360	1
4	音响	375	3
5	电视	800	4
6	收音机	150	1
7	其他	100	2

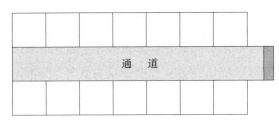

图 4-10 仓库平面示意图

这实际上就是一个典型的仓库布置问题。显而易见,问题的关键是寻找一种布置方案,使得总搬运量最小。这个目标函数与一般设施布置的目标函数是一致的。实际上,这种仓库布置比制造业工厂中的生产单元的布置更简单,因为全部搬运都发生在出入口和货区之间,而不存在各个货区之间的搬运。

这种仓库布置进一步区分为两种不同情况。

(1)各种物品所需货区面积相同。在这种情况下,只需把搬运次数最多的物品货区布置在靠近出入口之处,即可得到最小的总负荷数。

(2)各种物品所需货区面积不同。需要首先计算某物品的搬运次数与所需货区数量之比,取该比值最大者靠近出入口,依次往下排列。

解:

家电用品仓库的存储信息及搬运次数如表 4-5 所示。

表 4-5 家电用品仓库的存储信息及搬运次数

序号	存储物品	搬运次数(每周)	所需货区个数	搬运次数/货区个数
1	电烤箱	280	1	280
2	空调	160	2	80
3	微波炉	360	1	360
4	音响	375	3	125
5	电视	800	4	200
6	收音机	150	1	150
7	其他	100	2	50

将货物序号填入仓库货区,如图 4-11 所示。

这是一种以总负荷数最小为目标的简单易行的仓库货区布置方法。在实际中,根据情况的不同,仓库布置的通道设置可以有多种方案、多种考虑目标。例如,不同物品的需求经常是季节性的,因此,在上例中,也许在元旦、春节期间应把电视、音响放在靠近出入口处，而在春夏季将空调放在靠近出入口处。又如，空间利用的不同方法也会带来不同的仓库布置要求，在同一面积内，高架立体仓库可存储的物品要多得多。拣运设备、存储记录方式等的不同，也会带来布置方法的不同。再如，新技术的引入会带来考虑更多有效方案的可能性：计算机仓储信息管理系统可使得拣运人员迅速知道每一物品的准确仓储位置，并为拣运人员设计一套汇集不同物品于同一货车上的最佳拣货行走路线，自动分拣运输线可使仓储人员分区工作，而不必跑遍整个仓库等。总之，根据不同的目标、所使用技术不同以及仓储设施本身的特点，仓库的布置方法有多种。

图 4-11　仓库货区布置结果

4.4.2　办公室布置

无论是制造业还是服务业，非一线员工的主要工作场所是办公室。随着自动化技术的广泛应用，非一线员工占全部员工的比例越来越大，如何布置办公场所变得越来越重要。随着互联网的普及，办公模式也在发生着重大变化，这就需要对办公室布置重新进行思考。办公室布置的出发点无非是通过快捷的信息交流提高工作效率。因此，有利于提高工作效率是办公室布置的首要原则。此外，办公室布置还应考虑与公司文化的适应性。以下介绍办公区域划分和办公室内部布局。

1. 办公区域划分

办公区域划分就是合理安排不同业务部门或管理人员的位置。公司决策层的主要领导，由于其工作对公司的生存和发展有重大影响，应有一个相对独立的办公环境。办公室的位置一般选在办公大楼的最高层或六层或八层的最深处，目的就是创造一个安静、安全、少受干扰的环境。这类人员通常是一人一间单独的办公室。而且，办公室宽敞明亮，辅以较矮的办公家具，来最大化视觉空间。对于一般管理人员和行政人员，通常采用大办公室集中办公的方式，以便提高效率、利于监督、节约空间。在这种大办公室里，再根据所属事业部划分更小的办公区域。

像客服中心或接待室这样的部门，会频繁接触顾客或经常接待来访者，可以将其布置在公司大门附近的一个单独区域，使来访者办事方便、快捷，还可以避免对其他部门的员工造成影响。

20 世纪 80 年代，出现了一种叫"活动中心"的新型办公室布置。每一个活动中心包括接待处、会议室、研究室、资料室等。而且活动中心拥有电视电话、传真机、复印机、投影仪等进行一项完整的商务活动所需的各种设备。这种比较特殊的布置形式，更适用于项目型的工作。

20 世纪 90 年代以来，随着信息技术的迅猛发展，一种更加新型的办公形式——"远程"办公也正在从根本上冲击着传统的办公区域划分。远程办公，是指利用信息网络技术，将处于不同地点的人联系在一起，共同完成工作。例如，人们可以坐在家里办公，也可以在出差地的城市或飞机、火车上办公等。可以想象，当信息技术进一步普及，其使用成本进一步降低以后，办公方式和办公室布置的要求也会发生更大的变化。

2. 办公室内部布局

尽管办公室内部布局根据行业和工作任务的不同有多种形式，但仍然存在两种基本的模式：一种是传统的封闭式办公室，办公楼被分割成多个小房间，伴之以一堵堵墙、一扇扇门和长长的走廊。显然，这种布局可以保持工作人员足够的独立性，但不利于人与人之间的信息交流和传递，使同事之间产生疏远感，也不利于上下级之间的沟通。而且，调整和改变布局的余地不大。另一种是近 20 多年来发展起来的开放式办公室布局，在一间很大的办公室内，一个或几个部门的十几人、几十人甚至上百人共同工作。这种布局方式不仅方便了同事之间的交流，也方便了部门领导与一般职员的交流，在某种程度上消除了等级的隔阂。但这种模式的弊病是，有时会相互干扰，有时则不可避免地造成职员之间闲聊等。针对这些弊病，后来发展起来了一种带有半截屏风的组合办公布局方式。这种布置方法采用高度为 1.5 米左右的隔断，利用了开放式办公室布局的优点，又为每一名员工创造了相对封闭和独立的工作空间，减少相互间的干扰。而且，这种模块式布局有很大的柔性，可随时根据情况的变化重新调整和布局。有人曾估计过，采用这种形式的办公室布局，建筑费用比传统的封闭式办公建筑节省 40%，改变布局的费用也低得多。

在进行办公室布局时，还要注意与公司的管理思路和企业文化的适应性。

蒙牛以架空的形式把办公室布局在生产线的上方，体现了靠前指挥的管理思路。在思科，无论级别高低，员工的办公面积相差无几。级别高的人坐在中间地带，临窗向阳的地方则留给普通员工，这反映了思科相信和尊重每一个员工的企业文化。

4.4.3 零售店布局

零售店布局的目的是使店铺的单位面积的净收益达到最大。零售店布局应尽可能提供给顾客更多的商品。展示率越高，销售和投资回报率越高。零售店布局涉及的问题很多，但空间布局、顾客行走路线的设计以及商品陈列是零售店布局必须考虑的主要问题。

1. 零售店空间布局

零售店空间布局就是合理安排不同品类商品的位置。无论是大型商场还是连锁超市，无一例外地把首饰和化妆品布局在一层。这样做有以下几个原因。

（1）增加单位面积销售额。一层是黄金位置，需要靠利润率高的首饰和化妆品来增加单位面积销售额。

（2）强化视觉效果。首饰和化妆品美不胜收，加上年轻漂亮的导购人员，不但可以彰显顾客的高贵，而且可极大地增加视觉效果。

（3）增加随机销售机会。消费者一般会到专门的珠宝店或化妆品专卖店去购买首饰或化妆品。把首饰或化妆品放在百货商场或超市增加的是随机销售机会。多数男士不喜欢逛商场或超市，如果不得已陪伴夫人或女友逛街，通常会在一层或顶层等候。如果男士想给对方以惊喜，那么随机销售的机会就来了。

商场一般把服装布置在二层和三层，百货则布置在三层或四层。这样做的目的也是增加销售机会。当购买百货的顾客穿行二层或三层时，会增加服装的销售机会。同样是服装，体育品牌通常被布置在比较偏僻的一角，原因是这类商品的销售有典型的定向性。凭着顾客对体育品牌的钟爱，无论把其放在哪里，他们都能找到。

如果一家商场有咖啡厅或影视播放厅，那么多数会设在顶层。顾客无论是乘观光电梯，还是步行到顶层，商场光彩夺目的装饰一定会给他们留下深刻的印象。返回时，视觉会再一次受到冲击。此外，零售店的空间布局还涉及收款台的规划、展示橱窗设计和摄像头或监视镜的布置等。有些面向社区的中小型超市在货架上方的三面墙壁上安装监视镜,其主要目的是在无导购员或导购员很少的情况下,随时观察顾客,当其东张西望寻求帮助时,及时走到他们的身边。

2. 动线设计

动线设计是服务业的生命线。商场、展厅中顾客行走的动线与商品陈列之间的关系,直接影响商业运营的成效。顾客行走路线设计的目的就是要给顾客提供一条路径,使他们能够尽可能多地看到商品,并且沿着这条路径按需要程度安排各项服务。行走路线设计包括决定通道的数量和宽度,它们影响服务流的方向。另外,还可以布置一些吸引顾客注意力的标记,使顾客沿着预设的路线行进。视觉动线设计直接影响网络营销的成效。

3. 商品陈列

顾客进入商场后,将直接面对商品,能不能买到称心如意的商品,能不能增加偶然销售机会,都与商品陈列有关。不同的零售店,在商品陈列上会有不同的要求。例如,商场与超市不同,百货店与家具店不同。同样是超市,大卖场与社区便利店也不同。以下简要介绍商品陈列的一些基本要求。

(1)显见易取。一般把重要商品陈列在水平视线上下20°的范围内。在超市,需要抬头或低头才能看见的地方摆放备货。

(2)整齐而不缺乏生动。为保持整洁,可采用商品群陈列方式,将某些相关的商品集中在一起,成为商场中的特定群落。同群落中的商品整齐划一。结合色彩、照明、音乐、绿化等多种形式营造生动活泼的气氛。

(3)按价格梯度分布。同一品牌或同类商品,按价格梯度摆放。这样便于顾客在同类商品中对不同价格、质地进行简单比较,不仅方便了对质量敏感的顾客,也方便了对价格敏感的顾客。精明莫过商家,但拿钱袋子的是顾客。在价格上"捉迷藏",最终受到损失的一定是商家。

本章小结

设施选址是企业一次性作出的决策,但影响十分深远。本章介绍选址的影响因素和评价方法。设施的布置为生产经营服务,有工艺专业化和对象专业化两种基本类型,还有若干常见的布置形式,通过服务业仓库、零售店和办公室布置的学习,加深选址与设施布置为生产经营服务的设计理念。

即测即练

五问复盘

1. 企业选址的重要意义是什么?
2. 企业选址的原则和评价方法是什么?
3. 服务业选址的特殊性有哪些?
4. 设施布置的基本类型有哪些?
5. 仓库、零售店和办公室如何布置?

思维转变

通过网络收集某一知名企业的发展史,分析其选址成功或失败的原因。

实践链接

第 5 章 运营系统能力规划

 学习目标

> **知识目标：**

1. 了解工作研究的定义和步骤。

2. 了解方法研究与时间研究。

3. 理解学习效应与规模经济。

4. 掌握工序同期化。

> **能力目标：**

1. 能够运用动作研究方法和时间研究方法分析工作系统。

2. 能够运用工作设计中的社会技术理论和行为理论解决问题。

3. 能够测算运营系统的运营能力和生产能力。

> **思政目标：**

1. 通过运营系统能力规划的学习，引导学生理解习近平总书记提出并强调的"提高政府效率和效能"，培养学生严谨的工作态度和高效的工作方法。

2. 通过对红旗品牌流水线的介绍，引导学生了解中国企业的情怀和使命感，激发学生有所作为的荣誉感和奋斗精神。

思维导图

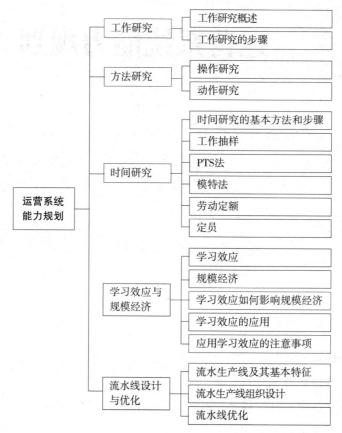

 案例导入

沃尔沃汽车装配线

大量生产方式（汽车、家电）中装配线上的工作就适宜用高度专业化方式进行。但这也不一定，著名的事例是瑞典的沃尔沃（Volvo）汽车公司。沃尔沃汽车的乌地瓦拉厂，深受世界汽车工业界的瞩目，该厂最不寻常的地方在于它与福特的装配线的观念完全背道而驰。该公司有四个汽车装配厂，其中一个工厂的装配线采取了由8~10名工人组成一组负责整车的装配的工作方式，完全取代了原来在传统的装配线旁重复着同样的工作的状态，形成一个自主式的管理单位，对其所生产的汽车负完全责任。每个工人可以胜任装配的每道工序，三小时换一次工作内容，一天可以装配四辆整车。所有组员对汽车各部分的装配工作都十分熟悉，有些组员甚至可以单独装配整部汽车。与传统的装配线（工作专业化）相比，质量提高、效率提高、缺勤率也明显降低。这为工作设计中的社会技术理论和行为理论提供例证，同时在这样的自主管理模式及责任制度下，增强了一组人员的凝聚力和休戚与共的团结感。

问题：

1. 沃尔沃汽车公司为什么没有使用传统装配线？
2. 如何对沃尔沃汽车公司的装配工人进行工作研究从而提升效率？

本章介绍了工作研究的概念及基本步骤，进一步介绍工作研究包含的两部分主体内容：方法研究和时间研究，介绍了其定义及基本步骤；介绍了学习效应和规模经济，举出了学习效应的案例；并给出了流水生产线的基本特征及如何对其进行设计与优化。

5.1 工作研究

5.1.1 工作研究概述

1. 工作研究的概念

工作研究是以提高生产率和整体效益为目的，利用方法研究与时间研究两种技术，分析影响工作效率的各种因素，帮助企业挖潜、革新，消除人力、物力、财力和时间方面的浪费，减轻劳动强度，合理安排作业，用新的工作方法来代替现行的方法，并制定该项工作所需的标准时间，从而提高工作效率和经济效益的一门现代化科学管理技术。

提高工作效率的途径有多种，如可以通过购买先进设备、提高劳动强度来实现。工作研究则遵循以内涵方式提高效率的原则，在既定的工作条件下，不依靠增加投资，不增加工人劳动强度，只通过重新组合生产要素、优化作业过程、改进操作方法、整顿现场秩序等方法，节约时间和资源，从而提高工作效率、增加效益。同时，由于作业规范化、工作标准化，产品质量可以得到提高。因此，工作研究是组织提高工作效率、经济效益以及产品质量的有效方法。

2. 工作研究的产生与发展

工作研究发端于泰勒在钢铁厂所开展的搬运生铁块试验与铁锹试验，以及吉尔布雷斯在建筑行业所从事的砌砖方法研究。后来，统计学的应用奠定了工作抽样的基础。今天，人们越来越重视研究人类工程学和行为科学对减少疲劳、提高效率的影响。

在搬运生铁块试验和铁锹试验以及其他作业方法研究的基础上，结合管理方法的改进，泰勒提出了著名的完成作业任务的四个准则。

（1）按照科学的方法完成每一项作业，而不是凭经验从事。

（2）科学地挑选工人，并进行培训和教育，使之成长成才，而不是由工人自己选择工作，并且自由行事。

（3）与工人密切合作，同时在工资制度上体现按劳取酬。

（4）管理者与工人各司其责，而不是把管理方面的职责也推给工人。

吉尔布雷斯专注于动作研究，取得了影响久远的成果，因此被人们尊称为"动作研究之父"。在建筑行业，砌砖很常见。多年来，所使用的工具和原料以及作业方法，都没有什么实质性的改进。然而，在看似简单的作业背后却包含着深刻的科学原理。吉尔布雷斯的动作研究最早就是从砌砖作业开始的。

在砌砖方法研究的基础上，吉尔布雷斯出版了《砌砖方法》一书。书中对砌砖的科学方法进行了总结，归纳为以下三个要点。

（1）消除了经仔细研究和实验证明没有什么用处的动作，把通常的18个动作压缩为5个。

（2）设计了一些简易工具，例如，可调整高度的脚手架和放置砖块的框架。借助这些工具，只需一名廉价的辅助工做一些配合，就可省去砌砖工大量繁重而又费时的动作。

（3）教会了砌砖工在做简单动作时，要双手并用。

如今，工作研究有了更进一步的发展，越来越重视人类工程学、行为科学对工作效率的影响。同时，普遍实行了以增加员工工作内容为主要特征的横向扩大化和以增加员工职责为主要特征的纵向扩大化，强调了团队作业的重要性。

5.1.2 工作研究的步骤

1. 确定研究对象

一般地，应把运营系统中的关键环节、薄弱环节或带有普遍性的问题确定为研究对象。从实施角度考虑，容易开展、见效快的环节或方面也应作为研究重点。研究对象可以是一个运营系统，或者是其中的一部分，如某一职能部门，生产线上的某一车间、工序，某一工作岗位，甚至某一具体作业、动作等。

2. 制订研究目标

为了便于评价工作研究的效果，在确定了研究对象之后还要制订具体的目标。其中，定量指标有：作业时间的减少、人员的节约、物料或能源消耗的降低以及产品质量的提高等。定性指标有：职员工作兴趣和积极性的提高、工作环境与条件的改善、安全性的增加和疲劳的减轻等。

3. 现行方法写实

现行方法写实就是将现在采用的工作方法或工作过程如实、详细地记录下来。现行方法写实的手段众多，方法各异，如录音、拍照、摄像，并借助各类专用表格记录。尽管方法各异，但都是工作研究的基础，而且记录的详略、正确程度直接影响着下一步对原始记录资料所做分析的效果。

4. 现行方法分析

现行方法分析的目的是确定现行工作方法中的每一作业是否必要，顺序是否合理，哪些可以去掉、哪些可以合并、哪些需要改变、需要添加哪些作业。为此，可以运用表 5-1 所示的"5W1H"分析方法从六个方面反复提出问题。其中，why（为什么）最为重要。一般认为，要能够由现象触及本质，以彻底解决某个问题，必须至少提出五个"为什么"，如表 5-1 所示。

表 5-1　"5W1H"分析表

内容	提问	内容	提问
why	为什么这项工作是必不可少的？ 为什么这项工作要以这种方式、这种顺序进行？ 为什么为这项工作制定这些标准？ 为什么完成这项工作需要这些投入？ 为什么这项工作需要这种人员素质？	what how who where when	这项工作的目的何在？ 这项工作如何能更好完成？ 何人为这项工作的恰当人选？ 何处开展这项工作更为恰当？ 何时开展这项工作更为恰当？

5. 新方法的设计、评价和实施

这一步骤是工作研究的核心部分，具体包括新方法的设计、评价和实施三项主要内容。

（1）设计新方法。设计新方法多数情况下不是推倒重来，而是在现有工作方法基础上，对现有方法进行改进。

（2）评价新方法。评价新方法的优劣主要从经济性、安全程度和管理方便程度三个方面考虑。评价指标可以是定量的，也可以是定性的。

（3）实施新方法。正如物体要保持其原有惯性一样，当某种变化不被人了解或理解，而且改变了人们多年的习惯时，其就会遇到一定的阻力。所以，工作研究成果的实施往往要比对工作的研究本身困难得多。

5.2 方法研究

方法研究有一个基本假设，即现行运营系统中的每一项作业，只要加以客观、细致的分析，就一定会发现许多可以改进的地方。有时会发现其中有许多不必要和不合理的动作，并且这些无效动作所占时间和精力往往会超过有效动作所占时间和精力的一倍甚至几倍。通过方法研究，可以消除不必要的动作、减少体力消耗、缩短操作时间，进而拟定更简单、更易行、更有效的工作方法，以提高工作效率。

方法研究

本节介绍操作研究与动作研究及其实用方法。

5.2.1 操作研究

操作研究就是仔细研究工人和机器的每一个操作，研究如何使工人的操作更经济、更有效以及工人和机器的配合更协调。操作研究的目的是在作业流程设计与改进的基础上，分析具体操作，并加以改进，以减少疲劳、提高效率。

人—机活动图（man-machine chart）是操作研究中一种非常有用的工具。这种工具以图形的方式把人与机器在工作时间上的配合关系描述出来。在使用这种方法时，通常利用条形图的长度来表示时间。图 5-1 是人—机活动图的一个示例。图中用不同的条形图标明了工人手工操作时间、设备自动工作时间和工人或设备空闲时间。

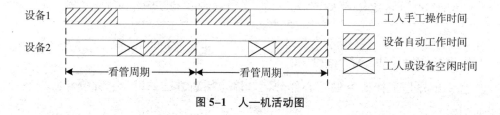

图 5-1　人—机活动图

借助人—机活动图，管理人员可以分析人和设备的工作时间和空闲时间，以此来确定实行多设备看管或同一设备为多个操作人员共用的可能性，最终达到有效利用人力、设备或工作地的目的。在图 5-1 的人—机活动图中，一个工人就可以同时看管两台设备。

5.2.2 动作研究

动作研究是对工人在执行一项操作任务时所涉及动作的系统研究，其目的是减少不必要的动作，确认最好的操作顺序以取得最大的效率。可以看出，动作研究是操作研究的继续和深化。吉尔布雷斯通过对动作进行科学的研究和分析，提出了经济动作原则和动素的概念。

1. 经济动作原则

经济动作原则最初由吉尔布雷斯提出，经不断研究和补充，归纳为十个原则。

（1）双手的动作应该是同时的和对称的。

（2）工具和物料应该放在近处和操作者面前，以便使它们容易被拿到。

（3）所有的工具和物料必须有明确的和固定的存放地点。

（4）为了将物料送到靠近使用者的地点，应该利用重力式的送料盒或容器。

（5）只要条件允许，工具和物料应该放在预先设定的位置。

（6）尽可能采用"下坠式传送"的方式。

（7）所有的工作，只要用脚来做更为有利，就应该避免用手来做；只要经济合算，就应采用动力驱动的工具和设备；只要可能，就应该采用虎钳或夹具来固定工作物。

（8）物料和工具摆放应能使操作流畅和有节奏。

（9）避免骤然改变方向的动作的发生，采用流畅而连续的手动作。

（10）工作地和座椅的高度最好能布置得在工作时可以替换着坐和站，同时应该具备适宜的光线，使工作者尽可能地舒适。

上述十个原则，实际上分为以下三个方面的内容。

（1）身体利用原则。

（2）工作位置安排原则。

（3）工具设备设计原则。

2. 动素分析

动素（therbligs）就是完成一项作业的基本动作。therbligs 是吉尔布雷斯的姓名 Gilberth 从后往前拼写（th 两字母除外），再加上 s 形成的。这也是为了纪念"动作研究之父"吉尔布雷斯。而动素的基本思想就是吉尔布雷斯奠定的。他认为虽然人所进行的作业千变万化，但分解以后的每一个基本动作不超过 17 种，即每一个动作都是由种类少于 17 个的动素构成的，只不过这些动素的组合顺序不同罢了。后来，美国机械工程师学会增加了"发现"（find）这个动素，用 F 表示，这样就有了 18 种动素。这 18 种动素都用专门的象形的符号来表示。

动素分析是把作业分解成动素，从而把改进作业建立在对动素减少和重新组合基础上的一种方法。具体地讲，就是对每一项作业进行分解，通过手、足、眼、头等的活动，把动作的顺序和方法与双手、眼睛等的活动联系起来，进行详尽的分析，用动素符号记录下来，找到动素组合的不当之处以及作业中存在的多余动素，进而加以改善。

3. 对动图及其在动作研究的应用

动作研究人员经常利用图表工具来分析和记录动作过程与结果。下面介绍在研究双手动作中常用的对动图（simultaneous motion chart，SIMO chart）。图 5-2 是

时刻	净时间	左手描述	符号	动作级别 1 2 3 4 5 5 4 3 2 1	符号	右手描述	净时间	时刻
4548	12	伸手	Re		Re	伸手	12	4548
4560	19	握取	G		G	握取	19	4560
4579	31	微小移动	M		M	微小移动	31	4579
4610	75	定位并放手	P RL		P RL	定位并放手	75	4610
4685	15	固定住	RE		RE	固定住	15	4685
4700	15	用力握	G		G	用力握	15	4700
4715								4715
7541	12	组装	G		G	组装	12	7541
	18	移动并放手	M RL		M RL	移动并放手	18	
7559								7559

汇总

%	时间	左手合计	符号	右手合计	时间	%
8.56	249	伸手	Re	伸手	245	8.4
7.49	218	握取	G	握取	221	7.6
12.16	354	移动	M	移动	413	14.2
30.47	887	定位	P	定位	1 124	38.6
39.33	1 145	使用	U	使用	876	30.1
1.03	30	空闲	I	空闲	0	0.0
0.96	28	放手	RL	放手	32	1.1
100.0	2 911	总计			2 911	100.0

图 5-2 对动图

分析一种美甲套装组装操作的对动图的部分。这种图在分析需要双手同时动作的操作中非常有用，旨在寻找双手同时对称的最佳方案，以提高动作的稳定性，减少疲劳，提高效率。需要注意的是对动图中用到的动作元素与 18 种动素的定义有一定的区别。

5.3 时间研究

时间研究又称作业测定，即对实际完成工作所需时间进行测量和预测，是工作研究的一项基本技术。时间研究的主要目的是建立工作标准。此外，时间研究的目的还包括：把实际作业时间与标准作业时间对比，寻找改进的方向；减少工人空闲和等待物料的时间。

5.3.1 时间研究的基本方法和步骤

实施时间研究需按照一定的步骤，一般地可分为：①工作分解。②测时。③确定样本大小。④制定标准作业时间。下面结合一组瓷器包装的例子来说明时间研究的步骤。该例子要求操作人员把一套 6 个瓷器装入包装盒，封口，码放。

1. 工作分解

工作分解即把要进行时间研究的工作分解成多个作业单元或动作单元。在瓷器包装例子中，按照操作的先后顺序，可将这一工作分解成：①准备瓷器并取两个包装盒。②将衬垫放入包装盒。③将瓷器放入包装盒。④包装盒封口并码放。

在进行工作分解时要坚持两个原则。

（1）为了测量作业单元所需的时间，要求分解成的每一个作业单元都应有明确的开始和结束标志。

（2）一般地，3 秒钟以内就可完成的动作不宜作为一个单独的作业单元。例如，上述例子中的动作单元②，如果再细分，还可以分成三个单元：左手拿起衬垫；将衬垫打开；将衬垫放入包装盒。由于这三个动作都非常快，难以精确测量各自所需的时间，所以不宜作为单独的作业单元处理。

2. 测时

测时即用秒表或其他工具观察和测量每一个作业单元。选择一名训练有素的人员，测量其在正常发挥的条件下在各个作业单元上所花费的时间。常用的测时方法是连续测时法，即研究人员在每个作业单元的动作结束时，记下该时刻，然后根据两个作业单元结束时刻的差计算得出第二个作业单元所花费的时间，以此类推，计算出所有工作单元所花费的时间。

对于有连续多个时间较短的作业单元（0.1分钟以内），则可采用循环测时法，即人为地去掉一个作业单元后再观测其花费的时间。按照循环测时法计算出各作业单元所耗费的时间。每次记录时都不记录所要测量的那个作业单元花费的时间，而只记录其余作业单元所花费的时间之和。然后从全部工作时间中减去每次所得时间，即得所要观测的那个作业单元所花费的时间。

例如，某项工作由 a、b、c、d 四个作业单元组成，该项工作全部时间和四个作业单元花费的时间分别记为 T、T_a、T_b、T_c 和 T_d，又设

$T_A = T_b + T_c + T_d$

$T_B = T_c + T_d + T_a$

$T_C = T_d + T_a + T_b$

$T_D = T_a + T_b + T_c$

于是，

$T_a = T - T_A$

$T_b = T - T_B$

$T_c = T - T_C$

$T_d = T - T_D$

全部工作时间为

$T_t = T_a + T_b + T_c + T_d$

表面上看，循环测时法似乎自相矛盾：最终要计算的是 T_t，但为计算这一时间，又用到全部时间 T。事实上，可以认为用到的 T 是初始时间，通过测定、分析 T_a、T_b、T_c 和 T_d 找到其中不合理的成分，最后找到客观、真实的 T_t。所以，这一方法恰好体现了工作研究的内涵，即通过优化操作方法，来提高工作效率。

下面结合瓷器包装的例子，说明连续测时法的应用。测时记录表格如表5-2所示。在第一个工作循环中，第一个作业单元结束时秒表显示为0.48，第二个为0.59，则第一个作业单元耗费的时间为0.48，第二个为0.11，以此类推。

表 5-2 时间研究数据记录表

作业单元		观测记录（分钟）										$\bar{t}$
		1	2	3	4	5	6	7	8	9	10	
准备瓷器取两个包装盒	t	0.48		0.46		0.54		0.49		0.51		0.50
	r	0.48		4.85		9.14		13.53		17.83		
将衬垫放入包装盒	t	0.11	0.13	0.09	0.10	0.11	0.13	0.08	0.12	0.10	0.09	0.11
	r	0.59	2.56	4.94	6.82	9.25	11.23	13.61	15.50	17.93	19.83	
将瓷器放入包装盒	t	0.74	0.68	0.71	0.69	0.73	0.70	0.68	0.74	0.71	0.72	0.71
	r	1.33	3.24	5.65	7.51	9.98	11.93	14.29	16.24	18.64	20.55	
包装盒封口、码放	t	1.10	1.15	1.07	1.09	1.12	1.11	1.09	1.08	1.10	1.13	1.10
	r	2.43	4.39	6.72	8.60	11.10	13.04	15.38	17.32	19.74	21.68	

第二个工作循环中无第一个作业单元，因为第一个循环中一下取了两个包装盒，所以每两次循环中这一作业单元只发生一次。假设这项实验共观察了 10 个工作循环，全部记录数据都填入表 5-2。

对观测得到的时间取平均值，记在表 5-2 的最后一列中。

3. 确定样本大小

确定样本大小即根据经验公式确定为了达到所需要的时间精度，必须重复观测的次数。表 5-2 的观测次数是 10 个工作循环。那么，该样本数是否满足要求？为此，首先要给出期望的置信度。表 5-3 是常用的几个置信度及其对应的正态分布的分位数。通常情况下，时间研究的期望置信度达到 95%，就基本上满意。如果要达到更高的精度，那么样本数会急剧增大。

表 5-3 常用的置信度及其对应的分位数（z）

期望的置信度	对应的分位数（z）
90.00	1.65
95.00	1.96
95.45	2.00
98.00	2.33
99.00	2.58
99.97	3.00

样本大小 n 可按式（5-1）①计算：

$$n=\left(\frac{z\times s}{\alpha\times \bar{t}}\right)^2 \tag{5-1}$$

式中，n 为所需样本大小；z 为与置信度对应的分位数；s 为某作业单元样本标准差（根据已有观测数据计算）；α 为估计精度，以与真正时间值（未知）的偏离程度（%）来表示；$\bar{t}$ 为对某作业单元观测得到的时间平均值。

样本标准差 s 可按式（5-2）计算：

$$s=\sqrt{\frac{\sum_j (t_j-\bar{t})}{\hat{n}-1}} \tag{5-2}$$

式中，t_j 为第 j 个工作循环的观测时间值；$\hat{n}$ 为观测次数。

在瓷器包装一例中，取 95% 的置信度，并设与真正时间值（未知）的偏离程度不超过 4%，即估计精度为 4%，利用表 5-3 的数据，根据式（5-2）可计算出样本大小 n，见表 5-4。

表 5-4　样本数据计算结果

作业单元	s	$\bar{t}$	n
1	0.030 5	0.50	9
2	0.017 1	0.11	58
3	0.022 6	0.71	3
4	0.024 1	1.10	1

计算出的 n 通常不是整数，取与之最接近的整数即可。如果要保证每个单元的估计精度都在 4% 以内，所需样本大小应取表 5-4 中最大值，即 58。因此，需要在原来观测的基础上再追加 48 次观察和测量。

4. 制定标准作业时间

制定标准作业时间即根据对作业单元的实测时间来确定研究对象的标准作业时间。现假定进行 58 次观察和测量后，所得到的四个作业单元的样本平均值分别为 0.53、0.10、0.75、1.08。观测得到的总时间为：0.53+0.10+0.75+1.08=2.46。为得出研究对象准确的时间标准，还要对有关数据进行修正。一般地，还要考虑在一个工作循环内各作业单元平均发生的频数和操作人员的熟练程度。

---

① 依正态分布推出。

（1）作业单元平均发生的频数。决定正常时间需要考虑的一个因素是，在一个工作循环内各作业单元平均发生的频数 F。如在上例中，单元 1 并不是在每个循环内都发生，而是两个循环内才发生一次，因此平均每个循环内发生 0.5 次。

（2）操作人员的熟练程度。所观察的操作人员在技术熟练程度、工作速度、产品（工作）质量等各方面不可能都一样。因此，需要给出一个修正系数，对观测的时间进行修正。修正系数通常称为绩效评价因子（performance rating factor，PRF）。PRF 主要依据经验得到。对具体工作，PRF 可通过对各评定要素的系数值进行加和得到。表 5-5 是一些评价因素及可供参考的系数范围。

表 5-5 评价因素及其参考系数

等级	评价因素			
	技巧性	努力程度	质量	均匀性
最优	+0.12 ~ +0.15	+0.12 ~ +0.15	+0.06	+0.04
优秀	+0.06 ~ +0.11	+0.06 ~ +0.11	+0.04	+0.02
良好	+0.01 ~ +0.05	+0.01 ~ +0.05	+0.02	+0.01
一般	0	0	0	0
较差	−0.10 ~ −0.05	−0.07 ~ −0.06	−0.03	−0.02
很差	−0.22 ~ −0.11	−0.17 ~ −0.07	−0.07	−0.04

在瓷器包装一例中，不妨假设经过评价所得到的各作业单元的 PRF 分别为 1.05、0.95、1.10 和 0.90。

现把各作业单元的测量平均值、发生频数以及绩效评价因子记录在表 5-6 中。

表 5-6 58 个观察样本数据

作业单元	$\bar{t}$	F_i	PRF_i
1	0.53	0.50	1.05
2	0.10	1.00	0.95
3	0.75	1.00	1.10
4	1.08	1.00	0.90

将测量平均值、发生频数以及绩效评价因子三者相乘,即可得出一个作业单元的正常时间 NT_i 和一个工作循环所需的正常时间 N_T(即全部正常时间),可用式(5-3)、式(5-4)表示。

$$NT_i = \bar{t}_i F_i (PRF)_i \tag{5-3}$$

$$N_T = \sum_i NT_i \tag{5-4}$$

就瓷器包装一例,根据式(5-3)和式(5-4),利用表 5-6 中的数据,可得

$NT_1 = 0.53 \times 0.50 \times 1.05 \approx 0.28$(分钟)

$NT_2 = 0.10 \times 1.00 \times 0.95 \approx 0.10$(分钟)

$NT_3 = 0.75 \times 1.00 \times 1.10 \approx 0.83$(分钟)

$NT_4 = 1.08 \times 1.00 \times 0.90 \approx 0.97$(分钟)

$N_T = 0.28 + 0.10 + 0.83 + 0.97 = 2.18$(分钟)

为确定正常作业时间,还要考虑人的休息时间,以及不可避免的延误所占用的时间。因此,还需要在全部正常时间的基础上再加宽放时间(allowance time)。这样才能得出切合实际的标准作业时间。标准作业时间 ST(standard of time)可表示为

$$ST = N_T (1+A) \tag{5-5}$$

其中,A 是宽放系数,通常取值为 10%~20%。

A 的选取还是有一定规则的。A 通常由两部分构成,一部分是固定宽放系数 9%,包括人的生理需要 4% 和疲劳恢复 5%。另一部分是变动的,即根据工作位置的舒适程度、用手转移作业对象的重量、光线的好坏、空气条件、注意力的集中程度、噪声大小、精神压力大小、工作的单调性等进行设定。

假定上例中的宽放系数取值为 15%,则瓷器包装的标准作业时间可计算如下:

$ST = 2.18 \times (1 + 0.15) \approx 2.51$(分钟)

5.3.2 工作抽样

1. 工作抽样的基本原理

一台机器要么处于忙碌状态,要么处于空闲状态;一名秘书要么在打字、整理文件、接电话,要么空闲等;一个木工要么在运送木料、测量、锯木头,要么空闲等。所有的"行为"都会占据一定的时间。那么某种行为占用的时间是多少呢?工作抽样的做法不是去观察所占用的时间,而是估计在某时刻人或机器发生这种行为的比率。根据这个比率来推定这种行为所占用的时间。显而易见,置信度的

高低、样本数的大小都将影响估计的精度。实际中,常采用95%的置信度,即假定绝对误差(精度)约为标准差的2倍。

因为二项分布的标准差 σ 为

$$\sigma = \sqrt{\frac{p(1-p)}{N}} \quad (5-6)$$

所以

$$E = 2\sqrt{\frac{p(1-p)}{N}} \quad (5-7)$$

求得

$$N = \frac{4p(1-p)}{E^2} \quad (5-8)$$

式中,E 为绝对误差(或精度);p 为所调查事件出现的比率;N 为观测次数(抽样样品的大小)。

2. 工作抽样的用途

(1)测定机器设备或人员在工作中工作(负荷)和停歇(空闲)时间比率,以提供分析工时利用情况的资料。

(2)测定工作人员在工作班中各类工时消耗的比例,以提供制定定额时所用的各种标准资料。

(3)在一定条件下,测定工作人员完成任务所需时间,用于制定工序的标准时间。

3. 工作抽样的步骤

(1)确定特定的行为。如设备运转、工人切削零件、消防车在火灾现场、护士查病房等。

(2)估计特定行为占全部时间的比例。通常有两种方法来进行估计:一是根据工作研究人员的经验、以前的数据;二是先设定一个大概比例,再逐步逼近真实数据。下面以例说明如何使用第二种方法估计特定行为占全部时间的比例。

为研究某车间机床停工占全部时间的比例,设工作抽样的置信度为95%,绝对误差(精度)为 ±3%,实地调查100次,机床有25台次停工,则得

$$p = \frac{25}{100} = 25\%$$

所以

$$N = \frac{4 \times 0.25 \times (1-0.25)}{(0.03)^2} = \frac{0.75}{0.0009} \approx 833$$

若继续抽样观测 400 次，连同开始的 100 次共 500 次，其中有 150 次停工，则

$$p = \frac{150}{500} = 30\%$$

照此方法，可按一定的时间间隔（一天或几天）进行，直到计算出的 p 值比较稳定时为止。

（3）确定观察次数。当估计的 p 值比较稳定时，需要对其验证，为此，需要计算观察次数。

例如在上例中，认为 30% 比较稳定时，根据式（5-8），可得

$$N = \frac{4 \times 0.25 \times (1-0.25)}{(0.03)^2} = \frac{0.75}{0.0009} \approx 833$$

即需要观察 833 次，才能达到预设的置信度和精度要求。

事实上，人们已经制定了置信度为 95% 时，不同事件发生比率及所要求的绝对误差下的抽样次数表，实际中查表即可。

（4）计算标准时间。根据预设的宽放系数，计算特定行为标准时间。

4. 工作抽样的优点与局限性

归纳起来，工作抽样方法具有以下几个主要优点。

（1）观测者不需要受专门训练。

（2）节省时间、节省费用，据国外资料介绍，这种方法的费用低于其他时间研究方法所发生费用的一半。

（3）与其他作业测定方法相比，更容易得到被观测人员的合作。

（4）观测时间可自由安排，可长可短，可随时中断，随时继续，而不影响其结果。

工作抽样的局限性主要表现为所需观察的样本数较大；只能得出平均结果，得不出导致个别差异数值的资料。

5.3.3 PTS 法

预定时间标准（predetermined time standards，PTS）设定法是时间研究中常用的一种方法。其基本做法是将构成工作单元的动作分解成若干个基本动作，对这些基本动作进行详细观测，然后制作基本动作的标准时间表。当要确定实际工作时间时，只要把工作任务分解成这些基本动作，从基本动作的标准时间表上查出各基本动作的标准时间，将其加和就得到工作的正常时间，然后再加上宽放时间，就可以得到标准工作时间。

PTS 法有许多种，因基本动作的分类和使用时间单位的不同而异。其中，时间测量法（methods of time measurement，MTM）是使用最广泛的一种。在 MTM 法中，也有若干种基本动作标准数据，这里介绍其中最精确的一种：MTM-1。这种方法将基本动作分为伸手（reach）、施压（apply pressure）、放置（position）、放手（release）、移动（move）、抓取（grasp）、解开（disengage）和转动（turn）八种要素。

这些基本动作的标准时间是用微动作研究方法，对一个样本人员在各种工作中的动作加以详细观测，并考虑到不同工作的变异系数而制定的。表 5-7 所示是美国 MTM 标准研究协会制作的其中一个动作"移动"的标准时间。表中，1TMU=0.000 01 小时。

表 5-7 MTM 法中的动作"移动"的标准时间数据表

移动距离/英寸	时间 /TMU			重量允许值			不同移动情况
	A	B	C	重量/磅	动态因子	静态常数/TMU	
更小 1	2.0 2.5	2.0 2.9	2.0 3.4	2.5	1.00	0	A. 移动物体至另外一只手
2 3	3.6 4.9	4.6 5.7	5.2 6.7	7.5	1.06	2.2	
4 5	6.1 7.3	6.9 8.0	8.0 9.2	12.5	1.11	3.9	
6 7	8.1 8.9	8.9 9.7	10.3 11.1	17.5	1.17	5.6	B. 移动物体至一个大致位置
8 9	9.7 10.5	10.6 11.5	11.8 12.7	22.5	1.22	7.4	
10 12	11.3 12.9	12.2 13.4	13.5 15.2	27.5	1.28	9.1	
14 16	14.4 16.0	14.6 15.8	16.9 18.7	32.5	1.33	10.8	
18 20	17.5 19.2	17.0 18.2	20.4 22.1	37.5	1.39	12.5	C. 移动物体至一个精确位置
22 24	20.8 22.4	19.4 20.6	23.8 25.5	42.5	1.44	14.3	
26 28	24.0 25.5	21.8 23.1	27.3 29.0	45.5	1.50	16.0	
30	27.1	24.3	30.7				

注：表中距离（英寸）和重量（磅）均为非法定单位。1 英寸 =25.4 毫米，1 磅 =0.45 千克。

表 5-7 中的标准时间考虑了移动重量、移动距离以及移动情况三种因素，每个因素不同，所需的标准时间也不同。例如，有这样一个动作，需要用双手将一

个 18 磅的物体移动 20 英寸，移到一个确切的位置上，在该动作发生前两手无动作。为了得到这个动作的标准时间，首先应该根据对移动情况的描述确定该动作属哪种情况。从表 5-7 中的三种情况描述中可知，属 C，然后，根据移动距离为 20 英寸，20 英寸的行和 C 列的交叉处，找到该动作所需时间为 22.1 TMU。再根据重量对刚才所查出的时间做一些调整。因为该动作中是用两手移动 18 磅的物体，每只手为 9 磅，在表中的重量允许值中，处于 7.5 与 12.5 之间，因此，动态因子为 1.11，静态常数为 3.9TMU。这样该动作的标准时间可按下式计算：TMU 表格值 × 动态因子 + 静态常数 = 22.1 × 1.11+3.9 ≈ 28（TMU）。

每一种基本动作都有类似的表格。这些标准数据，是经严格测定、反复试验后确定的，其科学性、严密性都很高，而且有专门的组织制定这样的数据。

5.3.4 模特法

澳大利亚的 G.C. 海德长期研究 PTS 的各种方法，结合人类工程学的知识和技术，于 1966 年创立了更简单且精度不低于传统 PTS 的新方法，即模特法（modular arrangement of predetermined time standards，MODAPTS），也称为第三代 PTS。

模特法把动作分为移动、终止、身体和其他 4 大类计 21 个动作。每个动作赋予一个时间值，以 1 MOD（合 0.129 秒）为单位，共有 8 个时间值，最短的时间值是 0 MOD，最长的时间值是 30 MOD。这种方法具有以下三个显著特点。

（1）把手指的动弹作为一个单位，其他动作以手指动作的整数倍来表示。

（2）简单、易用，使用直观的基本图形，动作的代表符号中包含着时间值，方便分析动作和计算标准作业时间。

（3）应用广泛，适用于制造、设计、技术、管理、服务等各领域的动作分析和时间测定。

表 5-8 说明了每类动作的动作名称、符号、时间值及释义。

5.3.5 劳动定额

1. 劳动定额的概念

劳动定额是指在一定的生产技术和组织条件下，为生产一定数量的产品或完成一定量的工作所规定的劳动消耗量的标准。劳动定额是组织现代化大工业生产的客观要求。在现代工业企业里，工人一般只从事某一工序的工作，企业

表 5-8 模特法的动作、时间值及含义

动作分类	动作名称	符号	时间值/MOD	含义
移动动作	手指动作	M1	1	以手指关节为轴心的动作
	手的动作	M2	2	以手腕关节为轴心的动作
	前臂动作	M3	3	以肘关节为轴心的动作
移动动作	上臂动作	M4	4	以肩关节为轴心的动作
	肩动作	M5	5	肩部的动作
终止动作	触碰动作	G0	0	用手接触对象物的动作
	简单抓握	G1	1	用手指或手掌握、抓握对象物的动作
	复杂抓握	G3	3	在注视的前提下抓握
	简单放下	P0	0	不需注视即放下
	注意放下	P2	2	在注视的前提下放下，只允许一次修正
	特别注意放下	P5	5	把对象物精确地放置在指定的位置
身体动作	踏板动作	F3	3	足颈摆动进行踏地的动作
	步行动作	W5	5	步行或转动身体的动作
	向前探身动作	B17	17	以站立状态弯曲身体、弯腰、单膝跪地再还原
	坐和站起动作	S30	30	坐在椅上，站起后再坐下
其他动作	校正动作	R2	2	改变原来抓握方式的动作
	施压动作	A4	4	向对象物施以 10 牛顿以上的推、拉、压动作
	曲柄动作	C4	4	以手腕或肘关节为轴心画圆形轨迹的动作
	眼睛动作	E2	2	眼睛移动或对准对象物的动作
	判断动作	D3	3	判断下一个要做何种动作的行为
	重量修正	L1	1	单手负重 2 千克以下，超过时需修正时间

内部分工是以协作为条件的，怎样使这种分工在空间和时间上紧密地协调起来，必须以工序为对象，规定在一定的时间内应该提供一定数量的产品，或者规定生产一定产品所消耗的时间。否则，生产的节奏性就会遭到破坏，造成生产过程的混乱。

2. 劳动定额的形式

（1）生产单位产品消耗的时间——时间定额。

（2）单位时间内应当完成的合格产品的数量——产量定额。

两者互为倒数关系。另外，还有一种看管定额，这是一个人或一组工人同时看管机器设备的台数，或看管机器设备上操作岗位的数量。工业企业采用什么形式的劳动定额，要根据生产类型和生产组织的需要而定。产量定额主要适用于产品品种少的大量生产类型企业；看管定额一般被纺织企业采用。

3. 劳动定额的时间构成

劳动定额的时间构成同企业的生产类型有着密切的关系。

（1）在大量大批生产条件下，由于工作的生产专业化，长期固定地完成几道工序的制品，准备结束时间分摊到单位产品上去的比重小，可以忽略不计，因此，劳动定额的组成，包括作业时间、布置工作的时间、休息与生理需要的时间三部分。工序单位时间定额的计算公式为

$$T_0 = T_1 + T_2 + t_0 \tag{5-9}$$

式中，T_0 为单件时间；T_1 为作业时间；T_2 为布置工作的时间；t_0 为休息与生理需要的时间。

式（5-9）中的作业时间 T_1 是对每一个零件都要重复的。所以在计算单件时间时，能够直接进行，但是布置工作的时间 T_2 和休息与生理需要的时间 t_0，不是对每个零件都要重复的。所以在计算单位时间时则是分摊到每个零件中去。均摊的方法通常以占作业时间的百分比来表示，即

$$T_2 = T_1 \times \frac{k_2}{100t_0} = T_1 \times \frac{k_0}{100} \tag{5-10}$$

$$T_0 = T_1 + T_1 \times k_2 + \frac{k_2}{100} = T_1 \times \left(1 + \frac{k_2}{100} + \frac{k_0}{100}\right) \tag{5-11}$$

式中，k_2 为布置工作的时间占作业时间的比值；k_0 为休息与生理需要的时间占作业时间的比值。

（2）在成批的生产条件下，由于工作轮番地生产制造，每一种制品都要消耗一次准备结束时间。因此除了计算单位时间及其定额外，还要确定准备时间的定额。并将此时间按批量分摊到每一件制品的时间定额中去，这个时间定额称为单件计算时间定额 T_3，计算公式为

$$T_3 = T_0 + \frac{T_4}{nT_3} \tag{5-12}$$

式中，T_4 为批零件的结束准备时间；n 为批量。

（3）在单件生产条件下，为了简化时间定额工作，可用下列公式确定单件时间定额。

$$T_0 = T_1 \times (1 + k_3) + T_4 \tag{5-13}$$

式中，k_3 为布置工作的时间和生理需要的时间占作业时间的比值。

4. 劳动定额的作用

劳动定额是企业管理的一项重要基础性工作。在企业的各种技术经济定额中,劳动定额占有重要地位。正确地制定和贯彻劳动定额,对于组织企业生产和推动企业生产的发展,具有多方面的重要作用。

(1) 劳动定额是企业编制计划的基础,是科学组织生产的依据。在科学的组织生产中,劳动定额是组织各种相互联系的工作在时间配合和空间衔接上的工具。只有依据先进的劳动定额,才能合理地配备劳动力,保持生产均衡、协调地进行。

(2) 劳动定额是挖掘生产潜力、提高劳动生产率的重要手段。劳动定额是在总结先进技术操作经验基础上制定的,同时,它又是大多数工人经过努力可以达到的。因此,通过劳动定额,既便于推广生产经验,促进技术革新和巩固革新成果,又利于把一般的和后进的工人团结在先进工人的周围,相互帮助,提高技能水平。

(3) 劳动定额是企业经济核算的主要基础资料。经济核算是企业管理中的一项重要工作,它是实现勤俭办企业和加强企业经营管理的重要手段。定额是制定计划成本的依据,是控制成本的标准。没有合理的劳动定额,就无从核算和比较。故劳动定额是企业实行经济核算、降低成本、增加积累的主要依据之一。

(4) 劳动定额是衡量职工贡献大小、合理进行分配的重要依据。企业必须把职工的劳动态度、技术变化、贡献大小作为评定工资和奖励的依据,做到多劳多得、少劳少得、不劳不得。劳动定额是计算工人劳动量的标准。

5. 劳动定额的制定要求

制定劳动定额,总的要求是全、快、准。"全"是指工作范围的要求,凡是需要和可能需要制定定额的工作都要定额。"快"是指时间上的要求,就是要简便、工作量小,能迅速制定出定额,及时满足生产需要。"准"是指质量上的要求,即定额水平要先进合理。如果定额水平不先进合理,即使制定定额很全、很快,也不会发挥定额的积极作用。

所谓先进合理,就是制定的定额要在已经达到的实际水平基础上有所提高,在正常生产条件下,经过一定时期的努力,大多数职工可以达到,部分先进职工可以超过,少数后进职工也能够接近以至达到实际水平。这样的定额才能保证劳动生产率的提高。制定定额的水平过高或过低都是不对的。为了保证定额水平能够先进合理,制定的定额必须符合三个要求。

（1）确定一个产品或者一项工作的工作消耗，必须有科学依据。科学依据是指设计文件、工艺文件、质量标准、过去定额完成情况的统计资料，同行业同工种在条件相似情况下的定额资料等。

（2）要总结和推广节约劳动的先进经验，挖掘提高劳动生产率的潜力，保证定额水平的先进性。

（3）要保证相同工作定额的统一和不同工作（包括不同生产单位、不同工种、不同产品）定额水平的平衡。

在制定定额时，全、快、准应全面要求，但在实际工作中往往有困难。因此，要根据不同情况采用不同的制定定额方法。

6. 制定劳动定额的原则

不同的行业和不同的企业有不同的生产过程和特点，其劳动定额的内容也不尽相同，因此制定的方法也可能各不相同。但为使劳动定额发挥促进生产的应有作用，根据工业生产的普遍特点，制定劳动定额必须符合下列原则。

（1）制定定额必须走群众路线，使定额具有坚实的群众基础。

（2）确定定额水平应有科学根据，实事求是，力求做到先进合理。

（3）同一企业内，各个车间、班组、工序间的定额水平必须平衡，要保证相同工作其定额水平的统一。

（4）定额工作必须要以提高劳动生产率，激励职工积极性，贯彻"各尽所能、按劳分配"方针为目的，结合企业实际情况，逐步健全，不断提高。

7. 劳动定额的制定方法

根据企业的生产特点、技术条件和不同的生产类型，正确地选择制定、修订定额的方法，是关系到企业快、准、全地制定先进合理的劳动定额的重要问题。工业企业中常用的定额制定方法主要有：经验估工法、统计分析法、类推比较法和技术定额法。

1）经验估工法

经验估工法是由定额员、技术员、有经验的老工人，根据产品（零件）的图纸、工艺规程或实样凭过去的生产经验，进行分析并考虑到所使用的设备、工具、工艺装备、产品材料及其他生产技术组织条件，直接估算定额的一种方法。经验估工法又可分为综合估工法、分析估工法和类比估工法。

综合估工法，又称粗估工法，是对整个工序进行粗略估计的一种方法。分析估工法，又称细估工法，是把制定定额的活动分为若干个组成部分，对各部分的工时进行估计然后再累加的一种方法。类比估工法是对类比相似零件的定额进行粗估的一种方法。

经验估工法的优点是手续简单，方法容易掌握，制定时间短，工作量小。缺点是准确性差，水平不易平衡，缺乏先进性。该法多用于多品种、少批量、定额基础工作较差的场合。

2）统计分析法

统计分析法是把企业最近一段时间内生产产品所消耗工时的原始记录，通过一定的统计分析整理，计算出平均先进的消耗水平，以此为依据制定劳动定额的方法。

结合具体例子说明统计分析法的应用。

例 5-1 某机械厂本月份车制某零件的产量和工时列于表 5-9。

表 5-9 某机械厂本月份车制某零件的产量和工时

项目	单位	工人甲	工人乙	工人丙	工人丁	工人戊	工人己	工人庚	工人辛
产量	件	1 050	1 100	1 430	1 450	1 300	1 850	1 490	1 130
实耗工时	分钟	10 500	9 900	12 870	11 600	11 700	12 950	11 920	10 170
单位产品耗用工时	分钟/件	10	9	9	8	9	7	8	9

用统计分析法确定平均先进定额。

解：用统计分析法一般要计算三个数：最优数，平均达到数，平均先进数。

最优数——单位产品耗用工时最少或单位时间产量最高的数据。例如工人己，其单位产品耗用工时为 7 分钟/件，则最优数为 7 分钟。

平均达到数——以各已知数项加权平均所得的数字。

$$平均达到数 = \frac{实际耗用工时总数}{产品总数}$$

$$= \frac{10\,500+9\,900+12\,870+11\,600+11\,700+12\,950+11\,920+10\,170}{1\,050+1\,100+1\,430+1\,450+1\,300+1\,850+1\,490+1\,130}$$

$$= \frac{91\,610}{10\,800} \approx 8.5（分钟）$$

平均先进数——将平均达到数作为最低标准，把达到和所有比这一标准先进的各个数再进行一次加权平均所得到的数字。

$$\text{平均先进数} = \frac{\text{这些生产者的产量总和}}{\text{达到和比平均达到数先进的生产者的实耗工时总和}}$$

在例中，丁、己、庚的单位产品实耗工时均小于平均达到数 8.5 分钟，因此，

$$\text{平均先进数} = \frac{11\,600+12\,950+11\,920}{1\,450+1\,850+1\,490} = \frac{36\,470}{4\,790} \approx 7.6 \text{（分钟）}$$

以最优数为定额，称为最优定额；以平均达到数为定额，称为平均达到定额；以平均先进数为定额，就是平均先进定额。平均先进定额最能反映定额先进合理要求，一般按此来确定定额水平。在该例中，车制该零件的定额可以定为 7.6 分钟/件。

以上计算是按加权平均法由实际消耗与实际产出总量比较得出的。为简便起见，也可采用算术平均法计算：

最优数 =7（分钟）

$$\text{平均达到数} = \frac{\text{个人单位产品消耗工时总和}}{\text{人数}} = \frac{10+9+9+8+9+7+8+9}{8} \approx 8.6 \text{（分钟）}$$

$$\text{平均先进数} = \frac{\text{达到和比平均达到数先进的生产者的实耗工时总和}}{\text{达到和比平均定额先进的工人数}} = \frac{8+8+7}{3}$$

$$\approx 7.7 \text{（分钟）}$$

算术平均法与加权平均法相比，计算更为简便，但数字的准确性略差。

平均先进数也可以按下式确定：

$$\text{平均先进数} = \frac{\text{平均达到数} + \text{最优数}}{2}$$

本例中：

$$\text{平均先进数} = \frac{8.6+7}{2} = 7.8 \text{（分钟）}$$

不同的计算方法可以得出不同的定额水平，因为统计结果只反映了过去的状况，一般只作为制定定额的依据和参考。应考虑目前生产技术管理水平的提高和可能达到的定额水平，确定先进合理的定额。因为统计分析法是根据历史资料制定的，比经验估工法更具有科学性，但又受到应用范围的局限。其应用必须有一定量的历史资料数据，一般只用于修订老产品定额或制定新产品中与老产品相似的零件的定额。

3）类推比较法

这种方法是以现有产品定额资料为依据，经过对比推算出另一种产品、零件或工序的定额的方法。作为依据的定额资料有：相似的产品、零件或工序的工时

定额；类似产品、零件或工序的实耗工时资料；典型零件、典型工序的定额标准。用来类比的两种产品必须具有可比性。

类推比较法兼备了经验估工法和统计分析法的内容。只要典型工序、典型零件选择得当，对比分析细致，就可以较好地保证定额的水平，而且工作量较小。这种方法多用于产品品种多、批量少、单件小批生产类型的企业和生产过程。

4）技术定额法

技术定额法是在分析技术、组织条件和工艺规程，总结先进经验，尽可能充分挖掘生产潜力的基础上，设计合理的生产条件和工艺操作方法，对组成定额的各部分时间，通过分析计算和实地观察来制定定额的方法。这是制定劳动定额的比较科学的方法。技术定额法又分为分析研究法和分析计算法。

（1）分析研究法是用测时和工作日写实等方法来确定工时定额各部分时间的方法。现代的分析研究法还应用人体工程学和数学工具对工作进行分析研究，使之更合理、更科学化。"动作与时间研究"这门学科为确定先进合理的劳动定额提供了科学的依据。

（2）分析计算法则是根据定额手册中提供的各项定额标准，通过计算来制定定额的方法。如机械加工，可以根据工艺规程，从定额手册中找出相应的定额标准。

技术定额法是定额制定方法中最有科学依据的方法，可使劳动定额水平容易做到先进合理；复杂的定额工作能条理化、定量化；便于掌握定额水平，并有利于贯彻执行。其缺点是制定方法复杂、工作量大，难以做到迅速及时。但它的实行则有利于促进企业各项管理工作的改进和劳动组织的完善。现代化的生产管理，要求企业努力创造条件，推广和运用这种科学的方法。

四种定额方法的运用见表 5-10。

8. 劳动定额的贯彻和分析

劳动定额制定以后，必须组织定额的贯彻执行。贯彻执行劳动定额要加强思想政治工作，要依靠群众，发挥党团员、老工人和班组定额人员在定额管理工作中的模范带头作用；要把专业管理和群众管理密切结合起来；加强定额考核分析工作，随时掌握工人达额情况和存在的问题，及时研究解决；要切实贯彻执行各种重要的技术组织措施，及时地鉴定、总结和推广群众性的合理化建议和技术革新成果；还要把发动群众与开展劳动竞赛密切结合起来；企业人员深入现场调查研究，帮助工人达额，保证定额的全面贯彻执行。

表 5-10　四种定额方法的运用

制定方法	适用范围
经验估工法	多品种、小批量、单件生产
	新产品试制
	一次生产和零星任务
统计分析法	大量、成批生产
	经常重复的产品
	修改老产品定额
类推比较法	多品种、小批量、单件生产
	有相似类型的产品
	新产品试制（有可比性的）
技术定额法	大量生产适用详细定额标准
	成批生产适用概略定额标准
	品种少，大量生产，流水线，自动线，关键工件或工序，可直接采用测定时间分析、动作分析等计算研究方法

为了保证劳动定额的贯彻执行和给制定、修改定额提供可靠的资料依据，企业必须加强对定额完成情况的统计、检查和分析工作。

（1）要健全工时消耗的原始记录，分析工时原始记录的准确性。

（2）分析研究工时的利用情况。企业工时利用情况，主要通过工人出勤率及工时利用率两个指标来反映。工时利用的变化，影响着劳动生产率的高低。分析工时利用的目的，主要是探究工时浪费的原因，采取措施加以克服，以增加生产时间，缩短停工时间，增加有效工时，减少无效工时。

（3）分析工时定额的完成情况。从分析完成定额的情况着手总结先进经验，找出影响定额贯彻的各种因素，以促进劳动生产率的提高，并进一步掌握工时消耗变动的规律，为制定和修改定额提供依据。

5.3.6　定员

1. 定员概述

企业的定员是指根据企业既定的产品方向和生产规模，在一定时期内和一定的技术、组织条件下，规定企业应配备的各类人员的数量标准。合理定员能为企业编制劳动计划、调配劳动力提供可靠的依据；能促进企业改进工作，克服人浮于事、工作散漫、纪律松懈的现象，以提高效率。

2. 定员管理的主要内容

（1）组织实现有关技术组织措施。先进合理的定员是建立在一定的技术组织措施基础上的。不断改善劳动组织，开展群众性的技术革新和技术革命活动，是实现定员标准的保证。

（2）建立、集合劳动管理制度。劳动管理制度包括：劳动力招收、录用、聘用、辞退制度，劳动力调配和劳动挖潜、平衡调剂制度，考勤制度，奖惩制度等。

（3）日常管理。日常管理主要是监督、检查、贯彻定员标准，主要管理工作有：建立劳动力配备登记表和劳动调配登记表，深入生产现场掌握生产情况和人员使用情况、岗位人力余缺情况，做好日常人员平衡调剂工作。

（4）加强职工文化、技术培训工作。不断提高职工文化技术水平；改进工艺、改进操作技术，提高劳动熟练程度和劳动效率，经常保持先进合理的定员水平。

（5）随着企业生产经营规模和产品结构的调整，及时分流人员和精减富余人员，消除窝工、浪费人力现象。

（6）按照定中有变、变中有定、又定又变、不断提高的原则搞好定员标准管理。

3. 定员的要求

（1）定员要按照先进合理的原则。既要考虑到现实的技术组织条件，又要充分挖掘劳动潜力，尽量应用先进工艺技术，改善劳动组织和生产组织形式；既保证满足生产的需要，又避免人员的窝工浪费，尽量精简机构，减少不必要的人员，用提高生产效率和工作效率的办法来完成更多的任务。

（2）定员要能够正确处理各类人员之间的比例关系。要合理安排直接生产人员和非直接生产人员的比例关系，提高直接生产人员比重，降低非直接生产人员比重；要正确处理基本工人和辅助工人的比例关系，做到合理安排，配备适当，根据企业发展的需要和实际可能，正确规定人员比例；此外，随着科学技术的发展和企业经营管理要求的日益提高，企业中工程技术人员和管理人员比重逐步提高。

4. 定员工作的作用和任务

定员工作也是企业的一项基础管理工作。其主要作用是，用组织措施保证企业合理地配备人员，以达到节约人力、避免浪费、提高劳动生产率的目的。其具体表现是：它是企业编制劳动计划的依据；是调配劳动力、检查劳动力使用情况的依据；是改善劳动组织、遵守劳动纪律的必要保证。

企业定员的范围应该包括所有部门和岗位，即包括从事生产、技术、管理和服务工作的全部人员。与生产经营和职工生活无关的其他人员，或临时性生产和工作所需的人员，不能独立顶岗的学徒工不列入定员范围。定员工作包括确定企业总人数、各部门的人数、各岗位的人数、掌握各种技能的人员数，以及他们之间的比例关系。企业员工一般分为：①从事生产和技术工作的人员，为直接生产人员。②从事管理和服务工作的人员，为非直接生产人员。

传统的观点认为非直接生产人员比例不能太大，随着科技的发展、生产自动化水平的提高，辅助生产工人的比例和非直接生产人员的比例呈不断上升趋势。

总之，要从实际出发，服从企业生产经营活动的客观需要，既要做到合理分工发挥工人专长，又要避免分工过细而造成的人力资源利用不足现象。在机构设置方面，要求机构精简，管理层次少，做到人有其事，事有其责，杜绝互相推诿，提高办事效率。

5. 定员的编制方法

定员工作要求做到先进合理，要符合高效率、满负荷、充分利用工时的原则。定员计算的基本原理是按生产工作量确定人数，劳动定额作为计算工作量的标准，在定员计算中起着重要作用。因此，只要是有劳动定额的岗位都应该考虑使用劳动定额资料来定编。下面介绍的几种方法都是以劳动定额为基础的。

（1）时间定额定员。由于不同工种不同加工对象之间不能直接比较，而时间定额是最通用的劳动消耗标准，不同工种和对象的劳动量换算成时间量就能比较了。用时间定额可以计算企业所有的基本生产工人的定员数。

（2）产量定额定员。这种方法的计算公式与时间定额法基本相同，只是生产任务和工人的定额任务用产量定额表示。此方法有较大的局限性，只适用于劳动对象单一的场合。

（3）看管定额定员。看管定额定员是指根据机器数量、开动的班次和工人看管定额计算定员人数。这种方法比较简单，适合于实施多机床看管的企业。对于实行一人一机的劳动组织方式的企业，采用这种方法不一定合理。

（4）岗位定员。岗位定员是指根据工作岗位的数量、岗位的工作量、操作人员的劳动效率、劳动班次和出勤率等因素计算定员人数。按岗定员的方法与生产量无直接关系，与生产类型有关，它适合大型联动装置的企业，如发电厂、炼油厂、炼钢厂等，也适合于无法计算劳动定额的工种和人员。

（5）比例定员。比例定员是指按企业职工总人数或某一类人员的总人数的某个比例计算出其他人员的定员人数。企业中的卫生保健人员、炊事人员、某些辅助工人可以采用此法定员，使用的比例数是经验数据，可以用工作抽样方法分析比例数的准确性。

（6）业务分工定员。业务分工定员是指根据组织机构、职务岗位的工作种类和工作量来确定人数。这种方法定性成分很大，主要适用于管理人员和工程技术人员的定员。

企业的编制定员是企业人员数量及其构成的基本标准，是相对稳定的劳动人事资料，企业不可能经常进行定编工作，有较长的稳定期。但是，企业的生产量在不同季节不同月份往往变动很大，为了保证任务和人力相匹配，在每个计划期（年计划和月计划）都需要做人员需求计划，以指导劳动力的余缺调整和补充。

6. 定员管理的原则

（1）因事设岗，即指在进行定员管理时，首先应该弄清楚企业要做的事，即工作量有多少，根据工作量的多少合理配备人员，应该以事定岗、以岗定人，而不能因人设岗。

（2）最少岗位数，即指岗位配置的目的是最大限度地提高职工的工作积极性和用工效率，应尽量避免职责不清和职责重复。如果岗位划分过细，会导致某些岗位工作量不饱满，增加了内部交易成本、降低了工作效率。

（3）人尽其才、人岗相宜，即指在定员管理过程中，应该充分考虑到现有职工的性别、文化程度、身体状况、技术水平等，合理使用劳动力，充分挖掘生产潜力，尽最大可能发挥每一个劳动者的生产积极性。

劳动定员管理简言之应该达到如下目标：实现人、岗、事三者之间的合理配置，以达到事得其人、人尽其才、人事相宜的目标，最终提高职工的整体素质和企业的用工效率与效益。

5.4 学习效应与规模经济

5.4.1 学习效应

学习效应是随着累积生产量的增加，由一定规律引起的单位劳动时间减少或单位生产成本减少的现象。

虽然学习效应可以带来生产成本的减少，但是没有一定的努力就没有效果。

我们要测量学习效应时,必须考虑物价变动的问题,注意以学习效应得到的效果有可能因物价上涨而消失。因此测量学习效应时首先衡量物质单位(使用机器的时间,直接劳动时间)或不变货币价值,排除物价变动带来的一些变化。

1. 学习效应的含义

学习效应是指企业的工人、技术人员、经理等人员在长期生产过程中,可以积累产品生产、技术设计以及管理工作经验,从而通过增加产量使长期平均成本下降的事实。如果产品在市场上的销售价格不变,单位产品成本下降,单位产品利润提高,可以刺激企业扩大产品生产规模,增加市场供给。学习效应通常用学习曲线来表示。学习曲线所描述的是企业累积性产品产量与每一单位产量所需要投入要素数量之间的关系。

图 5-3 描述的是某工厂工人学习曲线图。横坐标表示累积加工的产品数量,纵坐标表示单位产品直接工时。

学习曲线表达式为

$$T_n = T_1 \cdot n^b$$

式中,$b = \dfrac{\lg r}{\lg 2}$;r 为学习率。

2. 学习效应的内容

学习效应描述的是企业的累积性产品产量与所生产每一单位产品产量所需要的投入物数量之间的关系。图 5-4 描述的是某化工厂累积性化工产品批量(每一批产品数量是相等的,如每一批产品都是 100 吨)与每一批产品所需的劳动投入量之间的关系。横坐标表示累积性化工产品批量,纵坐标表示每批产品所需的劳动投入量。

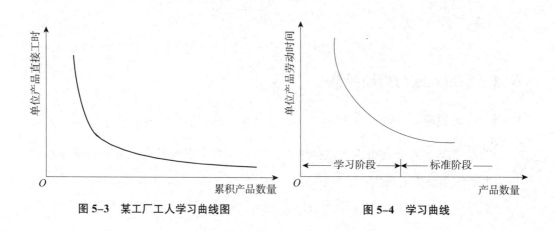

图 5-3　某工厂工人学习曲线图　　　　　图 5-4　学习曲线

图 5-4 为学习曲线，可以看出随着产品批量的累积性增加，随后的每批产品所需的劳动投入量在相当大的范围内呈下降趋势。由于学习效应，单位产品劳动投入量的下降必然导致产品长期平均成本的下降。当学习效应完全实现后，学习效应与横坐标轴相平行。学习效应可以由如下关系式表示：$V=a+bN-\beta$，式中，V表示每一批产品所需要的劳动投入量，N 表示累积性产品批量，a，b，β 为参数。a 与 b 为正的数值，β 大于 0，小于 1。当 N 等于 1 时，要素投入等于 $a+b$，这时，$a+b$ 测度生产第一批产出所需要的要素投入。如果 β 等于 0，随着累积性产品批量的增加，每单位产出所需要的要素投入保持不变，表示不存在学习效应。

当企业生产多批产品之后，学习效应有可能全部实现。一旦学习效应全部实现，就可以使用常用的成本分析方法进行成本分析。如果企业生产所采取的是比较新的生产过程，那么较低产出水平下的相对高的成本以及较高产出水平下的相对低的成本表示存在学习效应，而不存在规模报酬递增。如果某种产品的生产过程存在学习效应，对于一个成熟的企业来说，不管其生产的规模如何，生产成本都相对较低。如果一个进行批量生产的企业知道在自己产品的生产中存在规模报酬递增，那么该企业将扩大规模进行大规模的生产以便降低产品生产的成本。如果存在学习效应，企业将通过增加产品生产的批量降低产品成本。图 5-5 对学习效应与规模报酬递增的情况进行了比较。

图 5-5 中，LAC_1 表示具有规模报酬递增的某一企业的长期平均成本曲线。如果存在学习效应，学习效应将使得长期平均成本曲线向下移动，从 LAC_1 移到 LAC_2。生产中沿着曲线 LAC_1，从点 A 移动到点 B 所表示的长期平均成本的降低是规模报酬递增所引起的，由曲线 LAC_1 上点 A 到曲线 LAC_2 上点 C 的移动是由学习效应所引起的。

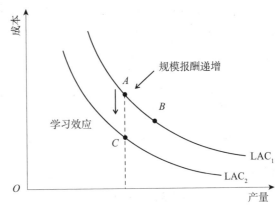

图 5-5　学习效应与规模报酬递增

3. 学习效应的类型

（1）个人学习是指当一个人重复地制作某一产品时，由于动作逐渐熟练，或者逐渐摸索到一些更有效的作业方法，制作一件产品所需的工作时间（即直接劳动时间）会随着产品累积数量的增加而减少。

（2）组织学习是指管理方面的学习，指一个企业在产品设计、工艺设计、自动化水平提高、生产组织以及其他资本投资等方面的经验累积过程，也是一个不断改进管理方法，提高人员作业效率的过程。比如图5-5所示的学习曲线，既可以是组织学习的结果，也可以是个人学习的结果，还可以是两种学习结果的叠加。

5.4.2 规模经济

1. 规模经济的含义

大规模生产催生的经济效益简称规模经济（economies of scale），是指在一定产量范围内，随着产量增加，平均成本不断降低的事实。规模经济是由于在一定的产量范围内，固定成本可以认为变化不大，那么新增的产品就可以分担更多的固定成本，从而使平均成本（单位成本）下降。

人们根据生产力因素数量组合方式变化规律的要求，自觉地选择和控制生产规模，求得生产量的增加和成本的降低，而取得最佳经济效益。规模经济或生产力规模的经济性，就是确定最佳生产规模的问题。

2. 规模经济的分类

规模经济的分类方法很多，如按规模经济来源不同，可以分为内部规模经济、外部规模经济和聚集规模经济。其中，聚集规模经济是指生产的产品虽然不同，但在某一环节却有共同指向的多个工厂、多家企业聚集而产生的某些经济效益。严格来说，这种聚集规模经济本身也是一种外部经济效益。

3. 规模经济的成因

（1）专业化。从亚当·斯密的著作开始，人们认识到分工可以提高效率。规模越大的企业，其分工也必然是更详细的；但是根据杨小凯所述，亚当·斯密强调的是分工而非规模，规模经济来自马歇尔的新古典经济学理论，与亚当·斯密的古典经济学是相互矛盾的论述。

（2）学习效应。随着产量的增加，工人可以使熟练程度增加，提高效率。

（3）可以有效地承担研发费用等。

（4）运输、采购原材料等方面存在的经济性。

（5）价格谈判上的强势地位。

4. 规模经济的主要类型

（1）内部规模经济。内部规模经济指一经济实体在规模变化时由自己内部所引起的收益增加。

（2）外部规模经济。外部规模经济指整个行业（生产部门）规模变化而使个别经济实体的收益增加。如：行业规模扩大后，可降低整个行业内各公司、企业的生产成本，使之获得相应收益。

（3）结构规模经济。各种不同规模经济实体之间的联系和配比，形成一定的规模结构经济：企业规模结构、经济联合体规模结构、城乡规模结构等。

5. 制约规模经济的因素

（1）自然条件，如石油储量决定油田规模。

（2）物质技术装备，如化工设备和装置能力影响化工企业的规模。

（3）社会经济条件，如资金、市场、劳力、运输、专业化协作对企业规模的影响。

（4）社会政治历史条件等。

在经济实体规模扩大时，产量的增加比例小于投入要素的增加比例，收益递减，就是规模不经济。在市场经济中，生产经营者总是追求规模经济，避免规模不经济。追求规模经济，研究取得最佳经济效益的合理规模及其制约因素和各种不同经济规模之间相互联系和配比，揭示经济规模结构的发展趋势，寻求建立最佳规模结构的主要原则和对策，对于发展社会生产力具有极为重要的意义。

6. 规模不经济

波特在《竞争优势》一书中提到，规模大到一定程度将会产生规模不经济，如工厂员工过多会产生强大的工会，将会使劳工成本上升，而且规模大时管理费用也要增加。在一些行业，如高档时装，因为稀缺才贵，规模就不经济了。

5.4.3 学习效应如何影响规模经济

在成倍地制造一种产品过程中，人们常常观察到连续生产一个单位产量所要求的资源（投入要素）数量是随着累积产量的增加而递减的。投入要素以及相关成本的这种递减就称为学习效应，这种学习现象在劳动投入要素和成本中最为常见。

随着生产产品单位数量的增加，得到一个单位产出量所必要的劳动小时数会因一系列原因而下降，这些因素包括：工人和工长对工作任务的熟悉程度提高，工作方法和工作流程的改进，废品和重复工作数量的减少，以及随着工作重复次数的增多对技术工人需要的减少等。

如果随着工人对生产过程越来越熟悉，废品和浪费越来越少，那么单位原材料成本也会形成学习效应。但并非所有的投入要素及相关成本都存在学习过程。例如，单位运输成本一般不会随产量的持续增加而下降。给予这种关系的其他名称包括干中学、进步曲线、经验曲线和改进曲线等。

学习曲线关系可写成 $C=aQ^b$，式中的 C 为第 Q 个单位的投入成本。

两边取（自然）对数，我们得到 $\lg C=\lg a+b\lg Q$。系数 b 说明学习效应的大小。

如果 $b=0$，那么成本不变。

如果 $b>0$，那么成本随产量上升而上升，这种情况与学习效应相反。

如果 $b<0$，那么成本随产量上升而下降，这种情况就是学习效应。

5.4.4 学习效应的应用

学习效应的应用体现在以下几方面。

1. 规划运营能力

如果企业在规划运营能力时，考虑了学习效应，就可以避免过多的富余能力。如果企业在制订生产计划时，考虑了学习效应，就可以使企业更科学地预测未来的生产能力，估计成本和编制预算。

2. 制定劳动定额

科学地制定劳动定额是学习效应的直接应用。劳动定额是指在一定的生产和技术条件下，生产单位产品或完成一定工作量应该消耗的劳动量标准或在单位时间内生产产品或完成工作量的标准，一般用劳动或工作时间来表示。只有充分考虑学习效应，才能制定出先进合理的劳动定额。

3. 控制工程进度

利用学习曲线可以估计生产周期，进而帮助企业制订相应的生产计划和安排作业进度。

4. 新产品定价

当新产品的工艺过程与某类产品的工艺过程相同或相似时，可利用这类产品的学习率来估计新产品的生产周期，估算直接劳动成本，从而为新产品的定价提供依据。

5. 采购谈判

对于大型设备的采购，供货商总会提出工程造价。其中，直接劳动时间是一个组成部分，学习效应为降低报价提供了依据，使采购商在谈判中处于主动地位。对供货商来说，则可以确定招标底价。

总之，利用学习效应，有助于公司运营战略的实施，如运营能力、进度、价格和成本控制等。

5.4.5 应用学习效应的注意事项

根据学习效应的表达式，对产品结构复杂、手工作业占比大、加工数量小的作业，学习效应较为明显；反之，学习效应则不显著。这是在应用学习效应时要首先注意的事项。

在应用学习效应时，还应注意新产品、新工艺或新设备的投入对学习效应的影响和作用。此时，作业时间会有一个大幅度的增加。

此外，学习曲线使用不当也会带来风险。环境变化中的不可测因素有可能影响学习规律，如果管理人员忽视环境动态变化的特性，就可能给企业带来损失。

5.5 流水线设计与优化

5.5.1 流水生产线及其基本特征

流水生产线是按照产品（零部件）生产的工艺顺序布置工作地，使产品（零部件）连续地、协调地、均衡地在各个工作地进行加工或装配，直到生产出成品的一种先进生产组织形式。所谓工作地，就是由工人在不重新调整设备的情况下，对劳动对象连续进行加工的场所。

流水生产线是典型的布置方式，具有以下四个基本特征。

（1）工作地的专业化程度高。在流水生产线上固定地生产一种或少数几种产品。

（2）工作地按工艺顺序排列，劳动对象在工作地之间做单向移动。工序是指工人在工作地上对劳动对象进行加工的过程。

（3）各个工作地的加工时间相等或成简单的倍数关系。

（4）按统一的节拍进行生产。节拍是指相邻两件产品的出产时间间隔。节拍不同于生产周期。生产周期是产品从投入到产出的全部时间间隔。节拍与生产周期的区别如图 5-6 所示。

流水生产线的上述特征，决定了它有以下优点。

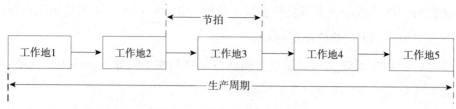

图 5-6 节拍与生产周期的区别

（1）整个生产过程是连续、协调和均衡的。连续性，是指劳动对象始终处于运动状态，不是在加工中，就是在检验、运输中，没有或很少发生各种不必要的停顿或等待现象。平行性是连续性的一种有效条件，能进行平行作业的就尽可能地组织平行作业。协调性又叫比例性，是指各个生产过程在生产能力上保持适合产品生产要求的相应比例关系。均衡性又叫节奏性，是指在规定的时期内出产相等或递增数量的产品，而不是忙闲不均。

（2）有利于机器设备和人力充分发挥作用。

（3）最大限度地缩短生产周期。

（4）缩短运输路线，工序间的在制品数量很少。

（5）工作地专业化程度高，便于采用专业设备、工具，有利于提高劳动生产率。

总之，流水生产线能满足合理组织生产过程的要求，使企业许多技术经济指标得到改善。

红旗轿车在大多数中国人心目中，饱含着深深的民族情感。它是中国轿车工业的开端，也是中国自主、自强民族精神的体现。红旗将突出"新高尚""新精致""新情怀"的理念，把中国优秀文化和世界先进文化、现代时尚设计、前沿科学技术、精细情感体验深度融合，打造卓越产品和服务。

红旗的口号叫作"让理想飞扬"。红旗之所以敢喊出这样的口号，原因在于其拥有先进的生产线、详尽的测试规范和孜孜不倦的红旗人。飞扬的理想背后是坚实的技术积累和无数工匠夜以继日研究出的结果。对于红旗来说，形势从来没有像这样好过，全新的产品带来了节节攀升的销量，一个全新的良性循环正发生在这家中国老牌的自主品牌身上。

5.5.2 流水生产线组织设计

1. 组织流水生产线的条件

（1）产品的结构和工艺相对稳定。产品的结构和工艺的先进性是稳定性的前提。产品的结构和工艺落后，很快被淘汰，所组成的流水生产线也将随之淘汰，形成浪费。

（2）有足够大的产量需求。只有产量足够大，才能保证流水生产线各工作地有充分的负荷。

（3）能把产品加工过程细分成若干作业单元。流水生产线各工作地的时间定额应与流水生产线的节拍相等或成简单的倍数关系。要达到这一要求，产品加工过程必须能够细分成若干作业单元。

2. 流水生产线的平衡

流水生产线的平衡，又叫工序同期化，是指通过各种可能的技术、组织措施来调整各工作地的单件作业时间，使它们等于流水线的节拍或者与流水线节拍成倍比关系，以便增加工作地负荷。

1）计算流水生产线的节拍

流水生产线节拍的计算公式为

$$\mathrm{CT} = \frac{\mathrm{OT}}{D} \qquad (5\text{-}14)$$

式中，CT 为流水生产线的节拍；OT 为计划期内有效作业时间；D 为计划期内产量。

有效作业时间是计划生产的时间，是指制度工作时间减去必要的停歇时间。

计划期内产量包括计划产量和预计的废品量。

2）计算最少工作地数

最少工作地数的计算公式为

$$N_{\min} = \left\lceil \frac{\sum_{i=1}^{n} t_i}{\mathrm{CT}} \right\rceil \qquad (5\text{-}15)$$

式中，$N_{\min}$ 为最少工作地数；t_i 为第 i 项作业的加工时间；CT 为流水生产线的节拍。

3）分配作业单元

分配作业单元即把细分后的作业单元分配到各个工作地。分配原则有以下两个。

（1）所有的先行作业单元已经分配完毕。

（2）该作业单元的加工时间不能超过该工作地的剩余时间。

当不止一个作业单元满足分配条件时，可采用两种优先准则进行挑选：加工时间长的优先；后续作业数多的优先。

4）流水生产线的效率测评

流水生产线的效率就是工作地时间的利用效率，计算公式为

$$效率 = \frac{\sum_{i=1}^{n} t_i}{N_{\min} \times CT} \quad (5-16)$$

例 5-2 图 5-7 所示是加工一种电动毛绒玩具的工艺流程图，共有 5 项作业。其中的每项作业是对加工过程进行细分的结果。根据市场预测，对这种产品的需求呈现大幅增长的趋势，每天的订单达到 900 只。为此，企业准备采用流水线生产这种产品。工作制度为两班制，每班工作 8 小时，每班有 20 分钟的休息时间。已知生产线的废品率为 2.2%。试根据上述条件进行流水生产线的平衡。

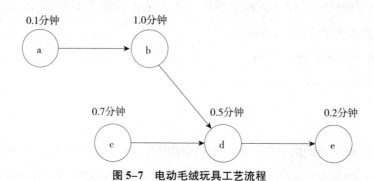

图 5-7 电动毛绒玩具工艺流程

解：

（1）计算节拍。

根据式（5-14），有

$$CT = \frac{OT}{D} = \frac{2 \times 8 \times 60 - 2 \times 20}{\frac{900}{1 - 2.2\%}} \approx 1$$

即节拍约为 1 分钟。

（2）计算最少工作地数。

根据式（5-15），有

$$N_{\min} = \frac{\sum_{i=1}^{n} t_i}{CT} = \frac{0.1 + 1.0 + 0.7 + 0.5 + 0.2}{1} = 2.5$$

向上取整，得到最少工作地数为 3。

（3）流水生产线平衡。按照作业单元的分配原则，并且当有两个可供分配的作业单元时，首先分配后续作业数多的作业单元。分配结果如表 5-11 所示。

表 5-11 作业单元分配结果表

工作地编号	剩余时间	可供分配的作业单元	实际分配的作业单元	修正的剩余时间	工作地的闲置时间
1	1.0 0.9 0.2	a, c c 无	a c 无	0.9 0.2	0.2
2	1.0	b	b	0.0	0.0
3	1.0 0.5 0.3	d e 无	d e 无	0.5 0.3	0.3
合计					0.5

（4）流水生产线的效率测评。

根据式（5-16），有

$$效率 = \frac{\sum_{i=1}^{n} t_i}{N_{\min} \times \mathrm{CT}} = \frac{2.5}{3 \times 1} \approx 83.3\%$$

进行工序同期化的措施有以下几个。

（1）提高设备的生产效率。可以通过改装设备、改变设备型号、同时加工几个制件来提高生产效率。

（2）改进工艺装备。快速安装卡具、模具，减少装夹零件的辅助时间。

（3）改进工作地布置与操作方法，减少辅助作业时间。

（4）提高工人对精益流水线工作熟练程度和效率。

（5）详细地进行工序的合并与分解。首先将工序分成几部分，然后根据节拍重新组合工序，以达到同期化的要求，这是装配工序同期化的主要方法。

企业应根据本身的实际情况进行流水线的设计，所设计的流水线应符合企业的生产要求，能给企业带来良好的经济效益。否则，就必须对流水线进行适当的调整、重新设计或直接淘汰。

5.5.3 流水线优化

在流水线平衡的基础上，可以通过作业单元细分进行流水线优化。细分作业单元可克服某些作业单元时间过长而对节拍的限制，为缩短节拍提供了可能。细分作业单元可以重新组织工作地，使得减少工作地数成为可能。下面介绍如何通过缩短节拍来提高流水生产线效率，通过减少实际工作地数来提高流水生产线效率的情况与此类似。

对例 5-2 的加工过程，如果工艺条件许可，可把第二项作业单元再细分成两个部分，即 b_1 和 b_2，其作业时间分别为 0.1 分钟和 0.9 分钟。那么，节拍就有了缩短的可能。在实际中，就可以在维持工作时间的同时，扩大产量，或在产量保持不变的情况下，缩短工作时间。如果节拍更新为 0.9 分钟，此时，实际最少工作地数仍为 3 个。更新后的工艺流程及作业单元分配情况如图 5-8 所示。

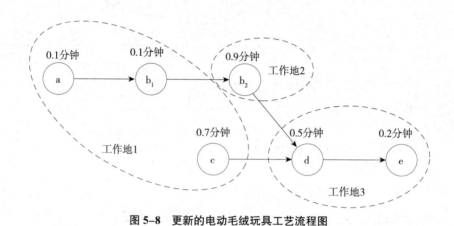

图 5-8　更新的电动毛绒玩具工艺流程图

容易算出平衡后的流水生产线的效率为

$$效率 = \frac{\sum_{i=1}^{n} t_i}{N_{\min} \times CT} = \frac{2.5}{3 \times 0.9} \approx 92.6\%$$

较原来的效率有显著提高。

值得注意的是：在细分作业单元和重新组织工作地时，应满足工艺技术条件。例如，在制药行业，为防止染菌，多数作业就不能细分成更小的作业单元。再如，打磨人造石和刷漆这两个作业单元就不能分配到同一个工作地。

本章小结

本章对工作研究及运营能力规划进行了系统的阐述，工作研究是指在既定的条件下，运用系统分析的方法研究资源的更加合理利用，把作业中不合理、不经济、混乱的因素排除，寻求一种更佳、更经济的工作方法以提高系统的生产率。应重点掌握工作研究和工作设计的概念和基本内容；了解工作研究的各种方法以及如何进行改进，掌握工作设计中的社会技术理论和行为理论；熟悉如何测算运营系统的运营能力和生产能力。熟悉学习效应的概念和规模经济之间的关系；了解流水生产线平衡的概念，并可以较为熟练地进行流水生产线的平衡与优化，并理解其中效率的概念及意义。

即测即练

五问复盘

1. 工作研究实施的基本步骤有哪些？
2. 方法研究和时间研究有何关系？
3. 如何理解学习效应？学习效应在企业中有什么应用？
4. 规模经济如何进行计算？
5. 工序同期化的基本思路是什么？

思维转变

通过网络收集信息，简述某一产品如何完成工序同期化。

实践链接

第三篇 运营系统组织与控制

第 6 章 运营系统计划

 学习目标

> 知识目标：

1. 了解需求预测的目的和方法。
2. 理解计划体系的内容。
3. 掌握制造业生产计划内容和制订方法。
4. 掌握服务业生产计划内容和制订方法。

> 能力目标：

1. 学会制订制造业生产计划。
2. 学会制订服务业生产计划。

> 思政目标：

1. 通过需求预测的学习，引导学生了解提高需求预测准确度对新冠肺炎疫情防控产生的作用，促进学生对"凡事预则立，不预则废"这一古训的理解和接受。

2. 合理制订生产服务计划，提高生产服务效率，降低运作成本，提高竞争力，形成按计划做事、节约社会资源的行为作风。

思维导图

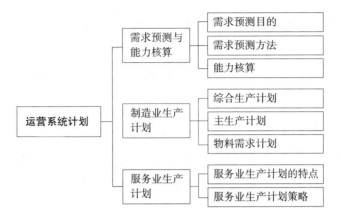

案例导入

服务业生产计划——沃尔玛案例

沃尔玛公司是全美零售业务年销售收入居第一的著名企业，素以精确掌握市场、快速传递商品和最好地满足顾客需要著称。这家公司提供四种不同概念的零售方式：沃尔玛折扣店、购物广场、社区店和山姆会员商店。沃尔玛拥有完整的物流系统，它坚持使用自己的车队和自己的司机，以保持灵活地为一线商店提供最好的服务。除了配送中心外，沃尔玛投资最多的是电子信息系统。其电子信息系统是全美最大的民用系统，甚至超过了美国电报电话公司。它是第一个发射和使用自有通信卫星的零售公司。电子信息系统可以帮助沃尔玛协同计划、预测和补货，通过全盘管理、网络化运营的方式来管理供应链的贸易伙伴，并帮沃尔玛建立起一套针对每件产品的短期预测方法，用以指导订货。这种由相互协商确定的短期预测成为改进需求管理的动力，实现了对供给和库存水平的更好控制。

问题：

1. 沃尔玛涉及哪些有关生产计划的问题？
2. 沃尔玛需求预测与生产性企业有何不同？

本章分别介绍了制造业和服务业的生产计划，制造业的生产计划包含综合生产计划、主生产计划、物料需求计划以及 ERP，服务业的生产计划包含服务系统以及人员排班计划。另外介绍了需求预测的定性和定量方法以及如何判断误差和进行监控。

6.1 需求预测与能力核算

预测是对未来可能发生情况的预计与推测。需求预测是考虑市场各种影响因素对未来的产品或服务需求进一步进行估计与推测。需求预测为企业生产经营决策提供产品和服务的需求信息，是编制生产计划的依据。准确的需求预测可以保证生产计划的准确性。

一般需求预测的基本步骤为明确预测目的，收集和审核资料，选择预测模型和方法进行预测，监控、分析预测误差，改进预测模型，提出预测结果。对于预测方法，在此主要从需求预测的角度介绍常用的需求预测方法及误差监控方法。

6.1.1 需求预测目的

需求预测的目的在于通过充分利用现在和过去的历史数据、考虑未来各种影响因素，结合本企业的实际情况，采用合适的科学分析方法，提出切合实际的需求目标，从而制订需求计划，指导原材料或商品订货、库存控制、必要设施的配合等企业物流工作的开展。需求预测与企业生产经营活动关系最紧密。

6.1.2 需求预测方法

需求预测方法大致分为定性预测方法和定量预测方法。定性预测方法又称主观预测方法，是指预测者依靠熟悉业务知识、具有丰富经验和综合分析能力的人员与专家，根据已掌握的销售历史资料和直观资料，考虑各种影响需求的因素，对未来需求的发展趋势与变化作出性质和程度上的判断，然后再通过一定的形式综合各方面的意见与判断预测未来需求。定量预测方法是指根据以往比较完整的历史统计资料，运用各种数学模型对市场未来发展趋势作出定量的计算，求得预测结果。定量预测方法有助于在定性分析的基础上帮助企业更正确地进行决策。

1. 定性预测方法

1）德尔菲法

德尔菲法是 1946 年兰德公司创造并使用的，也称专家调查法，具体内容是，采用通信方式分别将所需解决的问题单独发送到各个专家手中，征询意见，然后回收汇总全部专家的意见，并整理出综合意见；随后将该综合意见和预测问题再分别反馈给专家，再次征询意见，各专家依据综合意见修改自己原有的意见，然后再汇总。这样多次反复，逐步取得比较一致的预测结果。

德尔菲法依据系统的程序，采用匿名发表意见的方式，即专家之间不得互相讨论，不发生横向联系，只能与调查人员发生关系，通过多轮次调查专家对问卷所提问题的看法，经过反复征询、归纳、修改，最后汇总成专家基本一致的看法，作为预测的结果。这种方法具有广泛的代表性，较为可靠。

德尔菲法预测的步骤有：①设计调查问卷。②选择调查专家。③征询专家意见。④综合归纳分析结果，再反复进行调查。⑤得出预测结论。预测过程如图6-1所示。

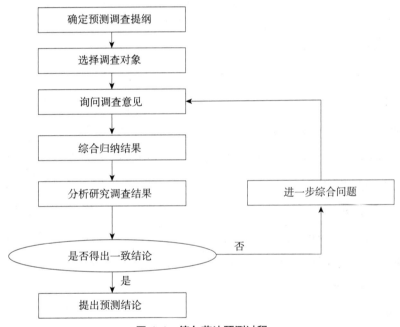

图6-1 德尔菲法预测过程

德尔菲法的特点有：①匿名性。采用匿名或背靠背的方式，能使每一位专家独立自由地作出自己的判断。②反馈性。预测结果一般是在多次调查、不断反馈、反复综合整理、归纳和修正基础上形成的，给专家提供充分反馈意见的机会。③统计性。对各位专家的估计或预测数值进行统计处理得到预测结果。

德尔菲法通常在采集数据成本太高或不便进行技术分析时采用，而且适用于对长期趋势和新产品的预测。它的主要优点是能充分发挥各位专家的作用，集思广益，准确性高；能把各位专家意见的分歧点表达出来，取各家之长，避各家之短。其缺点是专家的选择没有明确的标准，预测责任分散，对于分地区的顾客群或产品的预测不可靠。

2）用户调查法

当对新产品或缺乏销售记载的产品的需求进行预测时，常常使用用户调查法。销售人员通过信函、电话或者访问的方式对现实的或潜在的顾客进行调查，了解他们对本企业产品相关的产品及其特征的期望，再考虑本企业产品的可能市场占有率，然后对各种信息进行综合整理，即可得到所需的预测结果。该方法优点是：①预测来源于顾客期望，较好地反映了市场需求情况。②可以了解顾客对产品优缺点的看法，也可以了解一些顾客不购买这种产品的原因，有利于改进完善产品、开发新产品和有针对性地开展促销活动。缺点是：①很难获得顾客的通力合作。②顾客期望不等于实际购买，而且其期望容易发生变化。③由于对顾客知之不多，调查时需耗费较多的人力和时间。

3）部门主管讨论法

部门主管讨论法是一些高层管理人员，如营销部门、生产运作部门、财务部门等的管理人员，聚集在一起进行集体讨论，对产品需求作出预测。这种方法的优点是：①预测简单、经济易行。②不需要准备和统计历史资料。③汇集了各主管的丰富经验与聪明才智。④如果市场情况发生变化，可以立即进行修正。缺点是：①个别人的观点可能左右其他人的意见。②预测的责任分散，导致管理者发表意见过于草率。这种方法常用于制订长期规划以及开发新产品预测。这种方法应用的前提是参与预测的部门主管具有较高的知识水平、较丰富的经验以及对市场的洞察能力和分析能力。

4）销售人员集中法

销售人员集中法是根据每个销售人员对需求的预测情况进行综合得出预测结果的一种预测方法。预测时，首先让每个销售人员对自己负责的销售区域的产品销售额和总的市场需求量作出估计，其次把各销售区域人员的估计销售额汇总，就可得出企业产品的销售额和市场需求的预测结果。这种方法的优点是由于企业的市场销售人员直接接触经销商和顾客，一般知道消费者的购买计划，在进行产品销售预测时，用此方法往往能得出比较符合实际的预测结果。这种方法的缺点是容易受个人偏见的影响。另外，销售人员为了制订低要求的、易于实现的销售计划，可能瞒报需求。所以一般要对预测结果进行修正。

2. 定量预测方法

定量预测方法可以分为两大类：一类是因果分析法，一类是时间序列预测法。

因果关系法是利用变量（可以包括时间之间的相关关系），通过一种变量的变化来预测另一种变量的未来变化。常用的因果关系法是回归预测法。在回归预测中，多选定需要预测的变量（一般为需求率或需求额）为因变量，选择与因变量有密切关系、影响其变化的变量作为自变量（如价格），然后根据有关的历史统计数据，研究测定因变量与自变量之间的关系，根据这些变量之间的相互关系推断需求未来变化情况。回归预测法包括线性回归法、非线性回归法、一元回归法、多元回归法等，其中用途最为广泛的是一元线性回归法和多元线性回归法。

时间序列就是按一定的时间间隔，将几种观测变量的数据按时间先后顺序排列起来的数列。例如，每天、每周或每月的销售量按时间的先后所构成的序列。时间序列预测法就是通过对时间序列本身及其影响因素的分析找出变化规律，建立数学模型进行预测。它假定过去的数据和未来相关，然后以时间为独立变量，利用过去需求随时间变化的关系估计未来的需求。一个时间序列往往是在多种不同因素综合作用下形成的，通常可以把作用于时间序列的各种因素分为四类，即长期变动因素、季节变动因素、循环变动因素和随机变动因素。

6.1.3 能力核算

本章所指的能力是指生产企业的生产能力，生产能力核算是指对企业、车间、班组或设备在一定时期内的生产能力进行计算和确定，又称生产能力查定。具体来说，生产能力核算就是通过对人员数量、技术水平、固定资产三大因素的调查，在查清现状的基础上对这些因素加以确定，从而计算出企业的生产能力。其目的主要是帮助企业准确衡量生产能力，同时为生产计划和需求预测的准确性与可实现性提供科学依据。常见的生产能力核算方法如下：

1. 单一品种生产条件下生产能力核算

对于品种单一、批量大的企业，生产能力通常用产品的实物量表示，可以用设备组生产能力、作业场地生产能力的计算公式，对于流水线生产可以用节拍计算。

（1）设备组生产能力的计算。设备组生产能力 = 单位设备有效工作时间 × 设备数量 × 单位设备产量定额。

例 6-1 已知某企业只生产一种产品，设备组有机器 30 台，每台机器一个工作日的有效工作时间是 15 小时，每台机器每小时生产 80 件产品，求该设备组一个工作日的生产能力？

解：

设备组生产能力 =30×15×80=36 000（件）。

（2）作业场地生产能力计算。当生产能力取决于生产面积时，其公式为

$$\text{生产面积的生产能力} = \frac{\text{生产面积的有效利用时间} \times \text{生产面积数量}}{\text{单位产品占用生产面积}} \times \text{单位产品占用时间}$$

例 6-2 某车间生产某种产品，单位面积有效工作时间是每天 8 小时，车间生产面积是 1 000 平方米，每件产品占用生产面积 5 平方米，每生产一件产品占用时间为 2 小时，问该车间的生产能力多大？

解：

$$\text{该车间生产能力} = \frac{8 \times 1\,000}{5} \times 2 = 3\,200（件）$$

（3）流水生产线能力计算。在核定流水线的生产能力时，按流水线的有效工作时间和规定的节拍进行计算，其计算公式为

$$\text{流水线生产能力} = \frac{\text{流水线有限工作时间}}{\text{节拍}}$$

说明：节拍是指流水线上两件相同制成品生产的时间间隔。

例 6-3 某齿轮生产企业的流水线有效工作时间为每天 8 小时，流水线节拍为 5 分钟，求该企业流水线每天的生产能力？

解：

$$\text{该车间生产能力} = \frac{8 \times 60}{5} = 96（件）$$

2. 多品种生产条件下生产能力核算

（1）代表产品法。代表产品是指反映工厂专业方向并且产量大、劳动量大的产品，或者产量大、在结构与工艺上有代表性的产品。代表产品法生产能力核定的操作步骤如下。

①按照产品反映工厂专业方向、产量和耗费劳动量较大、工艺过程具有代表性的原则选择一款产品。

②将选出的产品按照单一品种生产能力的核算办法计算出该种产品的生产能力。

③分别计算其余产品与选出产品的换算系数。

$$换算系数 = \frac{其余产品的台时定额}{代表产品的台时}$$

④计算其余产品的计划数量并换算为代表产品时的数量，最后计算出产品的总数量。

其余产品换算后的产量 = 其余产品的计划产量 × 换算系数。

产品的总数量是不同品种产品的生产数量之和。

⑤计算各种产品的生产数量占总产量的比重，其计算公式为

$$比重 = \frac{各产品的生产数量}{总产量}$$

⑥计算出各种产品的生产能力，其计算公式为

$$产品生产能力 = \frac{代表产品的生产能力 \times 比重}{换算系数}$$

其中，代表产品的换算系数为1。

例6-4 某厂车床组有车床10台，每台车床全年的有效工作时间为3 800小时，车床组加工A、B、C、D四种结构和工艺相似的产品，计划产量分别为100台、50台、200台和80台，单位产品台时定额分别为90台、60台、80台和50台时，计算车床组的生产能力。

解：

选取计划产量最大的C为代表产品，按照以上步骤可生成表6-1。

表6-1 代表产品法确定生产能力

产品名称	生产计划	台时定额	换算系数	换算为代表产品产量	换算后产量比重	以代表产品表示的生产能力	换算为具体产品的生产能力
①	②	③	④=③/80	⑤=②×④	⑥=⑤/Σ⑤	⑦	⑧=⑦×⑥/④
A	100	90	1.125	112.5	0.281	3 800×10/80=475	118.64
B	50	60	0.75	37.5	0.094		59.53
C	200	80	1	200	0.5		237.5
D	80	50	0.625	50	0.125		95
总计	430	280		400	1	475	510.67

因此，该车床组A产品生产能力为118件，B产品生产能力为55件，C产品生产能力为237件，D产品生产能力为95件。

（2）假定产品法。使用条件为：当工厂生产的产品品种复杂且各种产品的工艺和加工劳动量相差巨大，难以确定工厂的代表产品时，采用假定产品法核定工厂的生产能力，操作步骤如下。

①计算假定产品的台时定额，其计算公式为

$$假定产品的台时定额 = \sum 具体产品台时定额 \times \frac{具体产品计划产量}{总产品计划产量}$$

②计算假定产品的生产能力，具体为使用单一品种生产能力的核算方法计算出假定产品的生产能力。

③计算各具体产品的生产能力，其计算公式为

$$各具体产品的生产能力 = 假定产品的生产能力 \times \frac{具体产品计划产量}{总产品计划产量}$$

例 6—5 某厂车床组有车床 10 台，每台车床全年有效工作时间为 4 400 小时，车床组加工 A、B、C、D 四种结构和工艺不相似的产品，计划产量分别为 750 台、600 台、1 200 台和 450 台，单位产品台时定额分别为 20 台、25 台、10 台和 40 台时，车床组的生产能力如何，能满足计划吗？

解：

选取计划产量最大的 C 为代表产品，并按照以上步骤可生成表 6-2。

表 6-2 假定产品法确定生产能力

产品名称	生产计划	各产品比重	台时定额	换算为代表产品产量	换算后产量比重	以假定产品表示的生产能力
①	②	③	④	⑤=③×④	⑥	⑦=⑥×③
A	750	25%	20	5	4 400×10/20=2 200	550
B	600	20%	25	5		440
C	1 200	40%	1	5		880
D	450	15%	0.625	4		330
总计	3 000	100%		20		2 200

因此，该车床组 A 产品生产能力为 550 件，B 产品生产能力为 440 件，C 产品生产能力为 880 件，D 产品生产能力为 450 件，不能满足计划。

3. 综合核定工厂的生产能力

（1）综合平衡生产环节。核定完各个生产车间（生产环节）的生产能力后，还要将它们进一步加以综合平衡。综合平衡工作主要包括以下三个方面。

①各个基本生产车间之间的能力综合。

②查明辅助生产部门的生产能力对基本生产部门的配合情况，并采取相应的措施。

③当各个生产车间（或生产环节）之间的能力不一致时，整个基本生产部门的生产能力通常按主导的生产环节来核定。

（2）确定主导环节。主导环节一般是指产品生产的主要工艺加工环节。

①当企业的主导生产环节同时有几个，且各个环节之间的能力不一致时，主要根据今后的市场需求量来核定它们的生产能力。

②如果该产品的需求量大，可以按较高能力的主导生产环节来定，其他能力不足的环节，可以组织外部生产协作或进行技术改造来解决。否则，就按薄弱环节的能力来核定。对于能力富余的环节，可以将多余的设备调出，或者可以长期接受外协订货。

需要注意的是，当基本生产部门的能力与辅助生产部门的能力不一致时，企业的综合生产能力应当按基本生产部门的能力来核定，但仍需要做好：①查定、验算辅助及附属部门的生产能力。如果辅助生产部门的能力低于基本生产部门的能力，就要采取措施提高其供应和服务能力，以保证基本生产部门的能力得到充分发挥。②采取相应措施，使富余的辅助生产能力得到充分利用。

6.2 制造业生产计划

从综合生产计划到主生产计划，再到物料需求计划和作业计划构成了完整的生产计划体系。追逐策略与平准策略是两种编制综合计划的基本策略。影响需求与调整生产能力是处理需求与生产能力这一对矛盾的两个途径。编制综合计划的数学方法使计划的制订更加科学、更加快捷。如果说综合计划的单位是虚拟的，那么主生产计划就具体到了每一规格或型号的产品，而且细到了每一月、每一句或每一周。待分配库存的计算为能否接收未来新的订单提供了依据。服务业有其特殊性，导致服务业综合计划的编制更为困难。

企业生产计划体系由运营能力规划、需求预测、综合生产计划、主生产计划、物料需求计划、作业计划等构成，是以生产过程中的信息反馈为基础的具有一定层次的复杂的系统。生产计划的层次关系如图6-2所示。

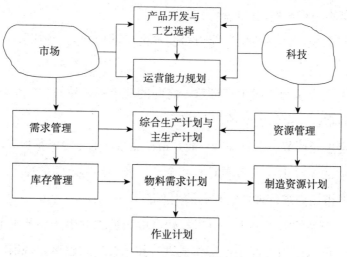

图 6-2 生产计划的层次关系

从图 6-2 中可以看出，企业首先根据市场和科技信息开发产品并选择工艺，然后根据所开发的产品对企业的运营能力作出规划，再结合需求管理和资源管理编制综合生产计划并把综合生产计划分解为主生产计划，在库存管理基础上制定物料需求计划，并把物料需求计划分解为作业计划。

ERP 系统通过引入全新的管理理念，以信息技术为基础，集成各项专业管理功能于一体。归纳起来，ERP 系统有以下四个特点。

（1）集功能之大成。ERP 系统把企业内部的各项专业管理职能集成于一体。

（2）可对市场作出快速响应。ERP 系统由于坚持了面向市场、面向销售的管理思路，借助最先进信息技术的应用，能够对市场作出快速响应。

（3）面向供应链。ERP 系统对供应链上的供应商、制造商、分销商、顾客等所有环节进行有效管理。

（4）适用范围广。ERP 系统不但适用于多品种小批量生产类型，还支持项目类型和大批量流水生产类型。

6.2.1 综合生产计划

1. 综合生产计划及其编制策略

1）综合生产计划的概念

这里"综合"的含义就是把企业的主要产品或服务归为一类，视为一种产品。例如：一家电动自行车厂根据其产品生产线的产能，下达了明年的综合计划：装配电动自行车 5 万辆。事实上，自行车是要分为不同类型和规格的。综合生产计划所指产品或服务在多数情况下是抽象的，实际中并不存在这样抽象的产品或服务。

综合生产计划是企业中长期生产计划，而未来的需求和生产能力都会发生变化，因此，在编制综合计划时，通常采用滚动模式。其具体方法如下。

（1）把整个计划期分为几个时间段，其中第一个时间段的计划为执行计划，后几个时间段的计划为预计计划。

（2）执行计划较具体，要求按计划实施。预计计划比较粗略。

（3）经过一个时间段，根据执行计划的实施情况以及企业内外条件的变化，对原来的计划作出调整与修改，原预计计划中的第一个时间段的计划就变成了执行计划。

2）编制综合生产计划的两种基本策略

需求与生产能力很少完全一致，有时还相差很大。企业在编制综合生产计划时，通常采取两种策略来应对需求的波动，即追逐策略和平准策略。

（1）追逐策略。追逐策略即在计划期内，通过调整生产能力来匹配需求。当需求变化时，通过雇用或解雇员工使生产能力与需求达到一致。这一策略成败的关键在于：当需求增加时，是否有一批容易培训、可供雇用的工人。

这种策略的优点是存货水平相对低。缺点是缺乏运营的稳定性。特点是当订单数量减少时，工人会有意放慢速度，因为他们害怕订单完成就会失去工作。

（2）平准策略。平准策略即在计划期内使生产能力保持相对稳定，通过库存的缓冲作用，提前或延迟交货来应对需求的波动。这种策略的最大优点是人员稳定、产出均衡。缺点是需求低于正常生产能力时，导致存货，资源利用不平衡。

2. 编制综合生产计划的方法

编制综合生产计划的方法有很多，如经验法、试算法、线性规划法和计算机仿真等。经验法是管理者根据过去的统计分析资料确定生产计划的方法。试算法是通过计算不同生产计划的成本来选择较好的方案的方法。线性规划法是通过建立线性规划模型，促进资源合理利用的有效方法。计算机仿真通常由计算机控制的生产系统来实现。以下介绍编制综合生产计划的数学方法。

1）线性规划方法

这种方法的思路是在需求和生产能力既定的前提下，如何合理安排各种生产方式来达到总费用最低。一般线性规划模型由以下三部分组成。

(1)决策变量。决策变量是指实际系统中有待确定的未知因素,也是指系统的可控因素。一般来说,这些因素对系统目标的实现和各项经济指标的完成起决定性作用,故称其为决策变量。如生产计划中产品的品种和数量等。

(2)目标函数。目标函数是系统目标的数学描述。线性规划的目标是利润最大、效率最高,或成本最低、消耗最低等。

(3)约束条件。约束条件是指实现系统目标的限制条件。其包括系统内部和外部两个方面的限制条件。如订单约束、生产能力约束、原材料能源约束、库存水平约束等。此外,决策变量还必然满足非负约束。

线性规划方法尤其适用于辅助生产多品种的企业制订生产计划。

例 6-1 某公司计划生产 4 种产品(分别设为 A、B、C、D)。这些产品分别由 5 个车间顺序加工而成。表 6-1 给出了该公司有关生产经营的数据。

表 6-1 企业生产经营数据

车间	单位产品工时定额				全年可用工时
	产品 A	产品 B	产品 C	产品 D	
1 车间	0.6	3	1	2	8 000
2 车间	0.6	1.2		1.0	4 000
3 车间	0.5	1.0	0.5	1.2	5 000
4 车间	0.4	2.0	0.3	1.2	4 500
5 车间	0.3	0.6	0.2	0.5	4 000
需求范围/件	4 000 ~ 6 000	≤ 500	1 500 ~ 3 000	100 ~ 1 000	
单件利润/元	400	1 000	500	600	

又已知产品 B 和 D 要使用一种进口的金属板,每件产品 B 和 D 对这种金属板的需求量分别为 1 平方米和 0.6 平方米。这种金属板的年度最大供应量为 1 000 平方米。

试根据上述条件制订下一年度的生产计划。

解:

(1)确定决策变量。

设 x_1、x_2、x_3 和 x_4 分别为 4 种产品的计划产量。

(2)目标函数。

根据表 6-1,可得目标函数

$Z\max = 400 \times x_1 + 1\,000 \times x_2 + 500 \times x_3 + 600 \times x_4$

（3）约束条件。

①需求方面的约束。

$x_1 \geq 4\,000$，$x_1 \leq 6\,000$；$x_2 \leq 500$；$x_3 \geq 1\,500$，$x_3 \leq 3\,000$；$x_4 \geq 100$，$x_4 \leq 1\,000$。

②计划期间可用工时的约束

1 车间：$0.6 \times x_1 + 3 \times x_2 + 1.0 \times x_3 + 2 \times x_4 \leq 8\,000$，

2 车间：$0.6 \times x_1 + 1.2 \times x_2 + 1.0 \times x_4 \leq 4\,000$，

3 车间：$0.5 \times x_1 + 1.0 \times x_2 + 0.5 \times x_3 + 1.2 \times x_4 \leq 5\,000$，

4 车间：$0.4 \times x_1 + 2.0 \times x_2 + 0.3 \times x_3 + 1.2 \times x_4 \leq 4\,500$，

5 车间：$0.3 \times x_1 + 0.6 \times x_2 + 0.2 \times x_3 + 0.5 \times x_4 \leq 4\,000$。

③进口金属板供应量约束。

$x_2 + 0.6 \times x_4 \leq 1\,000$。

④非负约束。

x_1、x_2、x_3、$x_4 \geq 0$

建立模型后，可手工计算求得最优解，对于复杂的模型，也可借助计算机软件求得最优解。就本例，通过计算机软件求解，可得

$x_1 = 5\,500$，$x_2 = 500$，$x_3 = 3\,000$，$x_4 = 100$。

此时，利润最大，为 4 260 000 元，即 426 万元。

2）表上作业法

对于约束条件较少的生产计划问题，可采用表上作业法求得最优解。表上作业法实际上是线性规划的一种特殊形式，这种方法简便易行、直观明了，广泛应用于编制企业计划。

生产计划图表法

综合生产计划的目标是使总成本最小。成本分为正常成本、加班成本、外协成本和库存持有费用。

（1）正常成本。正常成本是指在正常生产状况下的单位产品的生产成本，主要包括原辅材料费用、动力费用、直接人工和制造费用。

（2）加班成本。加班成本是指包括正常成本在内的、因在生产时间之外增加了劳动时间所发生的成本。

（3）外协成本。外协成本是指自制改为外协时，所支付的外协加工费和管理费等，对于短期的临时外协加工，其加工费可能大大高于企业的正常生产成本。

（4）库存持有费用。库存持有费用即库存产品的保管费用。包括保管产品所发生的材料费、动力费、人工费、制造费（如修理费、折旧费、短途运输费用等）、利息、保险费、因耗损所发生的费用、因库存占用资金所发生的机会成本等。

表上作业法的基本假设是：每一个计划期内正常生产能力、加班生产能力以及外协量均有一定限制；每一个计划期预测的需求量是已知的；全部成本都与产量为线性关系；不允许缺货。

在用表上作业法时，要标出生产方式、每一计划期的需求量、生产能力、初始库存量以及可能发生的成本。表6-2是表上作业法的规范用表。

表6-2 表上作业法编制综合生产计划的规范用表

项目			计划期				生产能力	
	计划期		1	2	3	4	未用	全部
	期初库存		0	h	$2h$	$3h$		I_0
计划期	1	正常生产	r	$r+h$	$r+2h$	$r+3h$		R_1
		加班生产	c	$c+h$	$c+2h$	$c+3h$		O_1
		外协	s	$s+h$	$s+2h$	$s+3h$		S_1
	2	正常生产	✕	r	$r+h$	$r+2h$		R_2
		加班生产	✕	c	$c+h$	$c+2h$		O_2
		外协	✕	s	$s+h$	$s+2h$		S_2
	3	正常生产	✕	✕	r	$r+h$		R_3
		加班生产	✕	✕	c	$c+h$		O_3
		外协	✕	✕	s	$s+h$		S_3
	4	正常生产	✕	✕	✕	r		R_4
		加班生产	✕	✕	✕	c		O_4
		外协	✕	✕	✕	s		S_4
	需求		D_1	D_2	D_3	D_4		

表6-2中，h为单位计划期内单位产品的持有费用；r为单位计划期单位产品的正常生产成本；c为单位计划期单位产品的加班生产成本；s为单位计划期单位

产品的外协成本；I_0 为计划期期初库存；R_i 为第 i 个计划期的正常生产能力；O_i 为第 i 个计划期的加班生产能力；S_i 为第 i 个计划期的外协生产能力；D_i 为第 i 个计划期的需求量。

表中每一行表示一个计划方案，如第一行表示期初库存，它可以用来满足 4 个单位计划期内任一期的需求。表中各列分别表示计划所覆盖的各单位计划期、各计划期未使用的生产能力和总生产能力。每一单元格右上角的数字表示包括生产成本和库存成本在内的单位产品成本。

虽然，成本最低的方案是当期生产，当期销售。但是，由于生产能力的限制，这一点并不是总能达到。表上作业法的具体步骤如下。

（1）将有关需求、生产能力以及成本的数据填入规范用表中。

（2）在规范用表中列出"未用生产能力"，在编制综合生产计划开始时，未用能力与可用能力相等。

（3）在第 1 列（即第 1 个单位计划期）寻找成本最低的单元，尽可能将生产任务分配到该单元，但不得超出单元所在行的生产能力和该列的需求。

（4）如果该列仍然有需求尚未满足，重复步骤（3），直至需求全部满足。

（5）在其后的各单位计划期重复步骤（3）、（4），注意在完成一列后再继续下一列。

使用原则：一行内各单元记入量的总和应等于该行的总生产能力，而一列内各单元记入量的总和应等于该列的需求。遵循这条原则才能保证生产任务未超过生产能力，并且全部需求得以满足。

例 6-2 星火文具有限公司生产各种文具，其中，包括近 10 种型号的手摇铅笔刀。就手摇铅笔刀，市场需求、生产能力和成本数据如表 6-3 所示。注意到每

表 6-3 星火文具有限公司需求预测、生产能力和成本数据表

项目		计划期			
		1	2	3	4
市场需求 / 个		60 000	43 000	65 000	50 000
生产能力 / 个	正常生产	50 000	45 000	45 000	45 000
	加班生产	10 000	9 000	9 000	9 000
	外协	3 000	3 000	3 000	3 000
单位成本 / 元	正常生产	10			
	加班生产	15			
	外协	19			
	单位持有费用	3			

年2月份春季学期和9月秋季学期开学前夕为文具需求旺季，所以第1季度和第3季度对手摇铅笔刀的需求较高。此外，由于第1季度容易招到临时工人，所以第1季度生产能力可以高于其他季度，这里假设可以达到50 000个的生产能力。如果星火文具有限公司下一年度手摇铅笔刀的期初库存为4 000个，期末库存预设为5 000个。试用表上作业法为该公司编制综合生产计划。

解：

根据表上作业法的操作步骤，得到表6-4的结果。

表6-4 星火文具有限公司综合生产计划计算表

项目			计划期				生产能力/千个	
计划期			1	2	3	4	未用	全部
期初库存			4 \[0\]	\[3\]	\[6\]	\[9\]	0	4
计划期	1	正常生产	50 \[10\]	\[13\]	\[16\]	\[19\]	0	50
		加班生产	6 \[15\]	\[18\]	\[21\]	\[24\]	4	10
		外协	\[19\]	\[22\]	\[25\]	\[28\]	3	3
	2	正常生产	✕	43 \[10\]	2 \[13\]	\[16\]	0	45
		加班生产	✕	\[15\]	9 \[18\]	\[21\]	0	9
		外协	✕	\[19\]	\[22\]	\[25\]	3	3
	3	正常生产	✕	✕	45 \[10\]	\[13\]	0	45
		加班生产	✕	✕	9 \[15\]	\[18\]	0	9
		外协	✕	✕	\[19\]	\[22\]	3	3
	4	正常生产	✕	✕	✕	45 \[10\]	0	45
		加班生产	✕	✕	✕	9 \[15\]	0	9
		外协	✕	✕	✕	1 \[19\]	2	3
市场需求/千个			60	43	65	55	15	238

根据表6-4可得到表6-5所示的该公司的综合生产计划表（草案）。

其中，周转库存计算如下：

第1季度：0=（4 000）+（50 000+6 000+0）−60 000（个）

表 6-5　星火文具有限公司综合生产计划表（草案）

项目＼计划期	1	2	3	4
正常生产 / 个	50 000	45 000	45 000	45 000
加班生产 / 个	6 000	9 000	9 000	9 000
外协 / 个	0	0	0	1 000
周转库存 / 个	0	11 000	0	5 000

第 2 季度：11 000=（0）+（45 000+9 000+0）-43 000（个）

第 3 季度：0=（11 000）+（45 000+9 000+0）-65 000（个）

第 4 季度：5 000=（0）+（45 000+9 000+1 000）-50 000（个）

该计划的总成本是各单元生产任务乘以单元单位成本之和，即

库存产品：250×0=0（千元）

第 1 季度：50×10+6×15=590（千元）

第 2 季度：43×10+2×13+9×18=618（千元）

第 3 季度：45×10+9×15=585（千元）

第 4 季度：45×10+9×15+1×19=604（千元）

总成本：2 397（千元）

该计划草案要提交首席运营官，由其根据明年可落实的资金情况，并在考虑关键人力资源及关键设备能力的前提下签发执行。值得注意的是，在确定主生产计划层次每一具体品种产品的产量和生产时期时，不但要考虑综合生产计划分解的结果，还要根据最新的市场需求和已落实的订单以及届时的库存和能力信息进行修正。

6.2.2 主生产计划

如前所述，多数情况下综合生产计划所指产品或服务是抽象的。实际中并不存在抽象的电动自行车，只存在不同规格的电动自行车。因此，要对综合生产计划进行分解。分解综合生产计划的结果是主生产计划（master production schedule，MPS）。

MPS 是指根据预期产品到达量、订货提前期和现有库存等因素而规定的计划期内必须完成的具体产品的数量和进度。MPS 的时间跨度为 2～3 个月，并按月进行更新。MPS 规定了每周（五日或每旬）的生产批量。制订 MPS 的目标是在满足订单需求的前提下，有效利用现有生产能力，以最低的成本按进度生产出最终产品。

1. 制订 MPS 的程序

图 6-3 给出了制订 MPS 的程序。

从图 6-3 中可以看出，制订 MPS 就是对综合计划的分解。而且，制订 MPS 是一个反复试算的过程。当一个方案制订出来以后，需要与所拥有的资源（如设备能力、人员、加班能力、外协能力等）进行对比。如果 MPS 超出了资源约束，就必须修改原有方案，直至得到符合资源约束条件的方案。如果经过反复试算和协调，资源条件仍不能满足计划要求，就需要增加资源，或者对综合计划作出修改。最后，把切实可行的 MPS 交由管理机构审批，形成并下达粗能力计划（rough-cut capacity planning，RCCP）。进一步分解 MPS，编制物料需求计划。

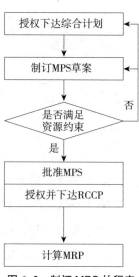

图 6-3 制订 MPS 的程序

2. MPS 的输入、计算逻辑与输出

1）MPS 的输入

MPS 的输入包括从综合生产计划分解出来的每一种产品的产量、修正的市场需求（包括已承诺的订单）、预期库存信息、生产能力等。

2）MPS 的计算逻辑

MPS 涉及期和量两个关键指标：生产批量和生产时期。生产批量可通过对经济生产批量进行修正得到。为确定生产时期，引入一个中间变量，即预期库存量（projected on-hand inventory，POH），其计算公式为

$$I_t = I_{t-1} + P_t - \max(F_t, CO_t) \tag{6-8}$$

式中，I_t 为第 t 期的预期库存量；I_{t-1} 为第 $(t-1)$ 期的预期库存量；P_t 为第 t 期的 MPS 生产量；F_t 为第 t 期的预测量；CO_t 为在第 t 期要发货的订单数量。

在式（6-8）中，之所以选择需求预测与顾客订单两者之间的较大者，就是为了使所编制的主生产计划能够满足未来可能到达的订单需求。

预期库存量是判断是否启动 MPS 的指标，一旦预期库存量变为负数，就启动 MPS。下面以星火文具有限公司某款手摇铅笔刀的主生产计划说明 MPS 的计算逻辑。

例 6-3 接例 6-2，星火文具有限公司生产的手摇铅笔刀中，有一款复仇者联盟手摇铅笔刀，是该公司的主打产品，占到手摇铅笔刀总产量的大约 20%。照此比例，该公司第 1 季度复仇者联盟手摇铅笔刀的总产品大约为 12 000=60 000×20%

（个）。在第1季度中，在春季学期开学的2月份需求最多，紧接着的3月份最少，1月份的需求则介于2月与3月之间。

该公司将根据上年10月底下达的综合生产计划，并根据最新的需求预测及已经落实的订单，编制复仇者联盟手摇铅笔刀1—3月三个月的主生产计划。

表6-6给出了该公司1—3月三个月复仇者联盟手摇铅笔刀的需求预测和订单数据，同时，给出了期初库存信息，即期初有1 000个的库存。又已知该公司这种铅笔刀是按照1 500个的经济批量进行生产的。

表6-6　星火文具有限公司复仇者联盟手摇铅笔刀1—3月份需求预测与顾客订单　　个

期初库存 1 000	1月				2月				3月			
	周次				周次				周次			
	1	2	3	4	5	6	7	8	9	10	11	12
需求预测	900	900	900	900	1 400	1 400	1 400	1 400	700	700	700	700
顾客订单	800	700	700	750	1 000	600	800	550	300	0	200	0

试根据已知信息编制星火文具有限公司复仇者联盟手摇铅笔刀1~3月三个月的主生产计划。

解：

根据式（6-8）可计算出各期的预期库存量，进而确定主生产计划的时期，即分别在第2、3、5、6、7、8、10、12周共8期启动主生产计划，见表6-7。

表6-7　星火文具有限公司复仇者联盟手摇铅笔刀各期预期库存量及主生产计划　　个

期初库存 1 000	1月				2月				3月			
	周次				周次				周次			
	1	2	3	4	5	6	7	8	9	10	11	12
需求预测	900	900	900	900	1 400	1 400	1 400	1 400	700	700	700	700
顾客订单	800	700	700	750	1 000	600	800	550	300	0	200	0
预期库存量	100	700	1 300	400	500	600	700	800	100	900	200	1 000
MPS量		1 500	1 500		1 500	1 500	1 500	1 500		1 500		1 500

从表6-7中还可以看出，在各主生产计划到达之前，会有数量不等的库存，而且这些库存中有些已经有订单关联，有些却没有订单关联。例如，期初的1 000

个库存中,有 800 个已经有订单关联,余下的 200 个却没有订单关联。这些没有订单关联的库存,会始终存在,除非在各主生产计划到达之前又接到新的订单。这种库存即待分配库存(available-to-promise,ATP)。从待分配库存的含义可以看出,只需计算第 1 周和启动了 MPS 那些周次的待分配库存。各期 ATP 等于本期 MPS 量(如果有的话)减去直到下一个 MPS 到达为止的全部订单。对第 1 周,则需另外加上期初库存量。在复仇者联盟手摇铅笔刀一例中,各期的 ATP 如表 6-8 所示。其中,第 1、2、3 周的 ATP 计算过程分别为:200=1 000-800,800=1 500-700,50=1 500-(700+750)。其余各期的 ATP 采取同样的方法进行计算。

表 6-8 星火文具有限公司复仇者联盟手摇铅笔刀待分配库存　　　　个

期初库存 1 000	1 月				2 月				3 月			
	周次				周次				周次			
	1	2	3	4	5	6	7	8	9	10	11	12
需求预测	900	900	900	900	1 400	1 400	1 400	1 400	700	700	700	700
顾客订单	800	700	700	750	1 000	600	800	550	300	0	200	0
预期库存量	100	700	1 300	400	500	600	700	800	100	900	200	1 000
MPS 量		1 500	1 500		1 500	1500	1 500	1 500		1 500		1 500
ATP	200	800	50		500	900	700	650		1 300		1 500

值得注意的是:如果计算出来的某一期的 ATP 为负数,则取消当期 ATP 的计算,并且更新上一期的 ATP,即从上一期的 ATP 中减去所欠缺的数量。例如,在上例中,假设第 4 周已经落实订单所要求交付的数量不是 750 个,而是 900 个(在某些情况下,甚至会超出需求预测),那么,就要重新计算 ATP。按照上述原则,计算结果见表 6-9。

表 6-9 假设第 4 周订单的交付数量为 900 个时的待分配库存　　　　个

期初库存 1 000	1 月				2 月				3 月			
	周次				周次				周次			
	1	2	3	4	5	6	7	8	9	10	11	12
需求预测	900	900	900	900	1 400	1 400	1 400	1 400	700	700	700	700
顾客订单	800	700	700	900	1 000	600	800	550	300	0	200	0
预期库存量	100	700	1 300	400	500	600	700	800	100	900	200	1 000
MPS 量		1 500	1 500		1 500	1 500	1 500	1 500		1 500		1 500
ATP	200	700			500	900	700	650		1 300		1 500

计算待分配库存的一个主要目的是用来判断能否接收未来到达的新订单。例如，如果星火文具有限公司在计划期到达之前，又接到了一个交付数量为 300 个的新订单，要求在第 1 周交货，根据表 6-8 的结果，该公司就不能再接收这一订单。这是因为：生产单位已经为近期的主生产计划做好包括人员、材料、动力、设备等方面的生产准备工作。如果接收了这个订单，因其比 ATP 的数量多了 100 个，必然要更改主生产计划，结果将是一系列的连锁反应，最后导致不必要的损失。但是，如果公司接到了一个数量为 750 个的新订单，要求在第 8 周交货，虽然订单所要求交付的数量比待分配库存多出了 100 个，但由于订单的交货期比较靠后，有比较充分的缓冲时间来调整主生产计划。这一思想就是 MPS 的时间围栏，如图 6-4 所示。

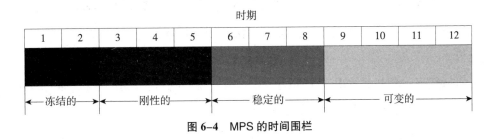

图 6-4　MPS 的时间围栏

从主生产计划的生成过程可以看出，主生产计划的这种编制方法体现了一种重要的管理思想，概括为 8 个字就是：按需生产，适度调整。

3）MPS 的输出

通过制订 MPS，要输出预期库存量、包含"期"与"量"两个标准的 MPS、待分配库存。

6.2.3　物料需求计划

1. MRP 概述

1）独立需求与相关需求

独立需求就是不依赖于其他需求的自主需求。例如，顾客对企业最终产品的需求即独立需求。相关需求是指与其他需求有内在联系的需求。例如，构成最终产品的零部件和原材料就是相关需求。

2）经济订货批量模型用于解决相关需求问题的局限性

能否用经济订货批量模型来解决相关需求问题呢？当用经济订货批量模型解决相关需求问题时，至少存在以下两个局限性。

（1）经济订货批量模型直接根据对某种物料的需求来确定订货时机及订货数量，但相关需求的数量需要通过产品结构关系计算得出，而且经济订货批量模型也不能解决物料需求的时序问题。

（2）经济订货批量模型假设需求是连续的、均衡的，但相关需求是成批的、非均衡的。

3）MRP 的产生及要解决的关键问题

相关需求比独立需求更为普遍，而经济订货批量模型无法解决相关需求问题。这就要求提出新的方法。

根据产品的需求确定其组成物料的需求数量和需求时间是非常复杂的。为此，必须知道各种相关数据，如销售计划或顾客订单情况、物料的现有库存、各种产品的组成结构、材料消耗定额、自制零部件的生产周期、外购件和原材料的采购周期等。

概括起来，MRP 要解决三个关键问题：需要哪些物料？需要多少？何时需要？

2. MRP 的处理逻辑

1）MRP 的输入

MRP 有三个主要输入，即主生产计划、物料清单和库存信息。

（1）主生产计划。MPS 是根据需求预测或顾客订单确定的，具有独立需求的特征。MPS 说明了企业最终要生产哪些产品（或独立需求的配件或零件），何时生产，以及生产多少。表 6-10 是某种产品的 MPS，表明在第 4 周需要 100 个单位，在第 8 周需要 150 个单位。

表 6-10　某产品的 MPS

周次	1	2	3	4	5	6	7	8
数量/个				100				150

（2）物料清单（bill of materials，BOM）。物料清单又称产品结构文件，是包含了生产每单位产成品所需的全部零件、组件与原材料等的清单。它表示了产品的组成及结构信息，反映了产品项目的结构层次以及制成最终产品的各个阶段的先后顺序。如果把产品组成部分的阶层关系用图形的方式直观地表示出来，就形成了一种树形结构图。此即产品结构树。在产品结构树中，配件之间呈现出一定的阶层关系。图 6-5 是椅子装配图与产品结构树。

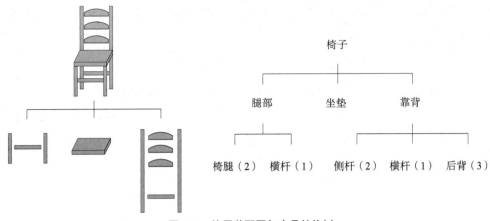

图 6-5 椅子装配图与产品结构树

从产品结构树可看出,每装配 1 把椅子,需要 1 个腿部、1 个坐垫和 1 个靠背。而加工 1 个腿部,需要 2 只椅腿和 1 个横杆;加工 1 个靠背,需要 2 个侧杆、1 个横杆和 3 个后背。

物料清单中所包含的物料可分成两类:一类是自制项目,另一类是采购项目(包括所有的原材料、外购件和外协件)。MRP 展开后,自制项目的物料需求计划便形成相应的生产作业计划,采购项目的物料需求计划形成相应的采购计划。

(3)库存信息。库存信息包括供货商的信息、供应或生产提前期、订货批量、预测到货量、预期库存,入库、出库引起的库存变动,盘存记录(如报亏报盈)等。库存信息是计算物料需求的主要依据之一。

2)MRP 的运算逻辑

实际中,计算物料需求并不是一件容易的事情,要考虑以下五个因素。

(1)最终产品及作为商品的中间配件的需求。

(2)产品结构树的阶层和比例关系。例如,在图 6-5 中,后背处于第三个层次,且每 1 个靠背需要 3 个后背。

(3)已有库存。在计算物料需求时,首先检查库存记录。如果有可用的库存,物料的需求就会减少。

(4)时序要求。各种物料的需求时间是根据其上一层物料的需求时间及提前期来确定的。

(5)同一种物料可能会出现在不同的层次上,这使得计算物料需求变得复杂起来。

在制订物料需求计划时,首先要求出示各物料在各个时期的净需求,其计算公式为

$$净需求 = 总需求 - 预期库存 + 安全库存 \qquad (6-9)$$

所计算的物料需求不但要满足量的需要,还要满足时序上的要求。图 6-6 所示的装配进度图说明了这种时序要求。图中的数字是物料的比例关系。实质上,这是一种带有时间坐标的产品结构树。要满足时序要求,在规定的时间发货,就必须倒推进度。图 6-6 中给出了各种物料的时序要求。

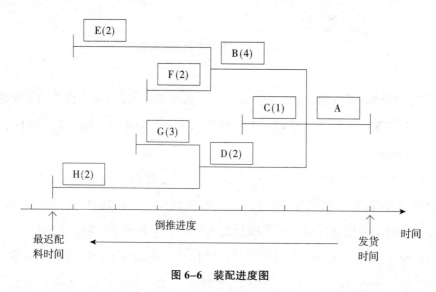

图 6-6 装配进度图

数据表的形式如图 6-7 所示。表中采用相对周,第 0 周表示期初,用于存放期初库存。

计划期(如:周次)	0	1	2	3	4	5	6	7	8	9
总需求										
预期到货										
预期库存										
净需求										
计划订单入库										
计划订单下达										

图 6-7 MRP 数据表

注意,在实际计算物料需求时,还要考虑已向库房发出提货单,但尚未由库房发货的物料,即已分配量。

下面以例说明 MRP 的运算过程。

例 6-4 星火文具有限公司生产一种复仇者联盟手摇铅笔刀,这款产品是该公司的主打产品。根据已落实的订单和需求预测,星火文具有限公司制订并下达了复仇者联盟手摇铅笔刀 1~2 月的主生产计划,如表 6-11 所示。

表 6-11 复仇者联盟手摇铅笔刀 MPS 个

周次 项目	0	1	2	3	4	5	6	7	8
计划出产			1 500	1 500		1 500	1 500	1 500	1 500
计划投入									

图 6-8 为复仇者联盟手摇铅笔刀 BOM。

其中夹具、机体、抽屉、刀架组的低位码为 1。框架组、伸缩器、夹轮、刀芯、刀座、齿轮、摇臂、捏手的低位码为 2。

星火文具有限公司向顾客承诺:自顾客下达订单到收到产品的周期是 1 周。

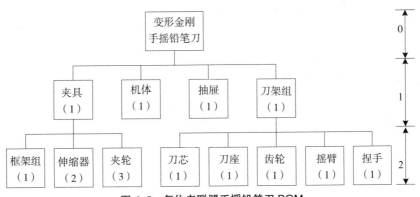

图 6-8 复仇者联盟手摇铅笔刀 BOM

有关夹具及框架组、伸缩器、夹轮的编码、提前期、安全库存、经济订货(生产)批量、已分配量等信息如表 6-12 ~ 表 6-15 所示。表中同时给出了各物料的预期库存与预期到货。除注明外,表中数据的单位均为个。

试根据上述条件,制订夹具以及框架组、伸缩器、夹轮的物料需求计划。

解:首先根据已下达执行的主生产计划及生产提前期确定复仇者联盟手摇铅笔刀的计划投入时期,如表 6-16 所示。

表6-12 夹具MRP

物料编码：	A1		提前期：		1		低位码：		1	
安全库存：	100		经济订货批量：		1 000		已分配量：		0	
项目\周次	0	1	2	3	4	5	6	7	8	
总需求										
预期到货		1 000								
预期库存	800									
净需求										
计划订单入库										
计划订单下达										

表6-13 框架组MRP

物料编码：	B1		提前期：		1		低位码：		2	
安全库存：	400		经济订货批量：		1 500		已分配量：		0	
项目\周次	0	1	2	3	4	5	6	7	8	
总需求										
预期到货			1 500							
预期库存	500									
净需求										
计划订单入库										
计划订单下达										

表6-14 伸缩器MRP

物料编码：	B2		提前期：		2		低位码：		2	
安全库存：	600		经济订货批量：		1 200		已分配量：		0	
项目\周次	0	1	2	3	4	5	6	7	8	
总需求										
预期到货		3 600								
预期库存	1 000									
净需求										
计划订单入库										
计划订单下达										

表 6–15 夹轮 MRP

物料编码:	B3		提前期:		1		低位码:		2
安全库存:	200		经济订货批量:		1 600		已分配量:		0
项目 \ 周次	0	1	2	3	4	5	6	7	8
总需求									
预期到货			3 200						
预期库存	2 000								
净需求									
计划订单入库									
计划订单下达									

表 6–16 复仇者联盟手摇铅笔刀的计划投入（生产周期 =1 周）

项目 \ 周次	0	1	2	3	4	5	6	7	8
计划出产			1 500	1 500		1 500	1 500	1 500	1 500
计划投入		1 500	1 500		1 500	1 500	1 500	1 500	

其次，根据复仇者联盟手摇铅笔刀的计划投入与复仇者联盟手摇铅笔刀的 BOM，利用总需求、预期到货、预期库存、净需求、计划订单入库与计划订单下达 6 个变量之间的逻辑关系，在保证夹具安全库存的前提下，运用夹具的提前期和经济订货批量信息，就可以确定夹具的计划订单下达的数量与时期，如表 6–17 所示。

表 6–17 夹具 MRP

物料编码:	A1		提前期:		1		低位码:		1
安全库存:	100		经济订货批量:		1 000		已分配量:		0
项目 \ 周次	0	1	2	3	4	5	6	7	8
总需求		1 500	1 500		1 500	1 500	1 500	1 500	
预期到货		1 000							
预期库存	800	300	800	800	300	800	300	800	800
净需求			1 300		800	1 300	800	1 300	
计划订单入库			2 000		1 000	2 000	1 000	2 000	
计划订单下达		2 000		1 000	2 000	1 000	2 000		

其中，第 1 周的预期库存计算过程为：300（个）=（800+1 000）-1 500。第 2 周的预期库存 800 个的计算过程如下。

(1) 第1周的预期库存300个转入第2周。

(2) 第2周的总需求为1 500个,所以,净需求为1 300(个)=(1 500-300)+100。

(3) 经济订货批量为1 000个,所以,计划订单入库为2 000个。

(4) 预期库存为800(个)=(300+2 000)-1 500。

其余各周的预期库存照此计算,不再一一给出计算过程。

最后,根据夹具的计划投入与复仇者联盟手摇铅笔刀的BOM,利用总需求、预期到货、预期库存、净需求、计划订单入库与计划订单下达6个变量之间的逻辑关系,在保证框架组、伸缩器与夹轮安全库存的前提下,运用3种物料的提前期和经济订货批量信息,就可以确定框架组、伸缩器与夹轮的计划订单入库及计划订单下达的数量与时期,如表6-18~表6-20所示。

表6-18 框架组MRP

物料编号:	B1		提前期:		1		低位码:		2
安全库存:	400		经济订货批量:		1 500		已分配量:		0
项目\周次	0	1	2	3	4	5	6	7	8
总需求		2 000		1 000	2 000	1 000	2 000		
预期到货			1 500						
预期库存	500	1 500	3 000	2 000	1 500	500	1 500	1 500	1 500
净需求		1 900			400		1 900		
计划订单入库		3 000			1 500		3 000		
计划订单下达	3 000			1 500		3 000			

表6-19 伸缩器MRP

物料编号:	B2		提前期:		2		低位码:		2
安全库存:	600		经济订货批量:		1 200		已分配量:		0
项目\周次	0	1	2	3	4	5	6	7	8
总需求		4 000		2 000	4 000	2 000	4 000		
预期到货		3 600							
预期库存	1 000	600	600	1 000	600	1 000	600	600	600
净需求				2 000	3 600	2 000	3 600		
计划订单入库				2 400	3 600	2 400	3 600		
计划订单下达		2 400	3 600	2 400	3 600				

表 6-20 夹轮 MRP

物料编码:	B3	提前期:		1	低位码:		2	
安全库存:	200	经济订货批量:		1 600	已分配量:		0	
周次 项目	0	1	2	3	4	5	6	7	8
总需求		6 000		3 000	6 000	3 000	6 000		
预期到货			3 200						
预期库存	2 000	800	4 000	1 000	1 400	1 600	400		
净需求		4 200			5 200	1 800	4 600		
计划订单入库		4 800			6 400	3 200	4 800		
计划订单下达	4 800			6 400	3 200	4 800			

值得指出的是，由于企业产品种类、规格型号众多，产品结构及物料之间的关系复杂，订单数量较多。同时，经常有不同的产品共用同一种物料的情况，所以，MRP 的计算要比本例复杂得多。不过，MRP 的基本运算逻辑都是一样的，根据基本运算逻辑，早已有成熟的软件系统来实现 MRP 的计算。

从 MRP 的生成过程可以看出，MRP 的这种编制方法体现了一种重要的管理思想，概括为 8 个字就是"按需供应，集中管控"。

3. MRP 的输出

MRP 的输出分为两大部分，即主报告和次报告。

主报告内容包括期量标准的计划订单入库、经由管理层授权的包括期量标准的计划订单下达、经由管理层授权的物料需求计划变更等。

次报告内容包括计划执行结果报告、例外报告等。

综上所述，MRP 的逻辑关系如图 6-9 所示。

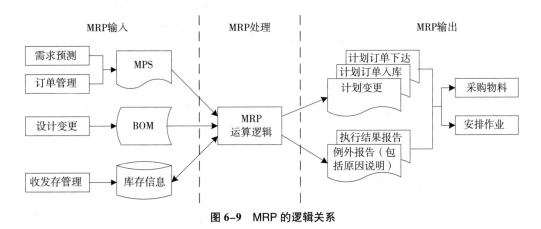

图 6-9 MRP 的逻辑关系

从图 6-9 中可以看出，MRP 实质上是根据输入信息、经过计算机的动态运算，输出物料需求计划的过程，向前延伸到需求管理与设计变更及物资的收发存管理，向后延伸到物料采购与作业计划。

6.3 服务业生产计划

服务业与制造业一样，也要合理利用资源，提高生产效率和改进服务质量。为了做到这一点，服务业也需要制定战略决策，寻求目标市场，设计特定的服务，用低成本、高质量、按期交付的方式提供各种服务，以满足顾客的需要。服务业的生产计划要考虑目标顾客的需求、设备的生产能力以及劳动力的生产能力。由此产生的计划是一个以时间为基础的服务业员工需求计划。

6.3.1 服务业生产计划的特点

（1）大部分服务都不能储存。不可能将现在的飞机座位、旅店客房或发型师预约等储存到需求高峰时使用。如果某种服务伴随的商品是可储存的，通常它的保质期非常短，如包子的保质期只有一天。由于服务能力是易失的，在决定如何匹配供给与需求时，生产计划人员需要将服务能力的这种特点考虑进去。

（2）很难预测对服务的需求。对服务的需求经常变化，而且通常变化十分剧烈。通常采用指数分布来模拟对服务的不规则需求——短暂的需求波峰之间往往是长时间的低需求。管理层规定的顾客服务水平意味着必须满足的需求百分比，有时也是满足需求的速度。它是制订服务生产计划的重要输入。

（3）很难预测能力。服务的多样性和个性化使得服务能力很难预测。

（4）必须在恰当的地点和时间设置服务能力。许多公司的分公司涵盖广阔的地理区域，确定每个分支机构服务的范围和员工数是生产计划的一部分。

（5）劳动力通常是服务的最大资源约束。劳动力是十分灵活的资源，这也是服务业制订生产计划的一个优势。可以通过雇用临时工、兼职员工或加班来应对需求的变化。

6.3.2 服务业生产计划策略

（1）固定时间表。对于那些顾客直接参与服务过程程度较低的服务业，如长途汽车、民用航空、电影歌舞等，如果完全按照顾客的需要来安排服务，会造成巨大的浪费。采用固定时间表可以兼顾顾客的需要和企业的生产能力。

（2）使用预约系统。对于那些顾客参与程度较高的服务，典型例子如牙医看病，患者通常需要提前预约服务时段。

（3）改善人员、班次安排，并为低峰时的需求提供优惠。服务需求的另一个特点是需求的非均匀性。很多服务是每周 7 天、每天 24 个小时进行的。其中有些时间是负荷高峰，有些时间是负荷低峰。完全按高峰负荷安排人员，会造成人力浪费；完全按低峰负荷安排人员，又会造成供不应求，丧失顾客。这就需要对每周和每天的负荷进行预测，在不同的班次或时间段安排数量不同的服务人员，既可保证服务水平，又可减少人员数量。另外，为了使有限的服务设施得到充分利用，对低峰时的需求提供低价或其他优惠，如在夏天全国各地飞往海南的机票价格较为便宜，就是这种策略。

（4）让顾客自己选择服务水平。设置不同的服务水平供顾客选择，既可满足顾客的不同需求，又可使不同水平的服务得到不同的收入。

（5）雇用多技能员工和利用半时工作人员。相对于单技能员工，多技能员工具有更大的柔性。当负荷不均匀时，多技能员工可以到任何高负荷的地方工作，从而较容易地做到负荷能力平衡。同时，对一天内需求变化大的服务业或者是季节性波动大的服务业，还可以雇用半时工作人员。在服务业采用半时工作人员来适应服务负荷的变化，如同制造业采用库存调节生产一样。

（6）顾客自我服务。如果能做到顾客自我服务，则需求一旦出现，能力也就有了，就不会出现能力与需求的不平衡。如顾客自己加油和洗车、超级市场购物、吃自助餐等，都是顾客自我服务的例子。

（7）采用生产线方法。一些准制造式的服务业，如麦当劳、肯德基采用生产线方法来满足顾客需求。在前台，顾客仍可按菜单点他们所需的食品；在后台，则采用流水线生产方式加工不同的元件（食品），然后按订货型生产方式将不同的食品进行组合，供顾客消费。这种方式生产效率非常高，从而能够做到成本低、效率高和服务及时。麦当劳是将制造业方法用于服务业的一个成功例子。

本章小结

本章分别介绍了制造业和服务业的生产计划，制造业的生产计划应重点掌握综合生产计划的定义及编制方法、主生产计划的定义及表上作业法、物料需求计划的定义及处理逻辑，服务业的生产计划包含服务系统以及人员排班计划。另外介绍了需求预测常见的定性和定量方法，以及如何判断预测误差并进行及时的监控。

 即测即练

 五问复盘

1. 需求预测应注意哪些事项？
2. 各级生产计划之间的逻辑关系是什么？
3. 如何制订制造业生产计划？
4. 服务业生产计划如何进行优化和调整？
5. 制造业生产计划与服务业生产计划有何异同？

 思维转变

通过网络收集制造业某一产品，简述如何制订生产计划。

 实践链接

第7章 作业计划

 学习目标

> **知识目标：**

1. 理解并熟练掌握作业计划的定义。

2. 了解作业排序内容。

3. 掌握生产作业控制功能。

> **能力目标：**

1. 理解作业计划的编制，作业排序方法，生产作业控制方法，不同生产类型企业生产作业控制的特点。

2. 了解生产作业控制的条件。

> **思政目标：**

1. 2020年12月10日，习近平总书记致信祝贺首届全国职业技能大赛举办，强调"大力弘扬劳模精神、劳动精神、工匠精神"，"培养更多高技能人才和大国工匠"。通过学习作业计划培养耐心细致的工作态度和扎实严谨的工作作风，体现出大国工匠精神；通过掌握作业排序优化方法，可为企业节省资源，达到资源最优化利用，使得企业更有竞争力。

2. 党的十九大报告指出"时代是思想之母，实践是理论之源"，努力作为中国特色社会主义人才要立足根本、勤于实践。掌握生产控制与现场管理知识，为企业的良性发展贡献一分力量，理论与实践结合争做中国特色社会主义作业服务管理人才。

思维导图

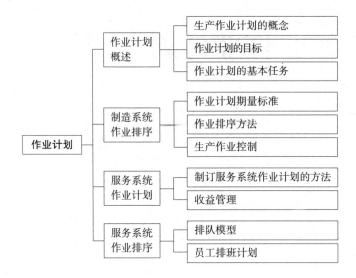

案例导入

选址问题

1994 年 10 月，密苏里州圣路易斯的南方旅游汽车公司的最高管理部门宣布，公司准备将其生产和装配业务移至密西西比州的瑞支克莱斯特（Ridgecrest）。作为小吨位野营车和野营拖车的主要生产厂家，该公司由于急速上涨的生产成本，连续 5 年出现利润滑坡。劳动力和原材料费用涨幅惊人，行政管理费用直线上升，税收和交通运输费用也逐步上升。该公司尽管销售量在不断扩大，仍然遭受了自 1977 年投产以来的第一次净亏损。

管理部门最初考虑迁厂时，曾仔细视察了几个地区。对迁厂至关重要的影响因素有以下这些：完备的交通设施，州、市的税收结构，充足的劳动力资源，积极的社会态度，合理的选址成本和金融吸引力。曾有几个地区提供了基本相同的优越条件，该公司的最高管理部门却被密西西比能源和电力公司的努力以及密西西比州地方官员的热情打动。密西西比能源和电力公司力图吸引"清洁，劳动力密集型"工业，州政府和地方政府的官员想通过吸引生产厂家在其境内建厂来促进该州经济的发展。

直到正式公告出来两周前，南方旅游汽车公司的最高管理部门才将其迁厂计划最后确定下来。瑞支克莱斯特工业区的一座现有建筑被选作新厂址（该址原为一家活动房屋制造厂，因资金不足和管理不善而破产）。就业部开始招募工人，而公司出租或拍卖其在圣路易斯的产权的工作也已着手进行。密西西比州用以吸引南方旅游汽车公司在瑞支克莱斯特建厂的条件如下。

（1）免收 5 年的国家和市政税收。

（2）免费使用供水和排水系统。

（3）在工业区再建一个装货码头（免收成本费）。

（4）同意发行 50 万美元工业债券，以备未来扩展之用。

（5）由公共财政资助在地方工商学院培训工人。

除这些条件以外，还有许多其他关键因素。劳动力费用远低于圣路易斯，工会组织力量也比圣路易斯强大（密西西比州禁止强行要求工人加入工会）；行政管理费用和税收也不算高。总之，南方旅游汽车公司的管理部门认为自己的决策是明智的。

10 月 15 日，每个雇员的工资单上有以下通知给南方旅游汽车公司雇员，由总裁格莱德·奥伯安签发：南方旅游汽车公司遗憾地宣布，公司计划将在 12 月 31 日停止在圣路易斯的生产，由于生产费用的增加和工会提出的不合理要求，本公司已无法创收。我衷心地感谢你们各位在过去几年中为公司提供的优良服务，如果我能够帮助你们在其他公司找到合适的工作，请通知我，再次感谢你们的合作和过去的工作。

问题：

1. 评价密西西比州瑞支克莱斯特提供给南方旅游汽车公司的吸引条件。

2. 一个公司将其管理机构从人口密集的工业区移至小乡镇会面临什么困难？

3. 评价奥伯安列举的迁厂理由，它们合理吗？

7.1 作业计划概述

7.1.1 生产作业计划的概念

生产作业计划是企业综合生产计划与主生产计划的执行计划，是将企业生产任务在空间上与时间上分解，并具体分配给各生产单位的安排。

它是协调企业日常生产活动的中心环节，它根据生产计划规定的产品品种、数量及大致交货期的要求，对每个生产单位在每个具体时期内的生产任务作出详细规定，使生产计划得到落实。与生产计划相比，生产作业计划具有计划期短、计划内容具体、计划单位小三个特点。

7.1.2 作业计划的目标

生产作业计划的制订既依赖于企业的生产技术条件，如操作特征及生产加工的复杂程度、库存状况、生产效率等，又受企业外部因素制约，如订货量、交货期等。生产作业计划的要求主要有：准时生产；"零"库存；反应时间最短；响应速度最快；设备和劳动力利用率最大化，闲置时间最短；作业延迟最短。

生产作业计划的主要目标如下。

（1）保证主生产计划中产品、数量、交货期等指标的完成。

（2）实现均衡生产。

（3）提高生产的效率与效益。

7.1.3 作业计划的基本任务

（1）保证实现综合生产计划。

（2）合理组织生产过程。

（3）实现均衡生产，建立正常的生产秩序和管理秩序。

（4）提高经济效益。

7.2 制造系统作业排序

7.2.1 作业计划期量标准

1. 期量标准的概念

期量标准是指在一定生产技术及组织条件下，对生产对象在生产期限和生产数量方面所规定的标准。它对于保证各生产环节之间衔接配合，加强生产计划管理，合理利用人力、物力及财力资源，提高生产经济效益，具有积极作用。不同生产类型其期量标准各不相同。

2. 期量标准的类型

1）大量大批生产类型企业的期量标准

（1）生产节拍，又称顾客需求周期、产距时间，是指在一定时间长度内，总有效生产时间与顾客需求数量的比值，是顾客需求一件产品的市场必要时间。

（2）标准计划，规定整个流水线的工作和中断时间及程序。

（3）在制品占用量定额，是指在一定的技术组织条件下，为了保证生产正常进行必须保有的在制品数量标准。它可分为流水线内在制品占用数量和流水线之间在制品占用数量。

流水线内在制品占用数量。连续流水线：①工艺占用量；②运输占用量；③保险占用量。间断流水线：①工艺占用量；②周转占用量；③保险占用量。

流水线之间在制品占用数量：①运输占用量；②周转占用量；③保险占用量。

合理的在制品定额，应既能保证生产的正常需要，又能使在制品占用量较少。

2）成批生产类型企业的期量标准

（1）批量和生产间隔期。

批量：同时投入生产并消耗一次准备结束时间所加工、装配同种产品的数量。

生产间隔期：指相邻两批同种产品投入或出产的时间间隔。

关系：批量 = 生产间隔期 × 平均日产量

$$n = R \times q$$

其中，q 的计算方法有两种。

①批量大，生产稳定。

$$q = 年产量 / 工作日数$$

②产量波动大。

$$q = 年产量 / 日历日数$$

批量和生产间隔期的计算方法如下。

①以量定期法：先确定批量后计算生产间隔期的方法。

第一，最小批量法。此法是以保证设备合理利用为出发点确定批量的一种计算方法。计算公式为

$$\frac{t_{准备}}{n \times t_{单件}} \leqslant a$$

得最小批量为

$$n_{最小} = \frac{t_{准备}}{a \times t_{单件}}$$

式中，$t_{准备}$ 为准备结束时间；$t_{单件}$ 为单件工时；a 为允许的设备调整时间损失系数（0.03 ~ 0.15）。

第二，经济批量法（又称最小费用法）。此法是以使生产费用最低为目标确定批量的一种计算方法（图7-1）。

$$E = E_1 + E_2 = \frac{nC}{2} + \frac{Q}{n} \times A$$

$$n_0 = \sqrt{\frac{2QA}{C}}$$

式中，n_0 为经济批量；Q 为某种产品全年计划产量；A 为设备一次调整所需费用（元/次）；C 为单位产品的年平均保管费用（元/年/件）。

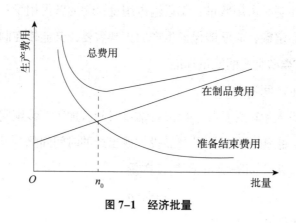

图 7-1　经济批量

用以上两种方法计算所得的批量初始值还需要经过修正，以便于组织生产，并保持各种零件在数量上的成套性，修正批量时考虑以下几点要求。

第一，批量应不小于主要加工工序半个轮班的产量。

第二，批量应与月产量成倍数关系。

第三，前后工艺阶段的批量应相等。

第四，其他因素对批量的影响，如加工时的模具和刀具的耐用度等。

②以期定量法：先确定生产间隔期后计算批量的方法。

由于主要是凭经验（按价值、体积、加工劳动量及生产周期等）来确定各组零件的生产间隔期，未经过计算，经济效果较差。

（2）生产周期和生产提前期。

生产周期：指从原材料投入到成品出产所经过的整个生产过程的全部时间。

生产提前期：指产品在各工艺阶段出产或投入的日期，比成品出产日期所提前的时间（图 7-2）。

生产提前期是以产品最后完工时间为起点，根据各工艺阶段的生产周期和保险期，反工艺过程的顺序进行计算，并且 $D_{装出} = 0$。

生产提前期的计算公式分两种情况。

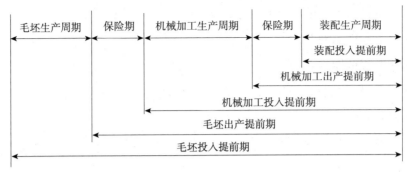

图 7-2 提前期

①各工艺阶段生产间隔期相等。此时每一工艺阶段投入提前期的计算公式为

$$D_{投}=D_{出}+T$$

式中，$D_{投}$为某工艺阶段的投入提前期；$D_{出}$为同一工艺阶段的出产提前期；T为该工艺阶段的生产周期。

每一工艺阶段出产提前期的计算公式为

$$D_{前出}=D_{后投}+T_{保}$$

式中，$D_{前出}$为前一工艺阶段的出产提前期；$D_{后投}$为后一工艺阶段的投入提前期；$T_{保}$为两工艺阶段之间的保险期。

②各工艺阶段生产间隔期不相等，并且$R_{前}=\theta R_{后}$，$n_{前}=\theta n_{后}$，此时每一工艺阶段投入提前期的计算公式为

$$D_{投}=D_{出}+T$$

每一工艺阶段出产提前期的计算公式为

$$D_{前出}=D_{后投}+R_{前}-R_{后}+T_{保}$$

（3）在制品占用量。

①车间在制品占用量。其计算公式如下。

$$Z_{车间}=N\times n$$

式中，$N=T/R$；T为生产周期；R为生产间隔期。

②库存在制品占用量。

第一，库存周转在制品占用量，包括最大值、最小值、平均值和期末值四种，其中平均值用于核定流动资金占用量。

第二，库存保险在制品占用量。

$$Z_{保}=q\times T_{保}$$

3. 单件小批生产类型企业的期量标准

（1）产品生产周期图表。

（2）生产提前期。

（3）产品劳动量日历分配图表。在产品生产周期图表的基础上，按时间定额等资料汇总得到。

（4）产品生产周期图表是单件小批生产最基本的期量标准，它规定各工艺阶段的提前期、生产周期等内容。

7.2.2 作业排序方法

1. 单台设备上的作业排序方法

单台设备上多个工件的排序问题是最简单的。当一台设备需要加工多个工件时，虽然整批零件的完工时间不会因为加工顺序的改变而改变，但是不同的加工顺序会使得各单个工件的完工时间发生变化，从而影响工件按时交货。

要解决单台设备上的作业排序问题，可以采用不同的排序规则。排序规则不同，排序结果则不同，以下列出常用的几种排序规则。

（1）最短加工时间优先规则（shortest processing time，SPT）。

（2）最短交货期优先规则（earliest due date，EDD）。

（3）先到先加工规则（first come first served，FCFS）。

（4）最短松动时间优先规则（松动时间＝交货期－加工时间，STR）。

（5）临界比率最小优先规则（临界比率等于交货期减去当前日期的差除以加工工时）。

（6）算合规期（综合使用两种规则，如先按交货期优先规则排序，然后按照最短加工时间优先规则排序）。

（7）后到先加工规则。

（8）随机规则。

一般来讲，评价作业排序可以从以下两个方面考虑。

（1）拖期的工件数或拖期时间。每一个工件都有确定的交货期，加工过程应该确保按期交货，如果发生延期，则应尽量使拖期的工件数最少或拖期的时间最短，这样拖期损失也能够最少（如拖期罚款）。

（2）工件在车间的停留时间或在制品量。工件在车间的停留时间取决于等待时间与加工时间，等待时间越长，停留时间就越长。停留时间长，则车间在制品量大、资金积压多、成本高。

2. 流水生产线作业排序方法

流水车间的排序问题也叫 flow-shop 排序问题。flow-shop 排序问题的特征是所有工件的加工路线一致（方向一致），如果所有工件的加工路线完全相同，则这是一种同顺序的流水车间排列排序问题，下面将介绍这种情形。

1）flow-shop 排序问题的描述

流水车间的排序问题可以描述为有 n 个工件 J（$i=1, 2, \cdots, n$）要在 m 台设备 M（$i=1, 2, \cdots, m$）上加工，每一个工件的加工工艺路线一致，选择一个满足一定优化目标的零件加工顺序。排序的优化目标有很多，最普遍的是最长流程时间最短化，最长流程时间也叫作系统的完工时间（makespan）。

设 w_{ij} 为工件 i 在第 j 道工序的等待时间，工件 i 的总等待时间 W_i 为

$$W_i = \sum w_{ij}$$

设 p_{ij} 为工件 i 在设备 j 上的加工时间，工件 i 的总加工时间 P_i 为

$$P_i = \sum p_{ij}$$

那么工件在流程中的滞留时间 F_i 为

$$F_i = W_i + P_i$$

为了分析方便，对以上优化模型约束条件的考虑一般基于如下假设。

（1）一个工件不能同时在不同设备上加工。

（2）工件在加工过程中采用平行移动方式（当上一道工序完成后立即进入下一道工序）。

（3）不允许中断，工件一旦进入加工状态，就一直到加工完成为止，中途不插入其他工件。

（4）每道工序只有一台设备。

（5）工件数、机器数与加工时间已知。

（6）每台设备某一时刻只能加工一个工件。

在以后的排序模型分析中，我们都基于这样的假设条件来分析排序问题。

2）多工件两台设备排序问题的算法

对于多工件两台设备的排序问题，1954 年约翰逊提出的算法是比较好的一种解决方法，该算法的基本步骤如下。

(1) 列出工件（编号为 i, $i=1, 2, \cdots, n$）在设备1和设备2上的加工时间 P_a 与 P_n，并用时间矩阵（表格）表示。

(2) 从加工时间 P_n 和 P_a 中找出最短加工时间。

(3) 如果最短加工时间出现在第1台设备，则对应的工件应尽可能往前排（先加工）。

(4) 如果最短加工时间出现在第2台设备，则对应的工件应尽可能往后排（后加工）。

(5) 从加工时间矩阵中删去已经排序的工件，重复以上过程，直到排完所有工件为止。

3) 多工件多设备排序问题的启发算法

具有3台以上设备的流水车间的排序问题比两台设备的排序问题复杂得多。小规模多设备流水车间排序问题，可以采用分支定界法找到最优解，但如果是规模比较大的情形，则只能采用启发算法。启发算法是一类近似优化算法，通常不能保证得到最优解，但能得到近似最优结果。下面介绍一种比较好的启发算法——关键工件法。

我国著名生产管理专家陈荣秋教授1983年提出了一种比较简便的多工件多设备排序启发算法，称为关键工件法，该方法的基本步骤如下。

(1) 计算每个工件的总加工时间，将总加工时间最长的一个工件视为关键工件 C，以集合 C 表示。

(2) 将剩余的工件按照如下的规则排序，若 $p_{i1} \leqslant p_{im}$ 则按 p_{i1} 不减的顺序排成一个序列 S_a；若 $p_{i1} > p_{im}$ 则按照 p_{im} 不减的顺序排成一个序列 S_b。

(3) 按照 (S_a, C, S_b) 的顺序组成的排列即为最优排列。

7.2.3 生产作业控制

1. 生产作业控制概述

生产作业控制是指对生产运作全过程进行监督、检查、调节和控制。它是生产与作业管理的重要职能之一，是实现生产作业主生产计划和生产作业计划的手段。

生产作业控制的受控客体是生产作业过程，其预定目标是主生产计划与生产作业计划的目标值。为了实现生产作业过程的控制，需要在输出端设置测量机构，以检测输出结果,并把结果反馈给决策机构;决策机构在把收到的输出结果与目标值进行比较后,作出决策,并把决策结果(即将采取什么措施)传达给执行机构,由执行机构采取实际措施,以实现控制,达到目标。

2. 实行生产作业控制的原因和条件

生产计划和生产作业计划都是在生产活动发生之前制订的,尽管制订计划时充分考虑了现有的生产能力,但计划在实施过程中由于以下原因,往往实施情况与计划要求偏离:①加工时间估计不准确。②随机因素的影响。③加工路线的多样性。④企业环境的动态性。

实施作业控制有三个条件:①要有一个标准,标准就是生产计划和生产作业计划,没有标准就无法衡量实际情况是否发生偏离。②要取得实际生产进度与计划偏离的信息。控制离不开信息,只有取得实际生产进度偏离计划的信息,才知道两者发生了不一致。计算机辅助生产管理信息系统能有效地提供实际生产与计划偏离的信息,通过生产作业统计模块,每天都可以取得各个零部件的实际加工进度和每台机床负荷情况的信息。③要能采取纠正偏差的行动,纠正偏差是通过调度来实行的。

3. 生产作业控制的方法

1)优先控制方法

优先控制方法最常用的是临界比率法。临界比率是零部件与计划交货期之间的间隔与零部件到完工时的间隔之比值,根据临界比率可以确定哪些零件滞后于计划,哪些零件超前于计划,临界比率大于1,说明零件超前于计划要求的交货期;临界比率等于1,说明零件正好符合计划要求的交货期;临界比率小于1,说明零件滞后于计划要求的交货期。因此,临界比率越小,该批零件加工越紧迫,应该将生产资源优先安排在这批零件上。

2)投入/产出控制方法

投入/产出控制方法的作用就在于控制在车间里排队等待加工件的数量,并由此控制工序生产周期。投入/产出方法的实施可以保证整个生产过程的平稳进行,没有过多的积压和等待加工时间。投入产出的着眼点在于生产工序的两头,对工序中投入量和产出量进行控制,主要内容包括:①将实际投入的数量和计划应当投入的数量进行比较,控制投入某一工序的零部件数量。②比较实际产出与计划规定产出的数量,控制从某一工序流出的零件数量。

3)"漏斗模型"

"漏斗模型"如图 7-3 所示。

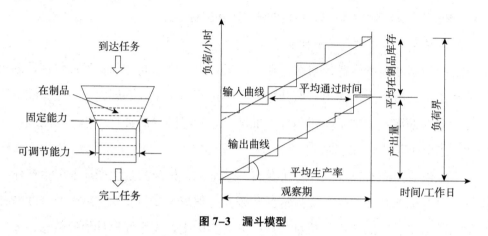

图 7-3　漏斗模型

4. 服务业作业控制

服务是一种无形的产品,服务作业也与制造性作业有一定区别,有其固有的特殊性质。因此,对服务作业的控制方法也与制造业有一定区别。

1)服务作业的特征

(1)顾客参与影响服务运作实现标准化和服务效率。

(2)顾客的舒适、方便会造成服务能力的浪费。

(3)难以获得客观的质量评价。

2)服务作业控制的方法

(1)减少顾客参与的影响。由于顾客参与对服务运作的效率造成不利的影响,因此就要设法减小这种影响。有各种方法使服务运作在提高效率的同时也能提高顾客的满意度。

①通过服务标准化减少服务品种。

②通过自动化减少同顾客的接触。

③将部分操作与顾客分离。

④设置一定量库存。

(2)处理非均匀需求的策略。各种转移需求的办法只能缓解需求的不均匀性,不能完全消除不均匀性。因此,需要采取各种处理非均匀需求的策略。

①改善人员班次安排。

②利用半时工作人员。

③让顾客自己选择服务水平。
④利用外单位的设施和设备。
⑤雇用多技能员工。
⑥顾客自我服务。
⑦采用生产线方法。

7.3 服务系统作业计划

7.3.1 制订服务系统作业计划的方法

1. 服务运营策略

为使服务的易逝性及顾客参与服务过程的影响达到最小，通常采取以下两种策略。

（1）在顾客需求调查的基础上，提供模块化的服务产品，如饭店的菜单或快餐店的食品。

（2）将部分作业与顾客分离。例如，宾馆的服务员总是在顾客不在时才清扫房间，以做到互不干扰。再如，饭店总是设置前台和后台，以减少顾客不必要的参与。

2. 服务作业计划

针对不同类型的企业，应采用不同的制订服务作业计划的方法。一般来说，制订服务作业计划有两种基本的方式：将顾客需求分配到服务能力的不同时间段内，即安排顾客需求；将服务人员安排到顾客需求的不同时间段内，即安排服务人员。

1）安排顾客需求

这种方式就是根据不同时间可利用的服务能力来对顾客排序。在这种方式下，服务能力保持一定，而适当地安排顾客的需求，以提供准时服务和充分利用能力。实际中，常用的方法有三种：预约、预订和排队等候。

（1）预约。一个预约系统给予顾客特定的服务时间。这种方法的优点是能为顾客提供及时的服务并提高服务系统和服务人员的效率。医生和律师是使用预约系统提供服务的典型例子。采用这种方法时应注意设计好预约时间，如果顾客到达后等待时间过长，顾客会不满。同时，还要制定好顾客迟到或没有赴约的预案。

（2）预订。预订系统类似于预约系统，但它通常被用于顾客接受服务时需占据或使用相关的服务设施的情况。如酒店、飞机经常使用预订系统。预订系统的主要优点在于：给予服务管理者一定的提前期来做出服务计划，以充分利用服务设施。而且，预订时通常要求顾客支付一定数额的抵押金，这样可减少毁约的发生。

（3）排队等候。由于顾客到达的随机性与服务时间的随机性，即使服务能力再充分的系统也会出现排队现象。

2）安排服务人员

这种方式就是将服务人员安排到顾客需求的不同时间段内。它通过适当安排服务人员来调整服务能力，以满足不同时间段内的不同服务要求。这种方式通常用于需要快速响应顾客的需求，且需求总量可以预测的情况，如邮局营业员、护士、警察、商场营业人员、公交汽车的司售人员的工作日以及休息日的安排。

一般来说，类似于制造业企业的生产计划，服务业企业也要首先制订全年、每个月以至每周的人员需求计划，然后在此基础上，通过作业排序方法把人员计划转换成为每个人的日常轮班计划。

下面介绍一种安排服务人员的方法，它可以在保证满足需要的前提下，使每位员工都能连续两天休班。这种方法的具体步骤如下。

（1）确定需求。明确一个周期内，每天需要的员工数量。这里的周期可以是1周，也可以是10天，还可以是1个月。

（2）找数组。在一个周期内，把相邻的两个数看作一个数组。找到这样的数组：其中大的那个数不会超过其他任意一个数组中大的数。如果有不止一个这样的数组，就选择数组中两个数之和最小的那个数组。如果数组中两个数之和也相等，就随机选择一个数组。不妨把选中的数组称为小数组。

（3）确定休班日期。每一个员工，让其在剩余需求数中的小数组对应的两天休班。

（4）更新需求员工的人数。安排完一名员工休班后，将没安排休班的日期对应的需求量减掉1，作为新的人员需求量。

以此类推，直至把全部员工的休班时间都确定下来为止。

例 7-1 一家大型租车公司的电话预订部门对接线员每天需求的数量如表 7-1 所示。为保证每位接线员都能连续休息两天，该公司最多只需要多少名接线员？并给出每位接线员都能连休两天的排班计划。

表 7-1　一周内对接线员的需求　　　　　　　　　　　　　　　　　　名

项　　目	星期一	星期二	星期三	星期四	星期五	星期六	星期日
需要接线员的数量	8	8	7	7	6	5	4

解：对第一名接线员，通过找到符合条件的数组，确定其休班日期，如表 7-2 所示。

表 7-2　第一名接线员休班方案　　　　　　　　　　　　　　　　　　名

项　　目	星期一	星期二	星期三	星期四	星期五	星期六	星期日
需要接线员的数量	8	8	7	7	6	5	4
第一名接线员	8	8	7	7	6	5	4

可以看到，（4，5）构成的数组中大的那个数不会超过其他任意一个数组中大的那个数。所以，安排第一名接线员在星期六和星期日连休。

更新需求数据，如表 7-3 所示。

表 7-3　安排第一名接线员星期日和星期六休班后的需求　　　　　　名

项　　目	星期一	星期二	星期三	星期四	星期五	星期六	星期日
需要接线员的数量	8	8	7	7	6	5	4
第一名接线员	8	8	7	7	6	5	4
第二名接线员	7	7	6	6	5	5	4

此时，（5，5）和（5，4）两个数组中大的那个数都是 5，这时选择后面一个数组，因为该数组中两个数之和大于另一个数组中两个数之和。因此，应该安排第二名员工在星期日和星期六连休。

以此类推，直至安排完全部员工，结果见表 7-4。

表 7-4　全部接线员的休班方案　　　　　　　　　　　　　　　　　　名

项　　目	星期一	星期二	星期三	星期四	星期五	星期六	星期日
需要接线员的数量	8	8	7	7	6	5	4
第一名接线员	8	8	7	7	6	5	4
第二名接线员	7	7	6	6	5	5	4
第三名接线员	6	6	5	5	4	5	4
第四名接线员	5	5	4	4	3	5	4

续表

项　目	星期一	星期二	星期三	星期四	星期五	星期六	星期日
第五名接线员	4	4	3	4	3	4	3
第六名接线员	3	3	3	4	2	3	2
第七名接线员	2	2	2	3	2	3	1
第八名接线员	2	1	1	2	1	2	1
第九名接线员	1	1	1	1	0	1	0
第十名接线员	0	0	0	0	0	1	0

从表 7-4 可以看出，在保证需要且每位接线员都可以连续两天休班的前提下，电话预订部门最多需要 10 名接线员。

从表 7-4 倒数第二行还可以看到，第九名接线员实际上只需要工作 4 天，因为星期五已不再需要接线员值班（表 7-5）。

表 7-5　聘用 9 名接线员的休班方案（其中一位不能连休）　　　名

项　目	星期一	星期二	星期三	星期四	星期五	星期六	星期日
需要接线员的数量	8	8	7	7	6	5	4
第一名接线员	8	8	7	7	6	5	4
第二名接线员	7	7	6	6	5	5	4
第三名接线员	6	6	5	5	4	5	4
第四名接线员	5	5	4	4	3	5	4
第五名接线员	4	4	3	4	3	4	3
第六名接线员	3	3	3	4	2	3	2
第七名接线员	2	2	2	3	2	3	1
第八名接线员	2	1	1	2	1	2	1
第九名接线员	1	1	1	1	0	1	0

如果排班周期是旬、半月、月或更长的时间段，而且，对员工的需求数较大，那么手工排班就变得比较烦琐。此时，可设计算法模型，并借助整数规划软件来实现。下面介绍解决这一问题的整数规划模型的三个组成部分。

决策变量：

x_1 为安排第 1 天和第 2 天休班的员工数量；

x_2 为安排第 2 天和第 3 天休班的员工数量；

x_{10} 为安排第 10 天和第 1 天休班的员工数量。

目标函数为：

$$\text{Min } Z = x_1 + x_2 + \cdots + x_{10}$$

约束条件为：

$x_2+x_3+x_4+x_5+x_6+x_7+x_8+x_9 > b_1$

$x_3+x_4+x_5+x_6+x_7+x_8+x_9+x_{10} > b_2$

$x_1+x_4+x_5+x_6+x_7+x_8+x_9+x_{10} > b_3$

$x_1+x_2+x_5+x_6+x_7+x_8+x_9+x_{10} > b_4$

$x_1+x_2+x_3+x_6+x_7+x_8+x_9+x_{10} > b_5$

$x_1+x_2+x_3+x_4+x_7+x_8+x_9+x_{10} > b_6$

$x_1+x_2+x_3+x_4+x_5+x_8+x_9+x_{10} > b_7$

$x_1+x_2+x_3+x_4+x_5+x_6+x_9+x_{10} > b_8$

$x_1+x_2+x_3+x_4+x_5+x_6+x_7+x_{10} > b_9$

$x_1+x_2+x_3+x_4+x_5+x_6+x_7+x_8\phantom{+x_9+x_{10}} > b_{10}$

其中，b_i 为第 i（$i=1, 2, \cdots, 10$）天需要的员工数量。

利用上述模型，利用整数规划软件可以很容易算出最多需要的员工数量以及安排在任意连续两天休班的员工的数量。

7.3.2 收益管理

1. 收益管理方式的提出和概念

从服务业的自身特点可以看出，在制订服务业的综合计划时应采取与制造业不同的策略。对于固定投资较大、单位可变费用较低的企业，应通过调节需求来最大化服务能力利用率。如何达到这个目的呢？经过实践经验的总结和理论研究，人们提出了一种新的运营管理模式，这就是收益管理。

最早应用收益管理方法的当属航空公司。1978 年，美国放宽对航空客运的管制，允许航空公司开辟新的航线，允许航空公司制定浮动票价。1985 年，美国航空公司（American Airlines）开发出一种计算机软件系统，对机票价格实行动态管理，标志着收益管理的产生。美国航空公司的具体做法是实时掌握同一航线上不同航空公司的航班情况，及时调整本航空公司的票价，采取超预订策略，控制折扣机票，通过机票价格调整不同航线上的客流量等。颇具戏剧性的是，当美国航空公司于

1992年利用收益管理这一"秘密武器"挑起史上规模最大的价格大战（即1992航空血战）时，美国航空公司并未从中捞到任何好处，反而被大陆航空公司捡了便宜。但大陆航空公司足以让人失望：它并未能利用这次胜利来发展壮大自己，最终于2010年因为运力不足和高额负债而投入美国联邦航空的怀抱。

所谓收益管理，就是利用时间的"一维性"特征，在市场细分、消费者行为模式分析、供求关系预测的基础上，通过市场、产品、价格多种组合方案提高运营能力利用率，进而提高收益。收益管理也就是在适当的时间（time），把适当的产品（product），以适当的价格（price），卖给适当的消费群体（market）。

2. 实施收益管理的基本条件

收益管理最适用于具有以下特征的服务企业。

（1）固定投资较大，运营能力不易改变。

（2）单位可变成本较低。

（3）可对市场进行细分。

（4）产品不易储存。

（5）产品可预售。

（6）需求波动较大。

显然，航空行业具有上述全部特征。这也是航空行业能够成功应用收益管理的原因之所在。除航空行业外，饭店、出租业、旅游业、演艺等也具备上述特征。今天，随着先进信息技术的应用和管理水平的提高，几乎在所有服务业中都能找到收益管理的应用。

3. 实现收益管理的基本策略

1）市场细分

消费者的需要和欲望、购买行为和购买习惯总会有不同之处，正是根据这些不同，可以把某一产品的整体市场划分为若干个消费者群。每一个消费者群就是一个细分市场，每一个细分市场都是具有类似需求倾向的消费者构成的群体。市场细分的标准通常有4个，即地理因素、人口统计因素、心理因素、行为因素。

2）为不同的细分市场提供不同的产品

市场不同，就应为其提供不同的产品，哪怕产品细分就是在市场细分的基础上，哪怕不同产品之间的差异非常细微。

假设乘客从北京飞往上海，从其拿起行李出发到抵达目的地，航空公司所能提供的服务不会有太大的差异：在同一航班上的不同乘客的飞行高度是一样的，飞行速度也是一样的，不可能有人比别人早起飞，也不可能有人比别人早落地。但正是因为同一航班上有不同的乘客，他们代表着不同的乘客群体，从而需要对航空客运服务进行细分：候机时有免费的饮料，即使这些饮料只有几元钱；有些座位稍许宽敞一点；所能阅读的报纸多一种；早1分钟送来枕头和毯子,不一而足。

又如顾客入住一家酒店，酒店所能提供的服务不会有太大的差异：睡在一张特大号的床上与睡在一张普通的床上，当顾客进入梦乡之后，不会有太多的差异，不是睡在一张特大号的床上就一定会做美梦，而睡在一张普通的床上就一定会做噩梦。但正是因为同一酒店入住的顾客不同，他们代表着不同的顾客群体，从而需要酒店对提供的服务进行细分：观景不同，哪怕窗外只是多了一片树林；有免费的水果，即使这些水果在酒店门口的路边花不到5元钱就可以买到；免费牙刷比别的房间质量好一些，尽管也都是一次性的，不一而足。

3）基于市场需求定价而非成本加成定价

相同的产品，对同一个顾客在不同的时期，其价值是不同的。而且，对某一个公司，同一个顾客在这个时期是有价值的，但在另一个时期却是无价值的。收益管理的基本策略之一就是把产品销售给最有价值的顾客。这一策略可用图7-4来描述。

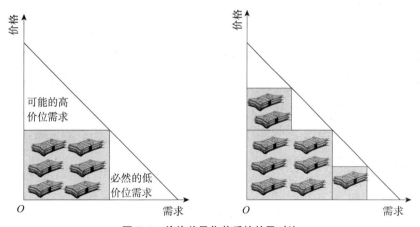

图7-4　价格差异化前后的效果对比

从图7-4可以看出，价格差异化前后的效果相差很大。价格差异化，增加了可能的高价位的需求和必然的低价位的需求，从而提高了收益。例如，寒冷的冬季是旅游淡季，但是就世界闻名的故宫，既可以通过推出低价票来增加国内的客流量,又可以同时推出高价票以让顺道而来的国外朋友了却参观中国古代皇宫的心愿。

企业有许多定价方法,为有效实施收益管理,应以市场需求定价为主,而非以成本加成定价为主。以市场需求定价就是在细分市场的基础上,确定不同顾客的支付意愿,根据支付意愿确定最合适的价格。

如果把所细分产品这一因素考虑进去,针对不同的市场(顾客),价格差异化将会起到更大的作用。

4)业务流程优化基础上的超额预售

(1)超额预售。超额预售是在实施收益管理时常用的一种策略。超额预售的基本出发点是担心预订的顾客届时爽约。显然,超额预售会有一种风险,那就是预订的顾客全部到来。以下举例说明如何合理地确定超额预售量。

2011年五一黄金周对北京的租车行业来说绝对是一个不容错过的机会。5月的北京春暖花开,历来就是一个旅游旺季。2011年的五一又是北京实行轿车摇号上牌以来第一个五一黄金周。北京通达租车服务有限公司(以下简称"通达公司")专营轿车租车业务。通达公司以向外出租中型轿车为主。为应对不测,公司还拥有少量的小型车和大型车。在卖方市场情况下,签约量的确定是个关键问题:如果签约量太小,顾客取消了预约的车辆,每空闲一辆轿车,通达公司就损失800元;如果预约量太大,履约的顾客超过了签约量,通达公司必须以中型车的价格向顾客提供一辆大型车。而这辆大型车本来可以以更高的价格出租,所以通达公司将损失掉由于出租这辆大型车可能得到的额外收益。如果连大型车也不能提供给顾客,公司就会面临赔偿。假设每一辆大型车因此为公司带来的损失为2 000元。

通达公司早在几年前就引入了收益管理系统,已经积累了大量历史数据。根据近5年的数据,考虑到受北京实行的轿车摇号上牌措施的影响,通达公司估算出五一黄金周一定数量的顾客爽约的概率,如表7-6所示。

表7-6 顾客取消预约的概率

取消预约的人数	概率	累计概率
0	0.04	0.04
1	0.06	0.10
2	0.10	0.20

续表

取消预约的人数	概率	累计概率
3	0.15	0.35
4	0.20	0.55
5	0.15	0.70
6	0.11	0.81
7	0.07	0.88
8	0.06	0.94
9	0.04	0.98
10	0.02	1.00

有了这些基础数据，通达公司就可以确定在已有中型轿车的基础上多签约多少辆才是最理想的。为此需要计算超签约成本，如表 7-7 所示。

表 7-7 超签约成本计算结果

爽约人数	概率	超签约车数										
		0	1	2	3	4	5	6	7	8	9	10
0	0.04	0	2 000	4 000	6 000	8 000	10 000	12 000	14 000	16 000	18 000	20 000
1	0.06	800	0	2 000	4 000	6 000	8 000	10 000	12 000	14 000	16 000	18 000
2	0.10	1 600	800	0	2 000	4 000	6 000	8 000	10 000	12 000	14 000	16 000
3	0.15	2 400	1 600	800	0	2 000	4 000	6 000	8 000	10 000	12 000	14 000
4	0.20	3 200	2 400	1 600	800	0	2 000	4 000	6 000	8 000	10 000	12 000
5	0.15	4 000	3 200	2 400	1 600	800	0	2 000	4 000	6 000	8 000	10 000
6	0.11	4 800	4 000	3 200	2 400	1 600	800	0	2 000	4 000	6 000	8 000
7	0.07	5 600	4 800	4 000	3 200	2 400	1 600	800	0	2 000	4 000	6 000
8	0.06	6 400	5 600	4 800	4 000	3 200	2 400	1 600	800	0	2 000	4 000
9	0.04	7 200	6 400	5 600	4 800	4 000	3 200	2 400	1 600	800	0	2 000
10	0.02	8 000	7 200	6 400	5 600	4 800	4 000	3 200	2 400	1 600	800	0
超签约成本/元		3 560	2 872	2 352	2 112	2 292	3 032	4 192	5 660	7 324	9 156	11 100

表 7-7 中，

3 560（元）=0.04×0+0.06×800+0.10×1 600+0.15×2 400+0.20×3 200+0.15×4 000+ 0.11×4 800+0.07×5 600+0.06×6 400+0.04×7 200+0.02×8 000，

2 872（元）=0.04×2 000+0.06×0+0.10×800+0.15×1 600+0.20×2 400+0.15×3 200+ 0.11×4 000+0.07×4 800+0.06×5 600+0.04×6 400+0.02×7 200。

余者类推。

表 7-7 显示，当超签约车数为 3 辆时，成本最低，为 2 112 元。

从本例中可以看出，为保证收益管理中超额预售策略的有效实施，必须较准确地估算违约概率。这需要公司进行多年的数据积累与分析。

实际中，收益管理远比这个例子复杂，体现在违约成本具有不确定性，爽约概率的变动。需要采用更专业的优化和仿真方法以及专用的软件包来辅助求解。

（2）业务流程优化。可以看到，基于多年的信息积累，执行所确定的超额预售数量，只是达到了预期收益，或者减少了预期成本。但是，仍然会有顾客全部或者部分取消订单的情况出现。为了应对这两种情况的发生，就需要建立有效的协调机制，必要时，建立标准的处置流程。这是有效实施收益管理的基础工作。例如，在航空公司离港管理中，应建立登机与出票流程的协调机制。同时，授予服务人员即时返还现金（因超额预售而对无法登机顾客的补偿）或免费升舱的权力。

应当注意，收益管理方法应用不当，可能会带来负面影响，应力求避免：

①对顾客需求把握不准而错误地细分了市场，或者没有注意到顾客需求特性发生了变化。

②产品变化不明显，而价格差异化过大，即没有做好价格屏蔽。

③价格变动过于频繁。

④超额预售不是建立在流程优化的基础之上。

7.4 服务系统作业排序

7.4.1 排队模型

1. $M/M/s/\infty$ 模型

此模型顾客到达为泊松到达，服务台的服务时间服从指数分布，系统有 s 台服务台，系统服务人数无限制。

当 $s=1$ 时为单服务台系统；当 $s>1$ 时为多服务台系统。

若系统内的顾客数 $n>s$，则有 $n-s$ 个顾客在等待服务。

服务强度：$\rho = \dfrac{\lambda}{s\mu}$。

令 $\delta = \dfrac{\lambda}{\mu}$

则系统的稳态概率为 $p_n = \lim\limits_{k\to\infty} p\{N_k = n\} = \lim\limits_{k\to\infty} p\{N(t) = n\}$

服务台全部空闲的概率：$P = \sum\limits_{k=0}^{s} \dfrac{\delta^k}{k} + \dfrac{\delta^s}{s - \rho}$

任意时刻状态为 n 的概率：$P_n = \begin{cases} \dfrac{\delta^n}{n} P & 0 \leqslant n \leqslant s \\ \dfrac{\delta^n}{s \times s^{n-s}} P & n > s \end{cases}$

四项主要工作指标如下。

（1）平均等待队长。

$$L_q = \dfrac{\delta^s \rho}{s - \rho} P$$

（2）平均队长。

$$L = L_q + \delta$$

（3）平均逗留时间。

$$W = \dfrac{L}{\lambda}$$

（4）平均等待时间。

$$W_q = \dfrac{L_q}{\lambda}$$

$$PN \geqslant k = \sum_{n=k}^{\infty} P_n = \dfrac{\delta^k \rho}{k - \rho} P$$

特别地，当 $S = 1$（单服务台系统）时：

$$\rho = \dfrac{\lambda}{\mu} = \delta$$

$$P = -\rho$$

$$P_n = \rho^n - \rho$$

$$L = \dfrac{\lambda}{\mu - \lambda} = \dfrac{\rho}{1 - \rho}$$

$$L_q = \dfrac{\lambda}{\mu - \lambda} \rho = L\rho$$

$$W = \dfrac{L}{\mu - \lambda}$$

$$W_q = W\rho$$

2. M/M/s/r 模型

此模型顾客到达为泊松到达,服务台的服务时间服从指数分布,系统有 s 台服务台,系统服务人数容量为 r。

当 $r=s$ 时为损失制系统;当 $r>s$ 时为混合制系统。

当顾客到达系统时,若系统已经满员($N=r$),则后到的顾客就自动消失。

不需规定 $\rho<1$,就能保证系统达到稳态。

当 $s=1$ 时,

服务强度:$\rho=\dfrac{\lambda}{\mu}$

稳态概率为

$$P_0 = \begin{cases} \dfrac{1-\rho}{1-\rho^{r+1}} & (\rho \neq 1) \\ \dfrac{1}{r+1} & (\rho=1) \end{cases}$$

$$P_n = \begin{cases} \rho^n P_0 & (\rho \neq 1) \\ P_0 & (\rho=1) \end{cases}$$

平均队长、平均等待队长:

$$L = \begin{cases} \dfrac{\rho}{1-\rho} - \dfrac{(r+1)\rho^{r+1}}{1-\rho^{r+1}} & (\rho \neq 1) \\ \dfrac{r}{2} & (\rho=1) \end{cases}$$

$$L_q = L - (1-P_0)$$

到达的潜在顾客能进入系统的概率为

$$1-P_r$$

系统的有效平均到达率为

$$\lambda_e = \lambda(1-P_r) = \mu(1-P_0)$$

3. M/M/s/m/m 系统

此模型顾客到达为泊松到达,服务台的服务时间服从指数分布,系统有 s 台服务台,系统服务容量为 m,且顾客数来源总数固定为 m。

典型情况:①s 名电工共同负责 m 台机器的维修;②m 个车工共同使用 s 个电动砂轮;③m 个教师共同使用计算机终端;④一家人共同使用一个卫生间等。

顾客源即 m 台机器,机器发生故障表示顾客到达;s 名电工即服务台。

图 7-5 是一个循环排队系统。

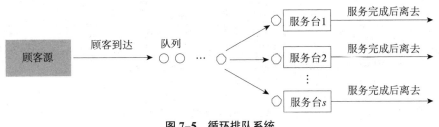

图 7-5 循环排队系统

设（1）m 台机器质量相同，每台机器连续运转时间相互独立，都服务参数为 λ 的指数分布。λ 是 1 台机器在单位时间内发生故障的平均次数，每台机器连续运转时间为 $1/\lambda$。

（2）s 名电工技术程度相同，每人对机器的修复时间相互时间都服从参数为 μ 的指数分布。μ 是 1 个工人在单位时间内修复机器的台次，工人修复每台机器的平均时间为 $1/\mu$。

（3）机器的正常运转与修复状态相互独立，修复的机器具有与新机器相同的质量。

系统的服务强度为

$$\rho = \frac{m\lambda}{s\mu}$$

令 $\delta = \dfrac{\lambda}{\mu}$ $r = \dfrac{\lambda}{s\mu}$

稳态概率为

$$P_0 = [\sum_{k=0}^{s}\frac{m!}{k!(m-k)!}\delta^k + \frac{s^s}{s!}\sum_{k=s+1}^{m}\frac{m!}{k(m-k)!}r^k]^{-1}$$

$$P_n = \begin{cases} \dfrac{m!}{(m-n)!n!}\delta^n P_0 & (n=0, 1, 2, \cdots, s) \\ \dfrac{m!s^s\rho^n}{(m-n)!s!}r^n P_0 & (n=s+1, s+2, \cdots, m) \end{cases}$$

有效平均到达率：$\lambda_e = \lambda m - L$

特别地，当 $s=1$ 时：

$$\rho = \frac{m\lambda}{\mu}$$

$$P_0 = [\sum_{k=0}^{m}\frac{m!}{(m-k)!}\delta^k]^{-1}$$

$$P_n = \frac{m!}{(m-n)!}\delta^n P_0 \quad (n=0, 1, 2, \cdots, s)$$

$$L=m-\frac{\mu}{\lambda}(1-P_0)$$

$$L_q=m-\frac{(\lambda+\mu)(1-P_0)}{\lambda}=L-(1-P_0)$$

$$\lambda_e=\lambda(m-L)=\mu(1-P_0)$$

$$W=L/\lambda_e$$

$$W_q=L_q/\lambda_e$$

7.4.2 员工排班计划

工作轮班在服务业与制造业中是一个普遍存在的问题，工作轮班计划也是一类排序问题。

轮班问题多种多样。企业的工作制度不同，工作轮班的方式也不同，下面重点介绍两种主要的工作轮班计划。

1. 以班组为单位的轮班计划

在大多数情况下，企业中上班的人数是固定的，并且按照固定的班组与班次上班，比如一天两班、三班或四班，这时候轮班计划以班组为单位，安排不同班组的休息与上班时间是工作轮班计划的主要任务。大规模的工厂与服务企业基本采用这种工作轮班计划。以班组为单位的轮班计划一般有两班制、三班制、四班制三种。两班制的轮班比较简单，每天分两班，每班上8小时，每隔一周或两周调换一次；三班制的轮班稍复杂些，一般而言，三班制的夜班比较辛苦，因此必须倒班，轮流上夜班。

三班倒的工作劳动强度大，因为如果连续工作又没有顶班的话，这三个班的人是没有休息日的。为此企业一般采用"四班三运转"的轮班方法，企业业务常年不中断，每天24小时正常上班，每天保证有一班在休息，三个班在上班（运转）。

2. 以个人为单位的轮班计划

在某些情况下，餐饮和零售业企业在不同时间段所需的工作人员数会由于服务需求而有所不同，有时增加，有时减少。因此轮班上岗人员是按照实际人员需求来安排的，每一时间段的上班人数都不相同，并且每个人上班没有固定的工作班组。这种轮班方式是以个体为单位的，轮班计划具体落实到个人。

以个体为单位的轮班计划是一种无固定班组的轮班计划，每个人没有固定的工作班组，每个时间段上岗的人员也是不固定的，会随需求量的变化而改变，因此这种轮班问题是最复杂的。无固定班组的人员轮班计划分日工作制轮班与小时工作制轮班两种情况。在小时工作制下，企业一般只需要对每天不同时段的人力进行安排。在日工作制下，除了对每天的上岗人数作出安排外，还需要对休息日作出安排，同时也要考虑单班次与多班次的不同情况，一般情况下考虑单班问题（每天一班）。

解决无固定班组的轮班问题一般采用启发算法，启发算法能得到近优解，不一定能得到最优解。下面介绍一种制订无固定班组的单班次轮班计划的方法，这种方法可以使每个工作人员每周的两个休息日尽可能连续，还可以做到人员需求量最少，其基本步骤如下。

步骤1：根据每周的人员需求量，找出人员需求量之和最小的连续两个工作日，安排一名人员在这两天休息。

步骤2：其他工作日的需求人数减去已经安排休息的一个人。

步骤3：重复步骤1和步骤2，直到全部需求被满足或人员全部安排完为止。

本章小结

本章对作业管理中作业计划的相关概念和方法进行了介绍，应了解当前现代企业在作业管理中所面临的市场环境，理解作业排序的内容及未来发展趋势；明确生产作业控制功能，以及现场管理方法；理解并掌握收益管理的概念和内容。

即测即练

五问复盘

1. 什么是作业计划？如何制订作业计划？
2. 生产作业控制有哪些常见方法？

3. 如何进行作业排序？

4. 服务系统作业规划有哪些方法？

5. 服务系统排序模型有哪几种？

思维转变

通过网络收集一个案例，简述如何进行作业排序。

实践链接

第 8 章　运营系统辅助管理

 学习目标

> 知识目标：

1. 了解设备管理基本概念和内容。

2. 掌握库存分类方法和经济订货批量模型。

3. 理解统计过程控制和全面质量管理概念。

> 能力目标：

1. 能够制定设备使用、检查与维修操作中的通用性标准。

2. 能够运用经济订货批量模型解决多周期订货决策问题。

3. 能够运用全面质量管理的核心思想和主要工具方法。

> 思政目标：

1. 通过对设备管理的学习，引导学生了解中国自主研发的处于国际领先水平的大型高科技设备，增强学生民族荣誉感和自豪感。

2. 通过对库存管理的学习，引导学生了解供给侧改革的内容和意义，理解供给侧改革对于降低全社会总库存的重要作用。

3. 通过介绍中国企业在维护质量方面的典型案例，让学生了解中国企业的社会责任意识，了解产品质量是中国企业走向世界的根本基石，促进学生牢牢树立质量是生命线的观念。

思维导图

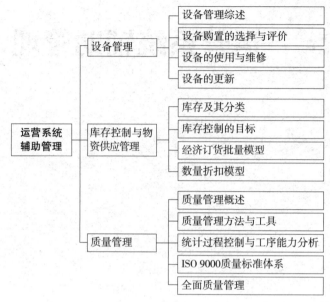

案例导入

连云港外贸冷库

连云港外贸冷库于1973年由对外贸易经济合作部投资兴建，是我国外贸系统的大型冷藏库之一，由12 000吨的低温库（-18 ℃）和5 000吨的保鲜库（0 ℃）组成，配备双回路电源。另有3 000平方米的普通仓库、100多吨运力的冷藏车队、年加工能力为1 500吨的冷冻品加工厂。其经营范围为物资储存，商品储存、加工；食用油及制品、副食品、饲料、建筑材料、金属材料的销售、代购、代销；公路运输服务等。

冷库所处区位优越，在连云港港区内，门前公路东接港口，西接宁连、徐连、汾灌高速公路，距离连云港民航机场只有50千米，库内有铁路专用线与亚欧大陆桥东桥头堡相连，毗邻公路、铁路客运站，交通十分便捷。

设备完善的主库和从日本引进的组装式冷库构成了一流的冷冻冷藏条件，保鲜库为国内外顾客储存苹果、蒜头、洋葱等果品、蔬菜类保鲜食品。冷冻品加工厂设备完善，质保体系严格，采用恒温避光作业，拥有蔬菜、水产品两条加工生产线，可常年同时加工鲜、冻农副产品及水产品，其富庶仓库在存放商品方面条件优越。

问题：

1. 上述案例涉及哪些有关设备管理的问题？
2. 冷库如何进行库存管理和质量管理？

本章介绍了设备管理的定义、内容、如何使用、检修以及折旧和更新；库存管理的定义、模型；统计过程控制和全面质量管理。

8.1 设备管理

8.1.1 设备管理综述

1. 设备与设备管理

1）设备及其分类

设备是指企业中长期使用，在使用过程中基本保持其实物状态，价值在一定限额以上的劳动资料和其他物质资料的总称。

工业企业的设备种类繁多、规格复杂，按在生产中的用途可分为以下五类。

（1）通用设备，包括锅炉、蒸汽机、内燃机、发电机及电厂设备、铸造设备、机加设备（车、铣、刨、磨、钻等）、分离机械、电力设备、电气机械以及工业炉窑等。

（2）专用设备，包括矿业钻机、石油开发专用设备、化工专用设备、建筑材料专用设备、电子工业专用设备、非金属矿采选与制品设备以及各种轻工专用设备等。

（3）交输运输工具，包括汽车、机车、船舶、飞机等。

（4）建筑工程机械，包括混凝土搅拌机、推土机、铲车、挖掘机等。

（5）主要仪器、仪表、计量器具。

当然，还可以根据其他标准对设备进行分类，如按照在企业中的重要性就可以分为重点设备、主要设备和一般设备三大类。

对设备进行科学合理的分类有助于建立相应的设备台账、健全基础工作，以利于设备管理工作的开展。

2）设备管理的意义

设备是人类生产活动或其他活动的工具，在生产的主体由人力逐渐向设备转移的今天，管理好设备，使设备始终处于最佳状态，对企业竞争力的影响和意义是极大的。

（1）设备管理直接影响企业管理的各个方面。在现代化的企业里，企业的计划、交货期都要考虑设备的状态，企业生产系统、信息系统的监控活动水平更是与设备状态紧密相关。

（2）设备管理水平的高低直接关系到企业产品产量目标和质量目标的实现，也直接关系到安全生产和环境保护。

（3）设备管理水平的高低直接影响着企业产品的制造成本的高低。

（4）设备管理水平的高低也对企业生产资金的合理使用有直接影响。因为，在工业企业中，设备及其备品备件所占用的资金一般要占到企业全部生产资金的50%以上。

3）设备管理的内容

设备管理是指依据企业的生产经营目标，通过一系列的技术、经济和组织措施，对设备寿命周期内的所有物质运动形态和价值运动形态进行综合管理。这里所说的设备寿命周期是指设备从规划、购置、安装、调试、使用、维修、改造、更新直至报废的全过程所经历的时间。

为实现企业生产经营目标和促进生产发展，设备管理可分为前期与后期两个阶段的管理。前期管理主要包括：制订企业设备的规划，选择、采购或自行设计制造所需要的设备；组织设备的安装调试，使之投入正常的运行。设备的后期管理包括：对投入运行的设备进行正确的使用、精心维护保养、及时检修；对设备进行更新、改造。

2. 设备管理发展历程

设备管理从产生至今已有近百年的历史。大体上看，设备管理经历了三个发展阶段。

（1）事后修理阶段。事后修理阶段的特点是设备发生故障之后，再进行修理，即以事后修理为主要管理模式。这种设备管理模式下，往往因事先不知道故障何时发生，缺乏修理前的准备而使修理停歇时间较长。并且常常因修理无计划而使生产计划和交货期受到影响。目前，这种管理模式只在不重要的、对生产过程影响不大的设备中采用。

（2）预防维修阶段。20世纪50年代，为了减少设备修理对生产计划和交货期的影响，减少停工修理时间，一些工业发达国家依据美苏在二三十年代提出的预防维修的概念，开始由事后修理向定期预防修理转变。定期预防维修模式强调设备管理以预防为主，采用适当的方法和组织措施，注重设备使用过程中的维护、保养、检查，并依据设备磨损规律和检查结果，在设备发生故障之前进行有计划的修理。保证设备正常运行，提高了设备的利用率。

（3）综合管理阶段。20世纪70年代，设备管理吸收了系统论、控制论、信息论的基本原理和行为科学等的原理与思想，形成了设备综合管理理论。其标志是设备综合工程学（terotechnology）、全员生产维修（total productive maintenance，TPM）理论与方法的提出。

设备综合管理是指在设备预防维修的基础上，从行为科学、系统理论的观点出发，对设备进行全面管理的一种重要方式。与以往的设备管理相比，设备综合管理具有系统性强、综合性强、群众性强的特点。

8.1.2 设备购置的选择与评价

1. 设备的种类

（1）管理用设备。管理用设备是指经营管理方面使用的各种设备，如打字机、计算机、油印机等。

（2）生产用设备。生产用设备是指具有改变原材料属性或形态、功能的各种工作机器和设备。如金属切削机床、锻压设备、铸造设备、木工机械、电焊机、电解槽、反应釜、离心机等。在生产过程中，用以运输原材料、产品的各种起重装置，如桥式起重机、皮带运输机等，也应该作为生产用设备。

（3）动力设备。动力设备是指用以取得各种动能的设备。如锅炉、蒸汽轮机、发电机、电动机、空气压缩机、变压器等。

（4）传导设备。传导设备是指用以传送热力、风力、气体、其他动力和液体的各种设备。如上下水道、蒸汽管道、煤气管道、输电线路、通信网络等。

（5）交通运输设备。交通运输设备是指用以载人和运货的各种用具。如汽车、铁路机车、电瓶车等。

（6）仪器仪表。仪器仪表是指具有独立用途的各种工作用具、仪器和生产用具。如切削工具，压延工具，铸型，风铲，检验和测量用的仪器，用以盛装原材料或产品的桶、罐、缸、箱等。

2. 设备购置的技术经济分析评价

设备购置总的原则应是技术上先进、经济上合理、生产上可行。

1）设备购置的技术性分析评价

在进行设备购置的技术性评价时，具体可考虑如下因素。

（1）生产效率。应与企业的长短期生产任务相适应。

（2）安全性。对生产安全的保障性尤其对人身安全的保障性。

（3）配套性。性能、能力方面的配套性。

（4）可靠性。精度保持性、零件耐用性、操作安全性。

（5）适应性。与原有设备及所产产品相适应。

（6）节能性。设备对能源消耗和原材料消耗的程度。

（7）维修性。可维修、易维修、售后服务好。

（8）环保性。噪声、有害物质排放符合标准。

2）常用经济评价

（1）投资回收期。

投资回收期（率）=设备投资额/采用新设备后节约额

（2）年费法。

设备平均年总费用=（购置费–残值）×资本回收系数+残值×利息率+每年使用费

（3）现值法。

设备寿命周期费用现值=设备购置费+年使用费×年金现值系数–残值×现值系数

8.1.3 设备的使用与维修

1. 设备磨损及其规律

1）设备的有形磨损

设备的有形磨损指设备在使用过程中因震荡、摩擦、腐蚀、疲劳或在自然力作用下形成的设备实体的损耗，也称物质磨损。

（1）第Ⅰ种有形磨损。在使用过程中，摩擦、应力及化学反应等原因造成的有形磨损，又称使用磨损。第Ⅰ种有形磨损与设备的使用时间和使用强度有关。其表现在以下几方面。

①零部件尺寸变化，形状变化。

②公差配合性质改变，性能、精度降低。

③零部件损害。

（2）第Ⅱ种有形磨损。不是由于使用而产生的，而是在闲置过程中受自然力的作用所发生的有形磨损，又称自然磨损。它与设备的闲置时间和闲置环境，以及使用或者闲置期间的维护状况有关。

（3）有形磨损曲线（规律）。设备有形磨损的发展过程具有一定的规律性，一般分为三个阶段（图 8-1）。

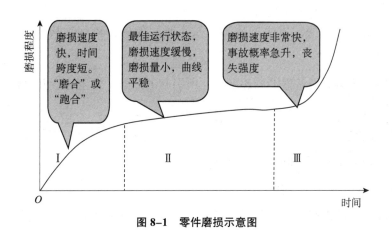

图 8-1　零件磨损示意图

第 I 阶段：初期磨损阶段。

这个阶段，零件磨损速度快，时间跨度短，一般是我们常说的"磨合"或"跑合"的状态。

第 II 阶段：正常磨损阶段。

这个阶段零件处于最佳运行状态，磨损速度缓慢，磨损量小，整体曲线呈现平稳状态。

第 III 阶段：急剧磨损阶段。

到该阶段，零件的磨损速度非常快，零件基本丧失精度和强度，事故概率也会急升。

2）设备的无形磨损

设备的无形磨损不表现为实体的变化，却表现为设备原始价值的贬值，又叫精神磨损。其有以下两种情况。

（1）第 I 类无形磨损。由于设备制造工艺的不断改进，劳动生产率不断提高，生产同种设备所需要的社会平均劳动减少，成本降低，从而使原已购买的设备贬值，但不影响设备功能。

（2）第 II 类无形磨损。由于社会技术的进步，出现性能更完善和效率更高的新型设备，致使原有设备陈旧落后，丧失部分或全部使用价值，又叫技术性无形磨损。

2. 设备故障及其规律

1）设备故障

设备故障是指设备在其寿命周期内，由于磨损或操作使用等，设备暂时丧失其规定功能的状况。

（1）突发故障。突然发生的故障。发生时间随机，较难预料，设备使用功能丧失。

（2）劣化故障。设备性能的逐渐劣化所引起的故障。发生速度慢，有规律可循，局部功能丧失。

2）设备故障率

设备故障率是单位时间内故障发生的比率。

3）设备故障曲线（规律）

实践证明，可维修设备的故障率随时间的推移呈曲线形状，这就是著名的"浴盆曲线"。设备维修期内的设备故障状态分三个时期。

（1）初始故障期。故障率由高而低。材料缺陷、设计制造质量差、装配失误、操作不熟练等原因造成。

（2）偶发故障期。故障率低且稳定，由于维护不好或操作失误造成。此时期为最佳工作期。

（3）耗损故障期。故障率急剧升高，磨损严重，有效寿命结束。

3. 设备的检查、保养与维修

1）设备检查

设备检查是对设备的技术状态、工作精度、磨损或腐蚀程度进行检查和校验并进行记录。其目的是及时发现存在的隐患，有针对性地提出采取预防措施和排除故障。同时，根据检查的状况事先准备好备件，做好维修前的准备工作，提高维修质量，缩短维修时间。

设备的检查一般可分为日常检查、定期检查和重点检查三类。

（1）日常检查。日常检查又称巡回检查，是操作人员和专职保全人员在设备运行中，按设备管理方案规定的巡查频率和巡查项目进行的常规检查。日常检查主要通过摸、看、听、嗅等直觉感官方式或简单工具来进行，一般在每天或交接班时进行。

（2）定期检查。定期检查是维修人员在操作人员的配合下，按计划定期进行的。

目的在于查明零部件磨损与腐蚀情况，作为确定修理类别、修理时间和进行修理前的各项准备工作的依据。

（3）重点检查。重点检查是设备管理部门依据设备运行规律以及日常检查、定期检查的统计资料，或依据同行业同类设备发生问题的规律，研究确定一定的检查项目，然后进行检查。比如对高温高压设备的探伤检查，目的是了解设备中的关键的、已损坏的零部件的状况。

2）设备的维护保养

设备的维护保养是指人们为保持设备正常工作以及消除隐患而进行的一系列日常保护工作。保养按工作量大小和维护广度、深度可分为如下几种类型。

（1）日常保养。重点对设备进行清洗、润滑、紧固、检查，由操作人员进行。

（2）一级保养。普遍地进行清洗、润滑、紧固、检查，局部调整，由操作人员在专业维修人员指导下进行。

（3）二级保养。对设备局部解体和检查，进行内部清洗、润滑，恢复和更换易损件，由专业维修人员在操作人员协助下进行。

（4）三级保养。对设备主体进行彻底检查和调整，对主要零部件的磨损检查鉴定，由专业维修人员在操作人员配合下定期进行。

3）设备的维修

设备维修是对设备的磨损或损坏所进行的补偿或修复。其实质是补偿设备的物质磨损。

设备维修是修复或更换易损零部件、调制设备的精度、排除故障、恢复设备原有功能的一系列技术活动的总称。其目的在于恢复设备的精度与功能，提高设备使用效率，延长设备使用寿命，保持设备的生产能力。

设备修理可分为恢复性修理与改善性修理。前者主要以恢复设备的功能和延长设备寿命为目的。后者是指结合修理对设备故障多的部分进行改进和改装，以达到降低故障率的目的。

根据设备修理内容及工作量的大小，把设备修理分为小修、中修和大修三种。

（1）小修。小修是指对少量易损零件的修复更换、调整以及设备的清洗，消除一些小缺陷，以保证设备能正常使用到计划中的下一次修理。

（2）中修。中修是指对设备的主要零部件进行局部修复和调整，校正基准，并更换一些经鉴定不能继续使用至下次中修时的主要零部件，使设备达到规定的精度、性能和生产能力。

（3）大修。大修是指对设备的整体进行拆卸，修复或更换全部磨损零件，修复基准件，基本恢复设备原有的精度和性能。大修理的同时往往还按照计划进行改造，以求改变设备在技术上趋于落后的状况。

上述三种维修，在维修完成后都必须进行试运转，并按规定分别由使用单位、操作人员和有关部门验收。重点设备还应由设备主管部门派员参加验收。

设备维修决策：设备状态检测决策和设备维修计划决策。

维修方式选择：事后维修、预知维修、预测维修、改善维修、定期维修。

4. 全员生产维修

全员生产维修是日本在美国生产维修制度基础上，根据英国人创立的设备综合工程学，于1971年建立起的富有日本特色的生产维修制度，是一种非常有效的设备管理模式。TPM也可以称作全面生产维修。以下简单介绍TPM的基本思想与主要内容。

TPM的基本思想可概括为"三全"，即全效率、全系统、全员。

（1）全效率。全效率即追求设备整个寿命周期内的输出与设备整个寿命周期内的费用之比最大。

（2）全系统。从纵向，把设备的设计、制造、使用、维修、改造，直至更新、报废的全过程都管起来；从横向，与设备相关的计划、使用、维修等所有部门都要参加进来。

（3）全员。从最高管理者到一线工人都组织起来参加设备管理，分别承担相应的职责。

8.1.4 设备的更新

1. 设备更新概述

1）设备更新的概念

设备在使用过程中，遭受综合磨损的机器需要及时更新，这是生产继续进行的重要保证。从广义上讲，设备更新包括设备的修理、设备更换、设备技术改造。从狭义上讲，设备更新则专指更换，是以结构更加先进、技术更加完善、生产技术更高的新设备代替技术上、经济上都不能使用的旧设备。

2）设备更新的形式

（1）原型更新。用结构相同的新设备去更换有形磨损严重不能继续使用的旧设备。这种更新主要是解决设备的损坏问题，不具有更新技术的性质，不能促进技术的进步。

（2）技术更新。用技术更先进、结构更完善、效率更高、性能更好、耗费能源和原材料更少的新型设备来替换技术上落后、经济上不宜继续使用的设备。

2. 设备寿命

设备更新的核心工作，是确定设备的经济寿命。设备的寿命包括物理寿命、技术寿命、经济寿命和折旧寿命。

（1）物理寿命，是指设备从全新状态下开始使用，直到不堪再用而予以报废的全部时间过程，物理寿命主要取决于设备有形磨损的速度。

（2）技术寿命，是指设备在开始使用后持续的能够满足使用者需要功能的时间，其时间长短主要取决于无形磨损的速度，技术进步速度越快，设备的技术寿命越短。

（3）经济寿命，是指从经济角度判断的设备最合理的使用年限，在数值上等于使投入使用的设备等额年总成本（包括初始购置费用和使用过程中的年运营费用）最低或等额年净收益最高的期限，经济寿命是有形磨损和无形磨损共同决定的。

（4）折旧寿命，是指设备的折旧年限。它指设备从全新状态开始使用，到其原始投资通过折旧的方式全部回收时所经历的时间。

8.2 库存控制与物资供应管理

企业是通过向社会提供所需要的产品或者服务来获取利润的经济组织。对于企业而言，在把原材料加工成产成品、再由产成品到销售的整个环节都需要进行物资的采购、加工、存储、组织等一系列管理工作。通常意义上我们称之为物资供应管理，而物资供应管理的核心工作是库存管理。

8.2.1 库存及其分类

早在 1915 年，哈里斯（F. W. Harris）就对银行货币的储备进行了详细的研究，建立了一个确定性的库存费用模型，并确定了最优解，即最佳批量。1934 年，威尔逊（R. H. Wilson）重新得出了哈里斯的公式，即经济订购批量（economic order quantity，EOQ）的计算公式，或称威尔逊公式。经济订购批量研究了如何从经济的角度确定最佳订货数量，从根本上改变了人们对库存问题的传统认识，是对库存理论研究的一个重大突破，可以说是现代库存理论的奠基石。

1. 库存的概念

库存（inventory or stock）就是存货，即暂时处于闲置状态的资源。闲置的资源可以是在仓库里、生产线上或车间里，也可以是在运输途中。库存的存在主要是由供需双方在时间、空间和数量上的不确定性或者矛盾所引起的。

2. 库存的分类

（1）按在投入—转换—产出过程中所处的状态，库存可划分为原材料库存、在制品库存、维修库存、成品库存。原材料库存包括原材料和外购零部件。在制品库存包括处在产品生产不同阶段的半成品。维修库存包括用于维修与养护的经常消耗的物品或部件。成品库存是准备销售给用户的产品所形成的库存。

（2）按库存的作用，库存可划分为周转库存、安全库存、调节库存和在途库存。周转库存的产生是基于经济订购批量思想。安全库存是为了应付需求、生产周期或供应周期等可能发生的不测变化而设置的一定数量的库存。调节库存是用于调节需求或供应的不均衡、生产速度与供应速度不均衡、各个生产阶段的产出不均衡而设置的。在途库存是指正处于运输过程以及停放在相邻两个工作地之间或相邻两个组织之间的库存，这种库存是一种客观存在，不可避免。

（3）按物品需求的重复程度，库存可划分为单周期库存和多周期库存。单周期需求也称一次性订货，这种需求的特征是偶发性或物品生命周期短，因而很少重复订货。多周期需求是在长时间内需求反复发生，库存需求不断补充。

（4）按对库存的需求特性，库存可划分为独立需求库存与相关需求库存。独立需求库存是指用户对某种库存物品的需求与其他物资无关，表现出对这种库存需求的独立性。相关需求是指与其他需求有内在相关性的需求，根据这种相关性，企业可以精确地计算出它的需求量和需求时间，是一种确定型需求。

一般来说，库存是维持正常生产、保持连续、应付不测需求所必需的。库存的作用至少表现在以下六方面。

（1）满足不确定的顾客需求。顾客对产品的需求在时间与空间上均有不确定性，库存可以满足随时发生的顾客需求。这种情况在超市最为常见，特别是对大路货，总会上架一定数量的货物，以满足随时到来的需求。

（2）平滑对生产能力的要求。当需求与生产能力不平衡时，企业可以利用库存来调节需求的变化。特别地，对于季节性需求，如中秋月饼、圣诞树、新年贺卡，开学时的学生用品等可以在淡季建立库存，以供旺季时使用。这样通过预设库存使生产能力保持均衡，更好地利用生产能力。

（3）应对运营过程中不可预料的问题。供应商缺货、运输中断、机器故障、质量问题等都可能造成生产中断。为此，需设置一定的库存（安全库存）来应对运营过程中这些不可预料的问题。

（4）降低单位订购费用与生产准备费用。订购一批物资的订购费用与订购物资的数量无关或关系不大。生产一批产品的生产准备费用与生产的数量无关或关系不大。因此，增大订购批量会降低订购费用。增加生产批量会降低单位产品的生产准备费用。同时，大批量生产还会减少单位产品的生产准备时间，从而使生产能力得到充分利用。这一点对于瓶颈环节尤为重要。

（5）利用数量折扣。通常供应商为了刺激需求，对于达到一定采购量的采购方会提供一定的价格优惠。一次订货量越大折扣幅度越大。这种情况在大宗原料的供销中最为常见。作为采购方，当数量折扣带来的好处大于增加的保管费用时，就会利用这种数量折扣。

（6）避免价格上涨。存储价格即将上涨的物资。因避免价格上涨而保有的库存称为投机性库存。这种情况常见于稀缺资源，如石油、铁矿石等。当然也有反例，如1996年春季，美国的石油公司预计伊拉克的石油会重新进入国际市场，从而抛售了大量石油储备。

8.2.2 库存控制的目标

库存管理要考虑两个基本指标：一个是服务水平，即在适当时间、适当地点、以适当数量供应所需的物资；另一个是与库存有关的成本，包括订货成本、持有成本、缺货成本。

库存管理的目标是给定服务水平下，使与库存有关的成本达到最低。为实现该目标，必须确定库存水平、库存补充时机与订货量。

1. 适当的库存盘存系统

1）定期盘存系统

定期盘存系统就是每隔一个相同的时间间隔，就发出一次订货，每次的订货量是预设的目标库存与实际库存差额的库存盘存系统，如图8-2所示。从图8-2中可以看出，发出订单的时间间隔相同，但每次订货量不同。这种盘存系统特别适用于物资种类多且订货费用较高的情况。如小型零售商店就属于这种情况。定期盘存系统的优点是可以在一次订货中购得许多物资，以降低订货处理成本与运输成本。定期盘存系统的缺点是无法对盘存间隔期内的物资进行控制，为防止缺货，需要保持额外的库存。

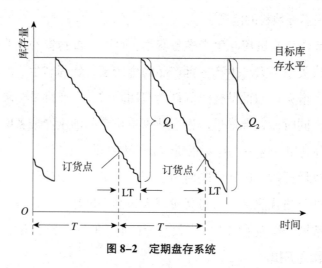

图8-2　定期盘存系统

这种盘存系统比较适用于缺货费用低或使用量小的物资。

2）定量盘存系统

定量盘存系统就是每次以相同的订货点和订货量发出订货，订货间隔不固定的库存盘存系统，如图8-3所示。在这种盘存系统下，需要持续跟踪各物资的库存情况，当库存水平达到订货点时，就发出固定数量的订货。这种系统的优点是持续监控库存，有利于库存控制，及时发现缺货，减少缺货风险；此外，固定批量可以采用经济订货批量。缺点是连续记录库存水平增加了成本，而且仍然需要定期盘存实际库存水平。

这种盘存系统比较适用于缺货费用高或使用量大的物资。

定量盘存系统可采用双堆法或两仓法进行控制。用两个"容器"存放库存，当第一个"容器"的库存用完时，就发出订货，第二个"容器"的库存满足订货期的需求。这种方法的优点是不必记录每笔库存领用情况。双堆法是一种简单的即时库存记录系统。更准确的可以采用通用条形码和读码机自动记录物资出入库情况，以便随时提供现有库存情况，大大改善了库存管理。

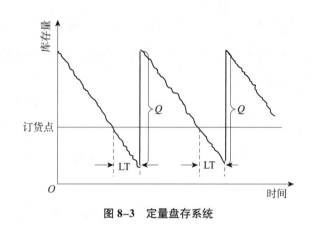

图 8-3 定量盘存系统

2. 需求预测与提前期信息

库存是用来满足需求的,所以科学地预测需求数量至关重要。提前期(lead time, LT)是指订单发出与物资到达之间的时间间隔。提前期越长,潜在的变化越大,为减少物资到达之前发生缺货的风险而需要的额外库存就越多。

需求数量和提前期都是随机变量,难以准确预测,但应该把握它们的变化幅度,以使库存管理更加有效。

3. 成本信息

(1)持有费用(holding costs)。持有费用也叫保管费用,包括材料(如防腐剂、杀虫剂等)费、动力(供热、供电、供水)费、人工费、修理费、折旧费(或租金)、利息、保险费,因老化、变质、损坏或被盗所发生的费用,因库存占用资金所发生的机会成本等。当库房等固定资产折旧所占比重较低的情况下,可把总的持有费用视为可变成本,与平均库存水平成正比。

(2)订货费用(ordering costs)。订货费用包括信息通信费、商务洽谈费、运输费、检验费等。每次订货费用受订货批量的影响不大,总的订货费用与发生的订货次数有关。

(3)缺货费用(shortage costs)。缺货费用就是因需求量大于持有的库存量,失去了销售机会或供应中断而造成的损失。

(4)库存物资成本(product costs)。库存物资成本与物资价格和订货数量有关,是所采购物资的价值。

4. 库存的 ABC 分类管理

20/80 原则在库存管理中也有体现,表现为 20% 左右的少数物资占用了 80%

左右的库存资金。库存的 ABC 分类管理法就是依据 20/80 原则，以库存物资单个品种的库存资金占整个库存资金的累积百分比为基础，把库存物资分为 A、B 和 C 三大类，然后进行分类管理。

A 类物资是指品种少、占用资金多的重要物资。A 类物资的品种占 10%～20%，却占用了全部库存资金的 70%～80%。

B 类物资是指介于 A 类和 C 类之间的物资。B 类物资的品种占 30%～40%，占用了全部库存资金的 15%～20%。

C 类物资是指品种多、占用资金少、采购较容易的次要物资。C 类物资的品种占 40%～50%，但只占用全部库存资金的 5%～10%。

表 8-1 总结了 ABC 三类物资的特点与管理重点。

表 8-1 ABC 三类物资的特点与管理重点

类别	占总数量的百分比/%	占总金额的百分比/%	安全库存水平	订货策略	管理要求
A	10～20	70～80	低	经常检查，按需订购	全面、及时、精确
B	30～40	15～20	中等	正常订货	一般
C	40～50	5～10	高	周期订货，保有余量	简化

库存 ABC 分类管理方法的步骤如下。

（1）列出所有物资及其全年使用量，将年使用量乘以单价求得其价值。按价值从高到低排序。

（2）计算累计年使用金额和累积百分比，累计百分比为 70%～80% 对应的物资即为 A 类物资，累计百分比占 80%～95% 的物资即为 B 类物资，累计百分比占 95%～100% 的物资即为 C 类物资。

（3）根据企业的实际，制定 A、B、C 三类物资的管理办法。

例 8-1 表 8-2 是一家小型企业 10 种常用物资的资金占用情况，试对其进行 ABC 分类。

解：将 10 种物资进行 ABC 分类，得到表 8-3 的结果。

库存的 ABC 分类管理方法简单实用，通过这种方法可以达到压缩库存总量、减少资金占用、简化库存管理流程、提高库存管理水平的效果。

表 8-2　某小型企业 10 种常用物资资金占用情况统计表

物资编号	年使用量/件	单价/（元/件）	年金额/万元
001	10 000	4.8	48 000
002	10 000	1.4	14 000
003	14 000	28.0	392 000
004	7 000	8.0	56 000
005	8 000	32.5	260 000
006	10 000	3.4	34 000
007	10 000	1.5	15 000
008	2 000	4.5	9 000
009	1 000	3.0	3 000
010	10 000	3.2	32 000
合计			863 000

表 8-3　某小型企业 10 种常用物资 ABC 分类结果表

物资编号	年金额/万元	累计年金额/万元	累计金额百分比/%	分类
003	392 000	392 000	45.42	A
005	260 000	652 000	75.55	A
004	56 000	708 000	82.04	B
001	48 000	756 000	87.60	B
006	34 000	790 000	91.54	B
010	32 000	822 000	95.25	C
007	15 000	837 000	96.99	C
002	14 000	851 000	98.61	C
008	9 000	860 000	99.65	C
009	3 000	863 000	100.00	C

8.2.3　经济订货批量模型

经济订货批量就是使与库存有关的成本（以下简称总成本）达到最小的订货批量。经济订货批量模型最早由哈里斯于 1915 年提出。该模型的假设条件如下。

（1）总需求量已知。

（2）对库存的需求率为常数。

（3）提前期不变。

（4）订货费用与订货批量无关。

（5）持有费用是库存量的线性函数。

（6）全部订货一次交付。

（7）无数量折扣。

在以上假设条件下，库存量的变化如图 8-4 所示。

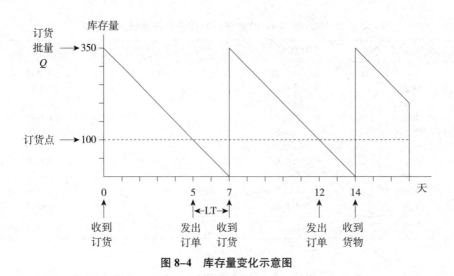

图 8-4 库存量变化示意图

图 8-4 所示的库存系统的特点是：系统的最大库存量为订货批量，最小库存量为 0；对库存的需求率为常数；库存系统不存在缺货；当库存量降到订货点时，按固定批量 Q 发出订货；经过一个固定的订货提前期，刚好在库存变为 0 时，新的一批数量为 Q 的订货到达。

与库存有关的成本包括持有费用和订货费用。持有费用随订货批量 Q 增加而增加，是 Q 的线性函数；订货费用与 Q 成反比，Q 越大，订货次数越少，订货费用越小。

设总成本为 C_T、持有费用为 C_H、订货费用为 C_O，单位库存物资的持有费用为 H，每次订货费用为 S，年总需求量为 D，则总成本为

$$C_T = C_H + C_O = \frac{Q}{2} \times H + \frac{D}{Q} \times S \tag{8-1}$$

把式（8-1）以图形表示就得到库存成本曲线，如图 8-5 所示。其中总成本曲线是持有费用曲线与订货费用曲线的叠加。

从图 8-5 中可以看出，存在一个订货批量 Q^*，此时，总成本最低。Q^* 即经济订货批量。为求得经济订货批量，就式（8-1）对 Q 求一阶导数，并令一阶导数等于零，可得

$$Q^* = \sqrt{\frac{2DS}{H}} \tag{8-2}$$

把式（8-2）代入式（8-1），可得经济订货批量下的总成本

$$T_C(Q^*) = \sqrt{2DSH} \tag{8-3}$$

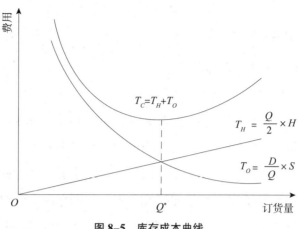

图 8-5 库存成本曲线

订货次数为

$$n = \frac{D}{Q^*} = \sqrt{\frac{DH}{2S}} \quad (8-4)$$

在经济订货批量模型中，订货点只与年需求量 D、全年制度工作日 m 和提前期 LT 有关，计算公式为

$$\text{ROP} = \frac{D}{m} \times \text{LT} \quad (8-5)$$

例 8-2 一家机床厂某种齿轮的年需求量为 15 000 件。每次订货费用为 200 元，单位库存持有费用为 1.5 元。又知该厂制度工作日为 300 天，订货提前期为 20 天。试计算经济订货批量、相应的总成本、订货次数和订货点。

解：

（1）根据式（8-2），可得经济订货批量。

$$Q^* = \sqrt{\frac{2DS}{H}} = \sqrt{\frac{2 \times 15\,000 \times 200}{1.5}} = 2\,000\,(\text{件})$$

（2）根据式（8-3），可得全年总成本。

$$T_C = \sqrt{2DSH} = \sqrt{2 \times 15\,000 \times 200 \times 1.5} = 3\,000\,(\text{元})$$

（3）根据式（8-4），可得订货次数。

$$n = \sqrt{\frac{DH}{2S}} = \sqrt{\frac{15\,000 \times 1.5}{2 \times 200}} = 7.5\,(\text{次})，取整数，为 8 次。$$

（4）根据式（8-5），可得订货点。

$$\text{ROP} = \frac{D}{m} \times \text{LT} = \frac{15\,000}{300} \times 20 = 1\,000\,(\text{件})$$

8.2.4 数量折扣模型

1. 数量折扣模型的假设与推导

在物资采购与供应中,供货商为扩大销售量往往会给大量采购者一定的优惠,即数量折扣。这种情况在大宗原料的采购或批发业务中更为常见。

因为有数量折扣存在,与没有数量折扣的情况相比,经济订货批量会有增加的趋势。对于采购商,得到数量折扣的结果是:享受了价格优惠,减少了订货次数和订货费用,但增加了库存水平和持有费用;而放弃数量折扣的结果是:放弃了价格优惠,降低了库存水平和持有费用,但增加了订货次数和订货费用。因此,采购商需要在这两种利害关系中找到平衡点,确定合理的订货批量。

在没有数量折扣时,价格是一常数,在年需求量已知的前提下,物资自身的价值也是一常数。因此,在总成本函数中是否考虑物资本身的价值都不影响经济订货批量的计算。但在有数量折扣的情况下,物资的单价不再是一个常数。因此,在总成本函数中需要加上物资本身的价值,记为 C_P。于是,总成本为

$$C_T = C_H + C_O + C_P \tag{8-6}$$

数量折扣模型又分两种情况:①持有费用是常数,不随价格而变,如劳动含量比较高的物资多属于这种类型。②持有费用是价格的线性函数,如技术和资金含量比较高的物资多属于这种类型。

1)持有费用是常数

图 8-6 表示了持有费用是常数时的总成本曲线。当持有费用是常数时,各个数量折扣区间的"经济订货批量"相等,求解经济订货批量的步骤如下。

(1)计算公用的"经济订货批量"。在图 8-6 中,三个数量折扣区间对应的"经济订货批量"相等。

(2)确定"经济订货批量"的可行域。在图 8-6 中,"经济订货批量"的可行域为第二个数量折扣区间。在第一个数量折扣区间,采购商不愿意按"经济订货批量"采购;在第三个数量折扣区间,采购商不能够按"经济订货批量"采购。

(3)计算可行的经济订货批量所对应的总成本和所有更低的数量折扣区间的折扣点所对应的总成本。

(4)比较上述总成本,最低总成本所对应的采购批量即为经济订货批量。

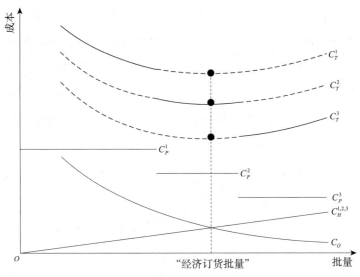

图 8-6　持有费用是常数时的总成本曲线

2）持有费用是价格的线性函数

图 8-7 表示了持有费用是价格的线性函数时的总成本曲线。当持有费用是价格的线性函数时，各个数量折扣区间的"经济订货批量"不等，求解经济订货批量的步骤如下。

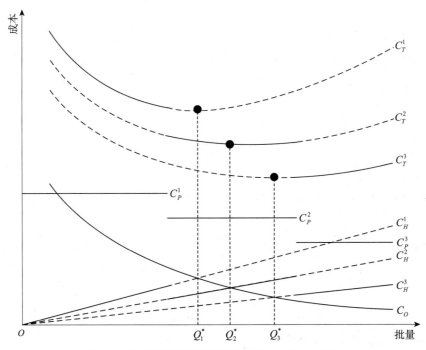

图 8-7　持有费用是价格的线性函数时的总成本曲线

(1) 计算价格最低的数量折扣区间的"经济订货批量",如果可行,该"经济订货批量"即为所求。否则,转入下一步。在图 8-7 中,价格最低的数量折扣区间对应的"经济订货批量"不可行,采购商不能按"经济订货批量"采购。

(2) 向上找到可行域。在图 8-7 中,第二个数量折扣区间即为可行域。

(3) 计算可行域的"经济订货批量"所对应的总成本以及所有价格更低的数量折扣区间的折扣点所对应的总成本。

(4) 比较上述总成本,最低总成本所对应的采购批量即为经济订货批量。

例 8-3 一家饮料批发商采购某种碳酸饮料,年需求量 10 000 箱。供货商给出的价格策略如表 8-4 所示。如果已知每次订货费用为 100 元,单位持有费用为单价的 10%,试计算经济订货批量、全年总成本和全年订货次数。

表 8-4 某种碳酸饮料的价格折扣策略

订货批量 / 箱	每箱价格 / 元
1 ~ 899	30
900 ~ 1 199	25
1 200 以上	20

解:

① 计算经济订货批量。

计算最低价格的数量折扣区间的"经济订货批量":

$$Q^*(20) = \sqrt{\frac{2 \times 10\,000 \times 100}{20 \times 10\%}} = 1\,000 \text{（箱）}$$

每次订购 1 000 箱不能享受 20 元 / 箱的优惠,所以,该"经济订货批量"不可行。向上找到可行域:

$$Q^*(25) = \sqrt{\frac{2 \times 10\,000 \times 100}{25 \times 10\%}} \times 894.4 \text{（箱）},取 895 箱。895 箱不在本折扣范围之内。$$

$$Q^*(30) = \sqrt{\frac{2 \times 10\,000 \times 100}{30 \times 10\%}} \times 816.5 \text{（箱）},取 817 箱。817 箱在本折扣范围之内,}$$

找到可行域。

计算可行域的"经济订货批量"所对应的总成本以及所有价格更低的数量折扣区间的折扣点所对应的总成本:

$$C_T(817) = \frac{817}{2} \times 30 \times 10\% + \frac{10\,000}{817} \times 100 + 10\,000 \times 30 \approx 302\,450 \text{（元）}$$

$$C_T(900) = \frac{900}{2} \times 30 \times 10\% + \frac{10\,000}{900} \times 100 + 10\,000 \times 25 \approx 252\,461 \text{（元）}$$

$$C_T(1\,200) = \frac{1\,200}{2} \times 30 \times 10\% + \frac{10\,000}{1\,200} \times 100 + 10\,000 \times 20 \approx 202\,633 \text{（元）}$$

比较上述三个成本，可知经济订货批量为 1 200 箱。

② 全年总成本为 202 633 元。

③ 全年订货次数为

$$n = \frac{10\,000}{1\,200} \approx 8.3 \text{（次）}$$，取整数，为 9 次。

2. 数量折扣策略的制定

对供应商来说，需要针对不同采购商制订不同的数量折扣方案，以实现收益最大化。在制定数量折扣策略时，应着重解决好以下三个关键问题。

（1）折扣区间数量。供货商通常设置两个折扣区间，即一次订货在某一数量以内不打折，超过一定数量给一定的价格优惠。为了实施精准化销售，有些商家可能会设置更多的折扣区间。

（2）折扣区间的跨度。如果设置的折扣区间不止一个，就涉及折扣区间的跨度问题。

（3）折扣幅度。对于每一个折扣区间，是象征性地给一个折扣幅度，还是进行大幅度的折扣，需要供货商给出具体的方案。

8.3 质量管理

8.3.1 质量管理概述

1. 质量

质量的内容十分丰富，随着社会经济和科学技术的发展，也在不断充实、完善和深化，同样，人们对质量概念的认识也经历了一个不断发展和深化的历史过程，主要有代表性的概念有如下几个。

1）朱兰的"螺旋曲线"

美国质量管理专家朱兰（J. M. Juran）博士从顾客的角度出发，提出了产品质量就是产品的适用性。产品的质量有个产生、形成和实现的过程,朱兰采用一条螺旋上升的曲线来表达这一过程,被称为朱兰"螺旋曲线",如图 8-8 所示。该螺旋曲线反映了产品在使用时能成功地满足用户需要的程度。用户对产品的基本要求就是适用,适用性恰如其分地表达了质量的内涵。

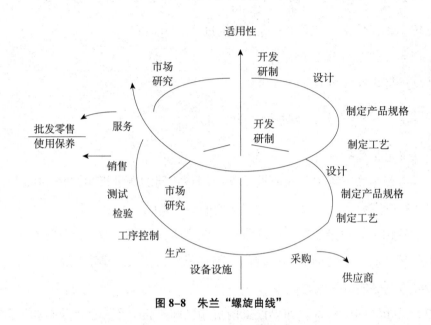

图 8-8 朱兰"螺旋曲线"

2)戴明的"PDCA 循环"

"PDCA 循环"最早由美国资深质量管理专家戴明提出,所以又叫"戴明环"。"PDCA 循环"给出了质量管理的工作步骤。戴明认为质量管理同生产活动、科学研究以及我们日常生活、工作和学习等所有过程的活动一样,应该分为四个阶段。这四个阶段是计划(plan)、实施(do)、检查(check)和处理(action)。四个阶段构成一次完整的循环过程。

"PDCA 循环"可以使质量管理工作更加条理化、形象化和科学化。"PDCA 循环"像车轮一样,不断地转动,而且每转动一次就提高一次。"PDCA 循环"的四个阶段不是孤立的,而是密切联系的,互相推动,互相促进,使组织不断向前发展,如图 8-9 所示。

3)克劳斯比的"零缺陷"

美国质量管理专家克劳斯比从生产者的角度出发,曾把质量概括为"产品符合规定要求的程度";美国的质量管理大师德鲁克认为"质量就是满足需要";全面质量控制的创始人费根堡姆认为，产品或服务质量是指营销、设计、制造、维修中各种特性的综合体。

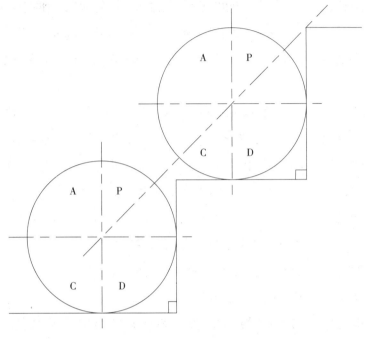

图 8-9　戴明 "PDCA" 循环

这一定义有两个方面的含义，即使用要求和满足程度。人们使用产品，总对产品质量提出一定的要求，而这些要求往往受到使用时间、使用地点、使用对象、社会环境和市场竞争等因素的影响，这些因素变化，会使人们对同一产品提出不同的质量要求。因此，质量不是一个固定不变的概念，它是动态的、变化的、发展的；它随着时间、地点、使用对象的不同而不同，随着社会的发展、技术的进步而不断更新和丰富。

产品对用户的使用要求的满足程度，反映在产品的性能、经济特性、服务特性、环境特性和心理特性等方面。因此，质量是一个综合的概念。它并不要求技术特性越高越好，而是追求诸如性能、成本、数量、交货期、服务等因素的最佳组合，即所谓的最适当。

4）ISO 8402 "质量术语" 定义

质量反映实体满足明确或隐含需要能力的特性总和。

（1）在合同环境中，需要是规定的，而在其他环境中，隐含需要则应加以识别和确定。

（2）在许多情况下，需要会随时间而改变，这就要求定期修改规范。

从定义可以看出，质量就其本质来说是一种客观事物具有某种能力的属性，由于客观事物具备了某种能力，才可能满足人们的需要。需要由两个层次构成。

第一层次是产品或服务必须满足规定或潜在的需要，这种"需要"可以是技术规范中规定的要求，也可以是在技术规范中未注明，但用户在使用过程中实际存在的需要。

第二层次是在第一层次的前提下产生的，即质量是产品特征和特性的总和。因为，需要应加以表征，必须转化成有指标的特征和特性，这些特征和特性通常是可以衡量的：全部符合特征和特性要求的产品，就是满足用户需要的产品。因此，"质量"定义的第二个层次实质上就是产品的符合性。

从以上分析可知，企业只有生产出用户使用的产品，才能占领市场。而就企业内部来讲，企业又必须生产符合质量特征和特性的产品。所以，企业除了要研究质量的"适用性"之外，还要研究"符合性"质量。

5）ISO 9000：2005"质量"定义

国际标准化组织（ISO）2005年颁布的ISO 9000：2005《质量管理体系基础和术语》中对质量的定义是：一组固有特性满足要求的程度。

上述定义，可以从以下几个方面来理解。

（1）质量是相对于ISO 8402的术语，ISO 8402更能直接地表述质量的属性，由于它对质量的载体不做界定，说明质量可以存在于不同领域或任何事物中。对质量管理体系来说，质量的载体不仅针对产品，即过程的结果（如硬件、流程性材料、软件和服务），也针对过程和体系或者它们的组合。也就是说，所谓"质量"，既可以是零部件、计算机软件或服务等产品的质量，也可以是某项活动的工作质量或某个过程的工作质量，还可以是企业的信誉、体系的有效性。

（2）定义中特性是指事物所特有的性质，固有特性是事物本来就有的，它是通过产品、过程或体系设计和开发及其后之实现过程形成的属性。例如：物质特性（如机械、电气、化学或生物特性）、官感特性（如用嗅觉、触觉、味觉、视觉等感觉控测的特性）、行为特性（如礼貌、诚实、正直）、时间特性（如准时性、可靠性、可用性）、人体工效特性（如语言或生理特性、人身安全特性）、功能特性（如飞机最高速度）等。这些固有特性的要求大多是可测量的。赋予的特性（如某一产品的价格），并非产品、体系或过程的固有特性。

（3）满足要求就是应满足明示的（如明确规定的）、通常隐含的（如组织的惯例、一般习惯）或必须履行的（如法律法规、行业规则）的需要和期望。只有全面满足这些要求，才能评定为好的质量或优秀的质量。

（4）顾客和其他相关方对产品、体系或过程的质量要求是动态的、发展的和相对的。它将随着时间、地点、环境的变化而变化。所以，应定期对质量进行评审，按照变化的需要和期望，相应地改进产品、体系或过程的质量，确保持续地满足顾客和其他相关方的要求。

（5）"质量"一词可用形容词如差、好或优秀等来修饰。

在质量管理过程中，"质量"的含义是广义的。除了产品质量之外，还包括工作质量。质量管理不仅要管好产品本身的质量，还要管好质量赖以产生和形成的工作质量，并以工作质量为重点。

2. 质量管理的概念

关于"质量管理"（quality management，QM）的含义有着不尽一致的表述。

（1）ISO 9000 "质量管理和质量保证"标准规定："质量管理是指全部管理职能的一个方面。该管理职能负责质量方针的制订与实施。"

（2）ISO 8402 "质量管理和质量保证术语"标准中，将质量管理的含义进行了扩展，规定："质量管理是指确定质量方针、目标和职责，并通过质量体系中的质量策划、质量控制、质量保证和质量改进来使其实现的所有管理职能的全部活动。"并说明质量管理是各级管理者的职责，但必须由最高领导者来推动，实施中涉及单位的全体成员。在质量管理活动中，必须考虑经济因素。

由此，我们可以通俗地理解质量管理：质量管理是指为了实现质量目标，而进行的所有管理性质的活动。

3. 质量管理的发展史

1）工业时代以前的质量管理

虽然人类历史的长河中，最原始的质量管理方式已很难寻觅，但我们可以确信人类自古以来一直就面临各种质量问题。古代的食物采集者必须了解哪些果类是可以食用的，而哪些是有毒的；古代的猎人必须了解哪些树是制造弓箭最好的材料。这样，人们在实践中获得的质量知识一代一代地流传下去。

人类社会的核心从家庭发展为村庄、部落，产生了分工，出现了集市。在集市上，人们相互交换产品（主要是天然产品或天然材料的制成品），产品制造者直接面对顾客,产品的质量由人的感官来确定。

随着社会的发展,村庄逐渐扩展为商品交换地,新的行业——商业出现了。买卖双方不用直接接触了,而是通过商人来进行交换和交易。在村庄集市上通行的确认质量的方法便行不通了,于是就产生了质量担保,从口头形式的质量担保逐渐演变为质量担保书。商业的发展,要使彼此相隔遥远的连锁性厂商和经销商之间能够有效地沟通,新的发明又产生了,这就是质量规范即产品规格。这样,有关质量的信息能够在买卖双方之间直接沟通,无论距离多么遥远,产品结构多么复杂。紧接着,简易的质量检验方法和测量手段也相继产生,这就是在手工业时期的原始质量管理。

由于这时期的质量主要靠手工操作者本人依据自己的手艺和经验来把关,因而又被称为"操作者的质量管理"。18世纪中叶,欧洲爆发了工业革命,其产物之一就是"工厂"。工厂具有手工业者和小作坊无可比拟的优势,使得手工作坊解体和工厂体制形成。在工厂进行的大批量生产,带来了许多新的技术问题,如部件的互换性、标准化、工装和测量的精度等,这些问题的提出和解决,催促着质量管理科学的诞生。

2)工业化时代的质量管理

20世纪,人类跨入以"加工机械化、经营规模化、资本垄断化"为特征的工业化时代。在过去的整整一个世纪中,质量管理的发展大致经历了三个阶段。

(1)质量检验阶段(20世纪初至20世纪30年代末)。20世纪初,人们对质量管理的理解还只限于质量的检验。质量检验所使用的手段是各种的检测设备和仪表,方式是严格把关,进行百分之百的检验。其间,美国出现了以泰勒为代表的"科学管理运动"。"科学管理"提出了在人员中进行科学分工的要求,并将计划职能与执行职能分开,中间再加一个检验环节,以便监督、检查计划、设计、产品标准等项目的贯彻执行。这就是说,计划设计、生产操作、检查监督各有专人负责,从而产生了一支专职检查队伍,构成了一个专职的检查部门,这样,质量检验机构就被独立出来了。起初,人们非常强调工长在保证质量方面的作用,将质量管理的责任由操作者转移到工长,故被人称为"工长的质量管理"。

后来,这一职能又由工长转移到专职检验人员,由专职检验部门实施质量检验,称为"检验员的质量管理"。

(2)统计质量控制阶段(20世纪40—50年代末)。这一阶段的特征是数理统计方法与质量管理的结合。

第一次世界大战后期，为了在短时期内确定美国 300 万参战士兵的军装规格是服从正态分布的，休哈特（W. A. Showhart）建议将军装按十种规格的不同尺寸加工不同的数量。美国国防部采纳了他的建议，结果，制成的军装基本符合士兵体裁的要求。

后来他又将数理统计的原理运用到质量管理中来，并发明了控制图。他认为质量管理不仅要搞事后检验，而且在发现有废品生产的先兆时就进行分析改进，从而预防废品的产生。控制图就是运用数理统计原理进行这种预防的工具。因此，控制图的出现，是质量管理从单纯事后检验转入检验加预防的标志，也是形成一门独立学科的开始。第一本正式出版的质量管理科学专著就是 1931 年休哈特的《工业产品质量的经济控制》。

在休哈特创造控制图以后，他的同事在 1929 年发表了《抽样检查方法》。他们都是最早将数理统计方法引入质量管理的人，为质量管理科学作出了贡献。然而，休哈特等人的创见，除了他们所在的贝尔系统以外，只有少数美国企业开始采用。特别是由于资本主义的工业生产受到了 20 世纪 20 年代开始的经济危机的严重影响，先进的质量管理思想和方法没有能够广泛推广。第二次世界大战开始以后，统计质量管理方法得到了广泛应用。由于战争的需要，美国军工生产急剧发展，尽管大量增加检验人员，但产品积压待检的情况日趋严重，有时又不得不进行无科学根据的检查，结果不仅废品损失惊人，而且在战场上经常发生武器弹药的质量事故，比如炮弹炸膛事件等，对士气产生极坏的影响。在这种情况下，美国军政部门随即组织一批专家和工程技术人员，于 1941—1942 年间先后制定并公布了 Z1.1《质量管理指南》、Z1.2《数据分析用控制图法》、Z1.3《生产过程质量管理控制图法》，强制生产武器弹药的厂商推行，并收到了显著效果。从此，统计质量管理的方法才得到很多厂商的应用，统计质量管理的效果也得到了广泛的承认。

第二次世界大战结束后，美国许多企业扩大了生产规模，除原来生产军火的工厂继续推行统计质量管理的条件方法以外，许多民用工业也纷纷采用这一方法，美国以外的许多国家，如加拿大、法国、德国、意大利、墨西哥、日本也都陆续推行了统计质量管理，并取得了成效。但是，统计质量管理也存在着缺陷，它过分强调质量控制的统计方法，使人们误认为"质量管理就是统计方法"，"质量管理是统计专家的事"，使多数人感到高不可攀、望而生畏。同时，它对质量的控制和管理只局限于制造和检验部门，忽视了其他部门的工作对质量的影响，这样，就不能充分发挥各个部门和广大员工的积极性，制约了它的推广和运用。这些问题的解决，又把质量管理推进到一个新的阶段。

（3）全面质量管理阶段（20世纪60年代以来）。

20世纪60年代以来，生产力迅速发展，科学技术日新月异，出现了很多新情况，主要有以下几个方面。

科学技术和工业生产的发展，对质量要求越来越高。火箭、宇宙飞船、人造卫星等大型、精密、复杂的产品出现，对产品的安全性、可靠性、经济性等要求越来越高，质量问题就更为突出。这要求人们运用"系统工程"的概念，把质量问题作为一个有机整体加以综合分析研究，实施全员、全过程、全企业的管理。

60年代在管理理论上出现了"行为科学理论"，主张改善人际关系，调动人的积极性，突出"重视人的因素"，注意人在管理中的作用。

随着市场竞争，尤其是国际市场竞争的加剧，各国企业都很重视"产品责任"和"质量保证"问题，加强内部质量管理，确保生产的产品使用安全、可靠。

由于上述情况的出现，显然仅仅使用质量检验和统计方法已难以保证和提高产品质量，促使"全面质量管理"的理论逐步形成。最早提出全面质量管理概念的是美国通用电气公司质量经理阿曼德·费根堡姆。1961年，他发表了一本著作《全面质量管理》。该书强调执行质量职能是公司全体人员的责任，他提出："全面质量管理是为了能够在最经济的水平上并考虑到充分满足用户要求的条件下进行市场研究、设计、生产和服务，把企业各部门的研制质量、维持质量和提高质量活动构成为一体的有效体系。"

60年代以来，费根堡姆的全面质量管理概念逐步被世界各国所接受，在运用时各有所长，在日本叫全公司的质量管理（CWQC）。我国自1978年推行全面质量管理（total quality management，TQM）以来，在实践上、理论上都有所发展，也有待于进一步探索、总结、提高。

综上所述，随着生产力和科学技术的发展，质量管理的理论逐趋完善，更趋科学性，更趋实用性。各国在运用"质量管理"理论时，都各有所长。随着国际贸易的发展，产品的生产销售已打破国界，不同民族、不同国家有不同的社会历史背景，质量的观点也不一样，这往往会形成国际贸易的障碍或鸿沟，需要在质量上有共同的语言和共同的准则。

8.3.2 质量管理方法与工具

1. 质量管理的几种常用方法

1）质量功能展开

质量功能展开是在产品/服务设计阶段一种非常有效的方法，是一种旨在提高顾客满意度的"顾客驱动"式的管理方法。这种方法实现了技术和人员的集成，是一种系统的设计与决策方法。按照质量功能展开的技术路线，可以识别、获取和度量顾客需求，并将顾客需求转化为与之相对应的产品/服务开发和制造各阶段的工程要求。

2）顾客满意度测评

顾客满意度测评是指通过测量顾客对产品或服务的满意程度以及决定满意程度的相关变量和行为趋向，利用数学模型进行多元统计分析得到顾客对某一特定产品的满意程度。该方法能帮助组织了解发展趋势、找出经营策略的不足，为政府部门、企事业制定政策、改进产品和服务质量、提高经营绩效提供科学依据。

该方法实施步骤如下。

（1）由组织自己或委托咨询、调查机构进行顾客满意度调查，收集顾客满意度的大量信息。

（2）对调查结果进行预处理，分析调查可信度。

（3）对顾客满意度进行对比分析（与历史数据比，与竞争对手比），找出差距，发现改进的机会。

（4）通过分析确定不能满足顾客要求的关键所在，反馈给有关部门，实施改进。

（5）确认并巩固改进成果，不断提高顾客满意度。

根据调查数据对比分析顾客满意度是顾客满意度测评的重点和难点，定量方法有回归统计分析技术和结构方程模型。

利用多元回归分析技术，可以计算出满意度驱动要素对满意度的影响大小，即分析满意度驱动要素每提升1分，满意度在现有基础上可以提升多少。

当满意度驱动要素不多时，而且这些要素之间的关联性不强时，这种方法不失为一种简单有效的方法。

结构方程模型是一种因果关系模型，通过要素间的因果关系/准因果关系来表达现实生活中的相互关系，是国际上流行的顾客满意度分析评价定量模型。

目前，占主导地位的美国用户满意度模型和欧洲用户满意度模型都是采用结构方程模型构建关系，通过偏最小二乘法进行计算分析。由于这些指数模型较为复杂，一般借助专业软件进行处理。

3）QC 小组

QC（quality control，质量控制）小组是来自不同岗位的员工围绕组织的经营战略、方针目标和现场存在的问题，以改进质量、降低消耗、提高经济效益为目的组织起来的，运用质量管理的理论和方法开展活动的小组，是组织群众性质量管理活动的一种有效组织形式。

根据所要解决质量问题涉及的范围可划分为班组 QC 小组、部门 QC 小组和大型专题 QC 小组。根据所要解决质量问题的类型可划分为"现场型""服务型""攻关型""管理型"和"创新型"QC 小组。

4）田口方法

田口方法是日本质量工程专家田口玄一博士于 20 世纪 60 年代提出的一种设计质量工程的方法。

（1）田口方法强调质量管理在源头的理念，开发设计阶段是保证产品质量的源头，制造和检验阶段是下游。若设计质量水平不高，就很难生产制造出高质量的产品。

（2）田口方法是三次设计方法，即系统设计、参数设计、容差设计。其中，参数设计是核心。田口方法通过分析质量特性与元部件之间的非线性关系（交互作用），找出使稳定性达到最佳水平的组合。

（3）田口方法注重质量与成本的平衡性。引入质量损失函数这个工具使工程技术人员可以从技术和经济两个方面分析产品在设计、制造、使用和报废等整个过程中的性能和费用，使产品在整个寿命周期内社会总损失最小。

（4）田口方法的正交试验设计新颖、实用。使用综合误差因素法、动态特性设计等先进技术，用误差因素模拟各种干扰，使得试验设计更具有工程特色，大大提高试验效率，增加试验设计的科学性和经济性，并且使产品在制造和使用过程中达到最优。

2. 质量管理工具

在实际质量管理中，常用的质量管理工具有七种，即"七种老工具"：核查表、数据分层法、帕累托图、因果分析图、直方图、散点图和控制图。

1）核查表

核查表又称统计分析表或调查表，是用表格形式来进行数据整理和粗略分析的一种方法。不合格品分项核查表是一种常见的核查表，将不合格品按其种类、成因、工序、部位或内容等进行分类记录，能简便、直观地反映出不合格品的分布情况，如图 8-10 所示。

天	时段	缺陷类型					合计
		遗漏标签	贴偏标签	字迹不清	标签卷曲	其他	
星期一	08:00–09:00		∥	∥∥			6
	09:00–10:00		∥∥				3
	10:00–11:00	∣	∥∥	∣			5
	11:00–12:00		∣		∣	（撕裂）	3
	13:00–14:00		∣				1
	14:00–15:00		∥	∥∥	∣		6
	15:00–16:00	∥∥	∥	∥			8
合计		5	14	10	2	1	32

图 8-10　不合格品分项核查表

2）数据分层法

数据分层法就是将性质相同的、在同一条件下收集的数据归纳在一起，以便进行比较分析。因为在实际生产中，影响质量变动的因素很多，如果不把这些因素区别开来，则难以得出变化的规律。数据分层可根据实际情况按多种方式进行。例如，按不同时间、不同班次进行分层，按使用设备的种类进行分层，按原材料的进料时间进行分层，按原材料成分进行分层，按检查手段、使用条件进行分层，按不同缺陷项目进行分层，等等。数据分层法经常与上述的统计分析表结合使用。

数据分层法的应用，主要是一种系统概念，即在于要处理相当复杂的资料，就得懂得如何把这些资料加以有系统、有目的的分门别类、归纳及统计。

依实际情况，可进行以下分层。

（1）对操作人员，可按工人的技术级别、工龄、性别、班次等进行分层。

（2）对使用的设备，可按不同型号、不同工具、不同使用时间等进行分层。

（3）对工作时间，可按不同班次、不同日期等进行分层。

（4）对使用的原材料，可按不同材料规格、不同供料单位等进行分层。

（5）对工艺方法，可按不同工艺、不同加工规程等进行分层。

（6）对工作环境，可按不同工作环境、使用条件等进行分层。

3）帕累托图

排列图又称帕累托图，由此图的发明者19世纪意大利经济学家帕累托（Pareto）的名字而得名。帕累托最早用排列图分析社会财富分布的状况，他发现当时意大利80%财富集中在20%的人手里，后来人们发现很多场合都服从这一规律，于是称之为帕累托定律。后来美国质量管理专家朱兰博士对帕累托的统计图加以延伸将其用于质量管理。排列图是分析和寻找影响质量主要因素的一种工具，其形式用双直角坐标图，左边纵坐标表示频数（如件数、金额等），右边纵坐标表示频率（如百分比表示）。分折线表示累计频率，横坐标表示影响质量的各项因素，按影响程度的大小（即出现频数多少）从左向右排列。通过对排列图的观察分析可抓住影响质量的主要因素。这种方法实际上不仅在质量管理中，在其他许多管理工作中，例如在库存管理中，都是十分有用的。

在质量管理过程中，要解决的问题很多，往往不知从哪里着手，但事实上大部分的问题，只要能找出几个影响较大的原因，并加以处置及控制，就可解决问题的80%以上。柏拉图是根据归集的数据，以不良原因、不良状况发生的现象，有系统地加以项目别（层别）分类，计算出各项目别所产生的数据（如不良率，损失金额）及所占的比例，再依照大小顺序排列，再加上累积值的图形。

在工厂或办公室里，把低效率、缺损、制品不良等损失按其原因别或现象别，也可换算成损失金额的80%以上的项目加以追究处理，这就是所谓的柏拉图分析。

柏拉图的使用要以层别法的项目别（现象别）为前提，依经顺位调整过后的统计表才能画制成柏拉图。

根据图8-10可以绘出如图8-11所示的不合格品帕累托图。

4）因果分析图

因果分析图是以结果作为特性，以原因作为因素，在它们之间用箭头联系表示因果关系。因果分析图是一种充分发动员工动脑筋、查原因、集思广益的好办法，也特别适合于工作小组中实行质量的民主管理。当出现了某种质量问题，未弄清楚原因时，可针对问题发动大家寻找可能的原因，使每个人都畅所欲言，把所有可能的原因都列出来。

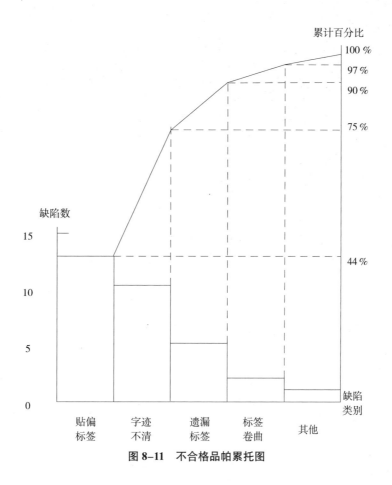

图 8-11　不合格品帕累托图

因果分析图就是将造成某项结果的众多原因，以系统的方式图解，即以图来表达结果（特性）与原因（因素）之间的关系。其形状像鱼骨，又称鱼骨图。

某项结果之形成，必定有原因，应设法利用图解法找出其因。首先提出这个概念的是日本品管权威石川馨博士，所以因果分析图又称石川图。因果分析图，可使用在一般管理及工作改善的各个阶段，特别是树立意识的初期，易于使问题的原因明朗化，从而设计步骤解决问题。图 8-12 所示为家具销量下降的因果分析图。

5）直方图

直方图又称柱状图，它是表示数据变化情况的一种主要工具。用直方图可以将杂乱无章的资料，解析出规则性，比较直观地看出产品质量特性的分布状态，对于质量中心值或分布状况一目了然，便于判断其总体质量分布情况。在制作直方图时，牵涉到一些统计学的概念，首先要对数据进行分组，因此如何合理分组是其中的关键问题。分组通常是按组距相等的原则进行的，两个关键数字是分组数和组距，如图 8-13 所示。

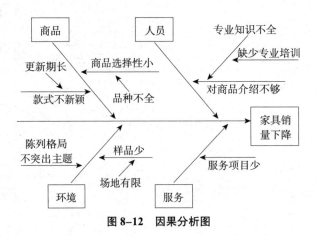

图 8-12 因果分析图

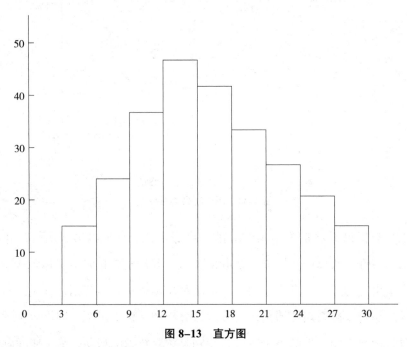

图 8-13 直方图

6）散点图

散点图又叫相关图，它是将两个可能相关的变量数据用点画在坐标图上的一种工具，用来表示一组成对的数据之间是否有相关性。这种成对的数据或许是特性—原因、特性—特性、原因—原因的关系。通过对其观察分析，来判断两个变量之间的相关关系。这种问题在实际生产中也是常见的，如热处理时淬火温度与工件硬度之间的关系，某种元素在材料中的含量与材料强度的关系等。这种关系虽然存在，但又难以用精确的公式或函数关系表示，在这种情况下用相关图来分析就是很方便的。假定有一对变量 x 和 y，x 表示某一种影响因素，y 表示某一质量特征值，通过实验或收集得到的 x 和 y 的数据，可以在坐标图上用点表示出来，根据点的分布特点，就可以判断 x 和 y 的相关情况。

在我们的生活及工作中，许多现象和原因，有些呈规则的关联，有些呈不规则的关联。我们要了解它，就可借助散点图统计手法来判断它们之间的相关关系。

图 8-14 所示的例子中，温度和差错间的关联性很强，因为点分布在一条线附近。

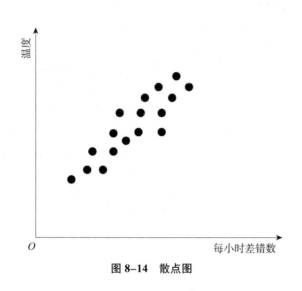

图 8-14　散点图

7）控制图

控制图又称管制图。美国的贝尔电话实验室的休哈特博士在 1924 年首先提出管制图使用后，管制图就一直成为科学管理的一个重要工具，特别在质量管理方面成了一个不可或缺的管理工具。它是一种有控制界限的图，用来区分引起质量波动的原因是偶然的还是系统的，可以提供系统原因存在的信息，从而判断生产过程是否处于受控状态。控制图按其用途可分为两类，一类是供分析用的控制图，用控制图分析生产过程中有关质量特性值的变化情况，看工序是否处于稳定受控状态；另一类是供管理用的控制图，主要用于发现生产过程是否出现了异常情况，以预防产生不合格品。

此外，日本科学技术联盟的"质量管理研究会"经过多年的研究和实践，于 1979 年提出了"质量管理七种新工具"，即关联图法、亲和图法（KJ 法）、系统图法、过程决策图法（PDPC 法）、矩阵图法、矩阵数据分析法和箭头图法。"质量管理七种新工具"把统计方法和思考过程结合起来，建立了思考型 TQM，这些工具和"七种老工具"结合起来，互相补充，相辅相成。图 8-15 是一种流程图。

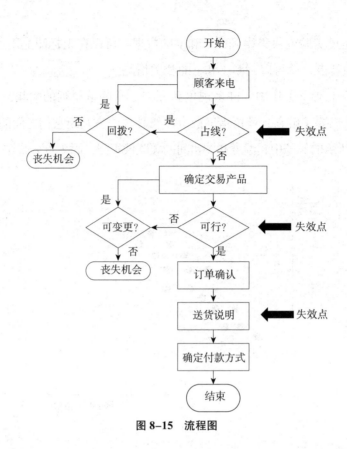

图 8-15 流程图

8.3.3 统计过程控制与工序能力分析

1. 质量检验

质量检验就是对产品的一项或多项质量特性进行观察、测量、试验,并将结果与规定的质量要求进行比较,以判断每项质量特性合格与否的一种活动。

1)检验数量和检验频度

(1)产品检验数量的确定。检验数量依产品的不同而异。对量大成本低的产品如回形针、爪钉和木杆铅笔等,因漏掉不合格品所产生的损失非常低,同时生产这些产品的过程通常相当可靠以至于废品很少,所以一般只需进行少量检验。对量小价格高的产品如飞机、大型舰船和运载火箭等,某一部件的失效不但导致产品功能的失效和惊人的财产损失,而且还会给人类带来灾难性的危害,所以对这类产品要进行大量检验,甚至是逐件检验。除了上述两种情况外,对自动生产线上的产品,可选择自动检验。

(2)检验频度的确定。检验频度主要依赖生产过程是否处于稳定状态或拟检查批量的大小。对一个稳定的生产过程,就不需要重复进行检验,而对一个非稳定的或近期有质量问题的生产过程，就要加大检验频度。对小批量的生产过程需要抽取大量样本，而对大批量生产过程，抽取的样本可相应地少些。

2）检验点的确定

因为每一项检验都会增加产品或服务的成本，所以检验点的确定至关重要。就制造业，典型的检验点有以下几个。

（1）原料或外购件入库前，即要控制源头质量。

（2）产成品出厂前，就发生的费用来说，在工厂内部处理不合格品比在顾客那里要低得多。

（3）高附加值操作之前，最不经济的做法是由高技能的工人使用高精尖的机器设备去加工不合格的半成品。

（4）在不可逆转工序之前，如陶器在烧制之前，可返工。一旦烧结，不合格品只能被弃掉或作为次品降价处理。

（5）在一道覆盖性工序之前，尤其电镀和安装往往会掩盖产品的某些缺陷。所以必须在这些工序开始之前对产品进行一次检验。

在服务领域，检验点是采购的原材料和物资的入库点，服务窗口和已经完成的服务项目（例如，已修理好的设备、汽车等）。

3）检验地点的确定

在某些情况下需要进行现场检验。例如，在检查船身的裂缝情况时，就要求检查人员到船上进行检验。而当进行药品试验、食品样品分析、金属强度测试、润滑剂的流动黏性测试时，在实验室里效果最好。

2. 统计质量控制

统计质量管理产生于20世纪20年代，开创性的工作，是由在贝尔电话实验室工作的休哈特和道奇分别提出的休哈特控制图与计数抽样检验方案，当时只在少数工厂中应用。

1）产品质量散差的原因

按一定标准制造出来的大量同类产品的质量数据总存在差异，即散差。

产品质量散差来源于：原材料、机器设备、制造方法、操作人员、生产环境及测量等，这几个来源也可归结为5MIE。要求上述条件绝对保持不变是不可能的，因此产品质量散差就必然存在。对于这几个来源的散差原因还可以分为两大类：偶然性原因和系统性原因。

偶然性原因又称随机性原因或不可避免的原因。这种原因所造成的质量散差比较小，如机床的微小振动、原材料性质的微小差异、刀具的正常磨损、工人操作技术的微小变化等。这些因素的出现是带有随机性的，一般不易识别，且难以消除，即使能够消除但往往在经济上是不合算的。

系统性原因又称异常原因或可以避免的原因。这种原因往往突然发生，对产品质量影响较大，且前后是一致性的，如机床、刀具严重磨损，设备调整不准，夹具严重松动，或者材料中混入不同材质、规格的原材料等。这类原因一般容易识别和查找，并且易于采取措施进行消除。

2）控制图及其原理

统计质量控制的主要工具是质量控制图。质量控制图是按时间顺序绘制的有关产品质量的样本统计量图形。图 8-16 是质量控制图的一个示例。在图上有中心线以及上、下两个控制界限。中心线是产品质量特性的分布中心，即均值，上、下控制界限是允许产品的质量特性在此间变动的范围，如果要求产品的合格率为 99.7%，那么就可以选择平均数加减 3 作为上、下控制界限。按数据性质控制图可分为计量特征值控制图与计数特征值控制图。

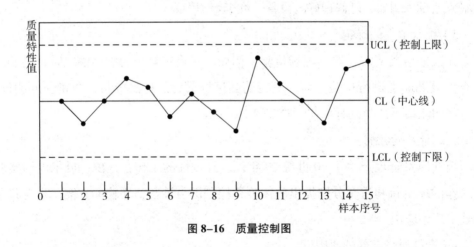

图 8-16 质量控制图

（1）计量特征值控制图。计量特征值控制图的管理和控制对象为长度、重量、时间、强度、成分及收缩率等连续量。这里介绍两种计量特征值控制图，均值控制图和极差控制图。

①均值控制图。均值控制图也叫 $\bar{x}$ 控制图，用于检查生产过程的中心变动趋势。均值控制图的控制界限由以下公式确定。

中心线：

$$CL_{\bar{x}}=\bar{\bar{x}}=\frac{\sum_{i=1}^{k}\bar{x}_i}{k}$$

上、下界限：

$$UCL_{\bar{x}}=\bar{\bar{x}}+3\sigma_{\bar{x}}=\bar{\bar{x}}+3\frac{\sigma}{\sqrt{n}}=\bar{\bar{x}}+3\frac{\frac{\bar{R}}{d_2}}{\sqrt{n}}=\bar{\bar{x}}+\frac{3}{d_2\sqrt{n}}\bar{R}$$

$$=\bar{\bar{x}}+A_2\bar{R}$$

$$LCL_{\bar{x}}=\bar{\bar{x}}-3\sigma_{\bar{x}}$$

$$=\bar{\bar{x}}-A_2\bar{R}$$

式中，$\bar{x}_i$ 为各样本的平均值（$i=1$，2，…，k）；k 为组数；A_2 为控制界限参数，可根据每组样本大小查表 8-5 得到；$\bar{R}$ 为样本极差的平均值。

表 8-5 控制界限参数表

n	2	3	4	5	6	7	8	9	10	11	12	13	14	15
A_2	1.880	1.023	0.729	0.577	0.483	0.419	0.373	0.337	0.308	0.285	0.266	0.249	0.235	0.223
D_4	3.267	2.575	2.282	2.115	2.004	1.924	1.864	1.816	1.777	1.744	1.716	1.692	1.671	1.652
D_3	0	0	0	0	0	0.076	0.136	0.184	0.223	0.256	0.284	0.308	0.329	0.348

②极差控制图。极差控制图也叫 R 控制图，用于检查生产过程的散差。R 控制图的控制界限由以下公式确定。

中心线：

$$CL_R=\bar{R}$$

上、下界限：

$$UCL_R=\bar{R}+3\sigma_R=\bar{R}+3d_3\sigma=\bar{R}+3d_3\frac{\bar{R}}{d_2}=(1+3\frac{d_3}{d_2})\bar{R}$$

$$=D_4\bar{R}$$

$$LCL_R=\bar{R}-3\sigma_R=(1-3\frac{d_3}{d_2})\bar{R}$$

$$=D_3\bar{R}$$

式中，D_3、D_4 为控制界限参数，其他符号同均值控制图。

（2）计数特征值控制图。计数特征值控制图主要以不合格品数、不合格品率、缺陷数等质量特性来控制产品质量。这里介绍 P 控制图。

P 控制图用于检测生产过程中产生的不合格品所占百分数。P 控制图的控制界限由以下公式确定。

中心线：

$$CL_P = \bar{P}$$

上、下界限：

$$UCL_P = \bar{P} + 3\sqrt{\frac{\bar{P}(1-\bar{P})}{n}}$$

$$LCL_P = \bar{P} - 3\sqrt{\frac{\bar{P}(1-\bar{P})}{n}}$$

3）质量控制图的观察与分析

绘制控制图的目的是根据控制图中样本点的分布形态推断生产过程是否处于受控状态。如果生产过程中只有偶然性因素在起作用，那么样本点就呈现出随机性分布。否则，生产过程就处于失控状态。

人们根据经验总结出一些典型失控状态的表现形式，大致分为10类。要特别说明的是，不属于这10类的，并不表示生产过程处于受控状态，一个总的原则就是：只要样本点的分布破坏了随机性，生产过程中就有必然性因素在起作用，因而生产过程就处于失控状态。

（1）样本点出界。只要在连续25个样本点中有样本点出界，就应视为生产过程失控。样本点出界是生产过程失控最直接的反映。超出控制界限的样本点越多、偏离越远，生产过程中的必然性因素的影响越严重。此时，应立即采取纠正措施，甚至停产整顿。

如图 8-17 中，第 3 号样本点超出控制上限，第 18 号样本点超出控制下限。生产过程处于严重失控状态。其所生产的产品将存在大量不合格品。

（2）多个样本点接近边界。如果没有样本点出界，但却有多个样本点接近控制上限或控制下限，也就说明生产过程有失去控制的趋势。特别地，当以下几种情况发生时，可以认为生产过程已经处于失控状态，应予以纠正。

①连续 3 个样本点中有 2 个及以上接近边界。
②连续 7 个样本点中有 3 个及以上接近边界。
③连续 10 个样本点中有 4 个及以上接近边界。

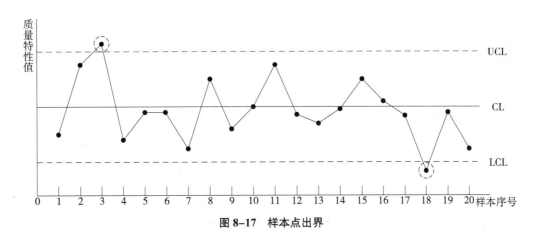

图 8-17 样本点出界

如图 8-18 所示,第 8、11 和 14 号样本点接近控制上限,说明生产过程已经处于失控状态。

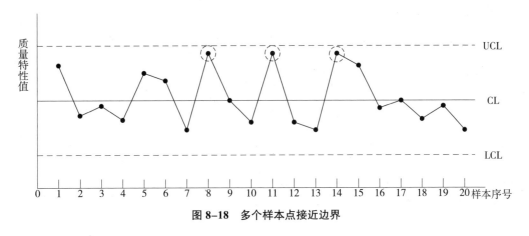

图 8-18 多个样本点接近边界

(3)样本点明显单侧分布。较多的样本点出现在中心线的一侧时,生产过程处于失控状态,或有失控的趋势。特别地,当出现以下情况时,就应当立即查明原因,采取措施解决。

①连续出现 7 个样本点在中心线一侧。

②连续 11 个样本点中有 10 个及以上出现在中心线一侧。

③连续 14 个样本点中有 12 个及以上出现在中心线一侧。

④连续 17 个样本点中有 14 个及以上出现在中心线一侧。

⑤连续 20 个样本点中有 16 个及以上出现在中心线一侧。

如图 8-19 所示,在第 5~18 号连续 14 个样本点中有 13 个出现在中心线的下侧,应立即分析造成这种现象的原因,采取纠正措施使生产过程回到受控状态。

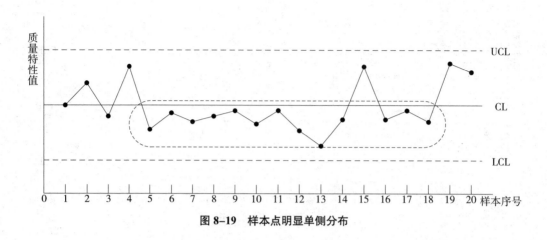

图 8-19 样本点明显单侧分布

（4）样本点连续上升或下降。样本点连续上升或下降表明生产过程正在或已经脱离正常状态。特别地，当出现 7 个或以上样本点连续上升或下降时，可判定生产过程已处于失控状态。

如图 8-20 所示，第 6～12 号 7 个样本点连续呈现上升趋势，应当立即采取纠正措施。

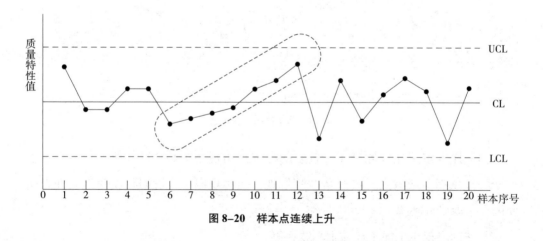

图 8-20 样本点连续上升

（5）样本点呈现周期性波动。周期性波动是指样本点每隔一定时间所呈现的规律性变化。说明生产过程中有周期性因素影响，使生产过程失控。

如图 8-21 所示，样本点的分布呈现出周期性波动。第 1～5 号样本点的分布形态在 20 个样本点的分布中重复出现 4 次。此时，应借助其他质量管理工具分析判断并消除造成这种情况的原因，使产生过程回到受控状态。

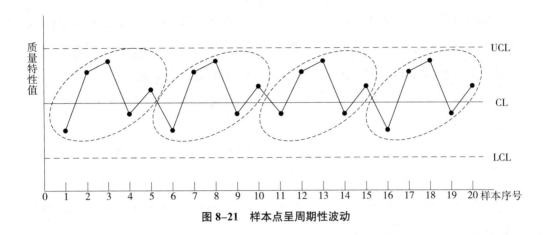

图 8-21　样本点呈周期性波动

8.3.4　ISO 9000 质量标准体系

1. 质量管理体系国际标准的产生和修订

在质量管理和质量保证技术委员会（TC176）总结各国质量管理经验的基础上，经过各国质量管理专家的努力工作，ISO 于 1986 年至 1987 年正式发布了 ISO 8402 以及 ISO 9000 至 ISO 9004 系列标准，总标题为"质量管理和质量保证"系列标准。

1987 年正式发布 ISO 9000 系列标准后，ISO/TC176 提出了 ISO 9000 系列标准的两阶段修订战略，第一阶段为"有限修改"，第二阶段为"彻底修改"，即针对标准本身存在的问题以及实施中出现的问题，对标准进行全面的修订。

1994 年 ISO/TC176 完成了第一阶段的修订工作，并由 ISO 于 1994 年 7 月 1 日发布了 1994 版 ISO 9000 族标准，取代了 1987 版 ISO 9000 系列标准。

2000 年 9 月 14 日，ISO/TC176 发布了 ISO/FDIS 9000、ISO/FDIS 9001、ISO/FDIS 9004 最终国际标准草案，并提请会员团体在 2000 年 11 月 14 日之前对其进行最终表决。2000 年 12 月 15 日，ISO 正式颁布 2000 版 ISO/9000、ISO/9001、ISO/9004 国际标准。之后又颁布 ISO 9001：2008《质量管理体系要求》和 ISO 9004：2009《追求组织的持续成功 质量管理方法》。

早在 1988 年，我国等效采用 1987 版 ISO 9000 系列标准，发布 GB/T 10300 系列标准，1992 年由等效采用改为等同采用，标准编号改为 GB/T 19000 系列。

1994 年 7 月 1 日，ISO 颁布 1994 版 ISO 9000 系列标准，取代了 1987 年版标准，同年 12 月 24 日，我国颁布了等同采用的国家标准 GB/T 19000—1994 质量管理和质量保证系列标准。

2000年，我国及时修订并等同采用了2000版ISO 9000族标准的国家标准GB/T 19000—2000《质量管理体系基础和术语》、GB/T 19001—2000《质量管理体系要求》和GB/T 19004—2000《质量管理体系——业绩改进指南》。

2008年，修订并颁布了等同采用2005版ISO 9000和2008版ISO 9001的国家标准GB/T 19000—2008、GB/T 19001—2008。

2011年，修订颁布了等同采用2009年版ISO 9004的国家标准GB/T 19004—2011。

2016年，修订并颁布了等同采用2015版的ISO 9000和ISO 9001的国家标准GB/T 19000—2016、GB/T 19001—2016。

2. 质量管理体系标准

1）基本概念

GB/T 19000—2016/ISO 9000：2015标准中提出的基本概念包括质量、质量管理体系、组织环境、相关方及支持。

2）质量管理原则

GB/T 19000—2016/ISO 9000：2015标准中提出的质量管理原则，为质量管理体系标准奠定了基础。质量管理原则是世界各国质量管理和质量保证的经验的高度概括，渗透现代质量管理的理念、思想和意识，用七项原则表述了质量管理的最基本、最通用的一般性规律。对于组织来说，应将质量管理原则融入组织，形成组织的质量文化。组织在质量管理体系的建立、实施、保持和改进中，全面遵循质量管理原则，从而达到质量管理体系的预期绩效。

质量管理七项原则具体内容如下。

（1）以顾客为关注焦点。质量管理的首要关注点是满足顾客要求并且努力超越顾客期望。

（2）领导作用。各级领导建立统一的宗旨和方向，并创造全员积极参与实现组织的质量目标的条件。

（3）全员积极参与。整个组织内各级胜任、经授权并积极参与的人员，是提高组织创造和提供价值能力的必要条件。

（4）过程方法。将活动作为相互关联、功能连贯的过程组成的体系来理解和管理时，可更加有效和高效地得到一致的、可预知的结果。

（5）改进。成功的组织持续关注改进。

（6）循证决策。基于数据和信息的分析和评价的决策，更有可能产生期望的结果。

（7）关系管理。为了持续成功，组织需要管理与有关相关方（如供方）的关系。

8.3.5 全面质量管理

1. 全面质量管理的概念

全面质量管理是社会经济发展、科技进步和管理创新的产物。所谓全面质量管理，就是一个组织以质量为中心，以全员参与为基础，目的在于通过让顾客满意和本组织所有成员及社会受益而达到长期成功的管理途径。可以从以下几个方面来理解全面质量管理。

（1）全面质量管理不等同于质量管理。质量管理是组织管理职能之一，与生产管理、销售管理、财务管理等管理职能并列。而全面质量管理是质量管理更深层次、更高境界的管理，它将组织的所有管理职能纳入质量管理的范畴。

（2）全面质量管理强调以质量为中心。组织中的其他活动必须围绕质量来展开。

（3）全员参与。全体员工参与质量管理是全面质量管理的基础。全面质量管理要求对全体员工不断地进行教育和培训。

（4）最高管理者持续地、强有力地领导。这是全面质量管理顺利实施的保证。

（5）谋求长期的经济效益和社会效益。全面质量管理追求的是长期效益，而不是眼前的得失。全面质量管理不仅追求组织的经济效益，还要考虑社会效益，只有这样，组织才具有可持续发展的动力。

2. 全面质量管理的特点

（1）全员参加的质量管理。产品质量的好坏，是许多生产环节和各项管理工作的综合反映。企业中任何一个环节、任何一个人的工作质量，都会不同程度地直接或间接地影响产品质量。全面质量管理中的"全面"，首先是指质量管理不是少数专职人员的事，它是全企业各部门、各层面的全体人员共同参加的活动。但全面质量管理也不是"大家分散地搞质量管理"，而是"为实现共同的目的，大家有系统地共同搞质量管理"。因此，质量管理活动必须是使所有部门的人员都参加的"有机"组织的系统性活动。同时，要发挥全面质量管理的最大效用，还要加强企业内各职能和业务部门之间的横向合作，这种合作甚至已经逐渐延伸到企业的用户和供应商。

（2）全过程的质量管理。产品质量首先在设计过程中形成，并通过生产工序制造出来，最后通过销售和服务传递到用户手中。在这里，产品质量产生、形成和实现的全过程，已从原来的制造和检验过程向前延伸到市场调研、设计、采购、生产准备等过程，向后延伸到包装、发运、使用、用后处理、售前售后服务等环节，向上延伸到经营管理，向下延伸到辅助生产过程，从而形成一个从市场调查、设计、生产、销售直至售后服务的寿命循环全过程。此外，为了实现全过程的质量管理，就必须建立企业的质量管理体系，将企业的所有员工和各个部门的质量管理活动有机地组织起来，将产品质量的产生、形成和实现全过程的各种影响因素和环节都纳入质量管理的范畴，才能在日益激烈的市场竞争中及时地满足用户的需求，不断提高企业的竞争实力。

（3）管理对象的全面性。全面质量管理的对象是质量，而且是广义的质量，不仅包括产品质量，还包括工作质量。只有将工作质量提高，才能最终提高产品和服务质量。除此之外，管理对象全面性的另一个含义是对影响产品和服务质量因素的全面控制。影响产品质量的因素很多，概括起来包括人员、机器设备、材料、工艺方法、检测手段和环境等方面，只有对这些因素进行全面控制，才能提高产品和工作质量。

（4）管理方法的全面性。尽管数理统计技术在质量管理的各个阶段都是最有效的工具之一，但影响产品质量的因素复杂，既有物质的因素，又有人的因素；既有生产技术的因素，又有管理的因素。要搞好全面质量管理，就不能单靠数理统计技术，而应该根据不同的情况、针对不同的因素，灵活运用各种现代化管理方法和手段，将众多的影响因素系统地控制起来，实现统筹管理，全面管理。在全面质量管理中，除统计方法外，还经常用到各种质量设计技术、工艺过程的反馈控制技术、最优化技术、网络计划技术、预测和决策技术，以及计算机辅助质量管理技术等。

（5）经济效益的全面性。企业是个经济实体，在市场经济条件下，它的主要目的是取得最大的经济效益。但全面质量管理中经济效益的全面性，除保证制造企业能取得最大经济效益外，还应从社会和产品寿命循环全过程的角度考虑经济效益问题。企业要以使社会的经济效益最大为目的，使供应链上的生产者、储运公司、销售公司、用户和产品报废处理者均能取得最大效益。

本章小结

本章介绍了设备管理、库存管理及质量管理的相关概念及理论,设备管理就是设备的日常管理。它是从设备的计划开始,关于研究、设计、制造、检验、购置、安装、使用、维修、改造、更新直至报废的全过程管理,是一项兼有技术、经济、业务三方面的技术管理工作。其中应总体掌握设备管理的定义、内容、如何使用、检修以及折旧和更新;库存具有双面性,一方面是由于库存不能马上给企业带来经济效益,企业需要为存储资源承担场地、资金、人员等而产生的库存成本;另一方面,由于供需双方在空间、时间和数量上的不确定性,企业必须保留一部分资源库存,这对正常生产具有重要作用,因此要学会如何进行最优的库存控制;质量管理是运营管理中非常重要的环节之一,需掌握经典的质量管理相关理论及工具方法。

即测即练

五问复盘

1. 设备磨损有什么规律?
2. 如何做好物资供应管理?
3. 两种盘存系统的区别和适用条件分别是什么?
4. 如何解释 EOQ 模型?
5. 质量管理有哪些经典理论与工具?

思维转变

通过网络收集某一设备信息,简述如何进行设备管理。

实践链接

第9章 运营管理方式变革

 学习目标

> 知识目标:

1. 理解精益生产的定义。

2. 了解大规模定制的内容。

3. 掌握敏捷制造的要素、特征、体系结构。

4. 理解约束管理的概念。

5. 掌握智能制造的特征,并能概括出智能制造在大数据时代的发展趋势。

> 能力目标:

1. 加强对精益生产方面的理解,提高自己在大数据时代企业运营管理的竞争力。

2. 在新的市场环境中企业迫切需要一种新的生产模式,掌握大规模定制生产方式,提高自己在企业转型升级过程中的执行力和领导力。

> 思政目标:

1. 通过精益思想、精益生产方法与大规模定制,引导学生理解党的十九大报告提出的建设现代化经济体系,增强学生在企业现代化建设中的使命感,为我国现代化经济体系建设作出贡献。

2. 在工业4.0时代,不断了解多种现代管理方法和手段,以社会需求为依据,熟练掌握智能制造的特征、重要手段、成功的关键因素,不断提升企业在智能制造领域的核心竞争力。

思维导图

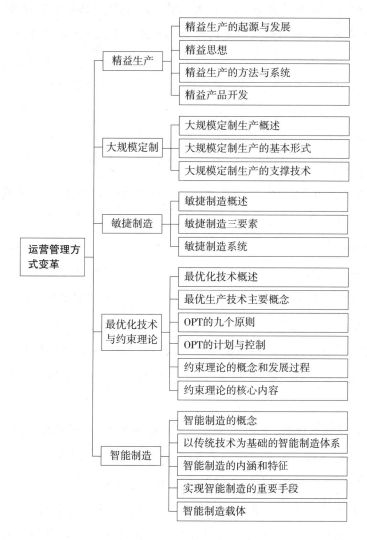

案例导入

精益生产案例

顾客的背景

A公司是一家真皮男鞋生产工厂,已有15年以上的历史,从家族性企业发展而来,拥有职工1 400人左右,公司的中高层管理干部有的是从工厂基层提拔上来的,有的是从别的鞋厂引进的,创办前几年公司业绩较好,从一条成型线发展到五条成型线。公司没有形成一套系统化的管理制度,管理随意性很大,对品质的关注度不高,常常因出货而牺牲品质,再加上外界环境的变化、同行的竞争激烈、顾客要求越来越严格、交货期越来越短等原因，近几年来，公司的利润空间越来越小，公司的人员流失率高达 12% 以上，员工招不到，现场加班时间长，通常加班到晚上 11 点多，一个月没有一天的休息，生产效率低下，士气低落……

为了改变公司这种恶劣的局面，公司上层决定请顾问公司辅导，帮助企业提升效率、减少工时、降低员工流失率、建立规范化管理制度。基于这种改善意愿，公司于 2020 年底正式请 B 顾问公司驻厂辅导，双方签订了服务合同，将改善的绩效指标纳入合同。

B 顾问公司的解决方案

B 顾问公司进驻工厂后，就项目的实施制订了第一步计划，计划主要内容如下。

（1）收集现状数据（包括公司目前的人员离职率、原材料库存、在制品库存、订单生产周期、补水率、直通率、翻箱率、开料、针车、成型人均时产能等）并对收集的数据进行整理统计以作为下一步改善行动的原始参考数据。

（2）精益生产课程培训，精益生产简介、七大浪费、目视管理等。

场景描述

因 A 公司一直没有安排一位项目负责人与 B 顾问公司对接开展工作，故 B 顾问公司的 C 先生将制订的第一个月的"月份项目推行计划"直接呈送给工厂总经理签核。

总经理看了一下计划，找来 C 先生，并对 C 先生说："所有的数据都统计出来，并且与你们公司签订在合同中了，为什么还要花时间来收集呢？我们都是统计前三年的财务报表数据得来的，其准确性应该不值得怀疑的啊。"

C 先生解释说："我们收集这些数据是为了更详细地了解目前工厂的实际状况，通过收集与整理这些数据并存档，以作为未来改善过程中绩效评估的参考依据，这与合同中签订的数据不相关，那是我们最终要达成的目标，而目前数据收集是基于对现状的了解，并非怀疑贵公司那些数据不真实。"

总经理："我觉得你们这样做是无效的，你们的做事方法值得怀疑，这样做不是浪费工人的时间吗？这么多的库存，怎么可能点得清楚呢？"

C 先生："总经理，不好意思，这上面的数据每一个该如何收集、统计方法、谁来收集等都已做好计划，并且在开始收集前会召集这些人员做一次详细的说明，而且在过程中我们顾问会跟进并协助收集人员的，比如'原材料库存数据'的收集，我们直接可以从目前的实物账上统计出来，不必通过盘点。"

总经理:"计划先放在这里吧,我觉得这样做事是没有意义的,等你们总经理来了后再商量。"

C先生很郁闷,排好的计划就因为这样被搁置下来,又得耽误几天的时间了。

结果

项目一开始,总经理对精益生产的理解就不到位,支持与推动不力,对精益生产可能引发的变革准备不足;对顾问公司既依赖又信任不足,直接造成了项目一开始就不顺畅。后来的事实证明,缺少了公司高层的理解和支持,该项目一路走来磕磕绊绊,结果双方都不满意。

感言

如果企业最高层轻视自己在精益生产推行过程中的领导角色与责任,不亲自制订精益管理的规划,组织一个跨职能部门的团队去执行精益,仅仅依靠顾问公司的推动是不可能成功的。

企业"痛则生变",在变革的过程中,遇到问题和阻力是很正常的,特别是能给企业带来突破性变化的方法论,就更容易触发各种矛盾和利益,如果高层对此没有信仰,就非常容易对变革带来的阵痛产生畏惧心理,从而停止或放弃。如此下去,很容易走入变革遇阻—不予解决—触发困境—反究变革的恶性循环中,导致公司上下对精益生产丧失信心。

企业最高管理层要有亲临一线的态度,如果仅仅是在办公室听取汇报,或依据电脑上的数据来归纳和解决问题,那么很难了解企业正在发生什么。只有常常深入现场了解问题,才能确实掌握精益的实际运作状况。

"精益"不只是一个目标,也不光是一些方法和工具,它是一套完全不同的管理思想与体系,其中包括制订企业目标,这是企业领导的核心思想及长期奋斗的目标。

9.1 精益生产

9.1.1 精益生产的起源与发展

精益管理源于精益生产。精益生产源于美国麻省理工学院教授詹姆斯·P.沃麦克(James P. Womack)等专家的"国际汽车计划"(IMVP)。他们认为日本丰田汽车公司的生产方式是最适用于现代制造企业的一种生产组织管理方式。

1985年，IMVP组织了一支国际性的研究队伍，耗资500万美元，历时5年，对全世界17个国家和地区（北美、西欧、日本以及韩国墨西哥和中国台湾等）90多个汽车制造厂进行调查和对比分析，写出了大量研究报告，最后出版了一本名为《改变世界的机器》的著作，推出了一种以日本丰田生产方式为原型的"精益生产方式"。丰田生产方式认为，在企业流程或制造过程中未能创造价值的活动就是浪费，共分为七种。

（1）过量生产的浪费，是指超量（或过度）生产带来的浪费。这是企业最常见的浪费，也是不易引起注意、最具有隐蔽性的浪费。这种浪费是在没有需求的时候提前生产而产生的，大量生产投入了过量的人力和设备。

（2）窝工的浪费，是指人、设备、产品等相互之间发生的等待的浪费。这是生产能力不均衡、设备排列不合理、设备发生故障、缺少零部件等因素造成的。

（3）搬运的浪费，是指无效搬运物料带来的浪费。这主要是由不合理布局引起的。低效率搬运、无计划生产都造成搬运的浪费。

（4）库存的浪费，是指超过一定量库存而带来的浪费，主要是由于过量生产、市场预测不准确等产生的。

（5）加工过程中的浪费，是指为了将零部件或半成品移交下一道工序而产生的浪费。其主要是由于不正确加工、不完整加工、不需要加工等与最终需求的产品完成无任何关系的加工。

（6）动作的浪费，是指不产生附加价值的动作、不合理的操作、效率不高的操作姿势等从事非效率工作产生的浪费。其主要是由于设备排列不合理、使用不适当的工具、贪图安逸工作姿势等。无效率的动作不代表工作，如动物园里的狗熊，本能的动，大象被管理员牵着动，猴子自主性的动，都不是工作。

（7）不良品的浪费，是指半成品或产成品出现与质量有关的问题。其主要是没有工作标准、工人疏忽、检验标准不完善等原因带来的。

精益管理由最初的在生产系统的管理实践成功，已经逐步延伸到企业的各项管理业务中，也由最初的具体业务管理方法，上升为战略管理理念。它能够通过提高顾客满意度、降低成本、提高质量、加快流程速度和改善资本投入，使股东价值实现最大化。它要求企业的各项活动都必须运用"精益思维"（lean thinking）。"精益思维"的核心就是以最小资源投入，包括人力、设备、资金、材料、时间和空间，创造出尽可能多的价值，为顾客提供新产品和及时的服务。

9.1.2 精益思想

1. 精益思想的内涵

精益管理的思维方式就是：以最小的资源成本投入，包括人力成本、设备成本、资金投入、材料成本、时间成本和场地成本等，获取最大的经济效益，创造最多的价值，达到及时为顾客服务，提供市场所需的新产品及服务的效果。其目标可以概括为：企业在为顾客提供满意的产品与服务的同时，把浪费降到最低程度。

精益生产以整体优化的观点，科学合理地组织与配置企业拥有的生产要素，消除生产过程中一切不生产附加价值的劳动和资源，以"人"为中心，以"简化"为手段，以"尽善尽美"为最终目标，使企业适应市场的应变能力增强，取得更高的经济效益。

2. 精益思想的五项原则

"精益思想"一词源于詹姆斯·P. 沃麦克和丹尼尔·T. 琼斯（Daniel T. Jones）1996年的名著——《精益思想》。该书在《改变世界的机器》的基础上，进一步集中、系统地阐述了关于精益思想的一系列原则和方法。精益思想的构成可以概述为以下五项原则（图9-1）。

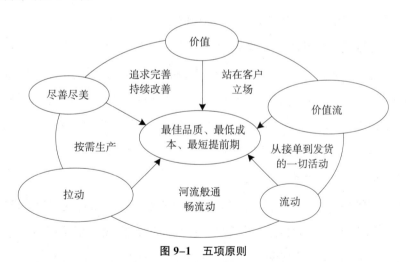

图9-1 五项原则

（1）价值。精益思想认为企业产品（服务）的价值（value）只能由最终用户来确定，价值也只有满足特定用户需求才有存在的意义。精益思想重新定义了价值观与现代企业原则，它同传统的制造思想，即主观高效率地大量制造既定产品向用户推销，是完全对立的。

（2）价值流。价值流（value stream）是指从原材料到成品赋予价值的全部活动。识别价值流是实行精益思想的起步点，并从最终用户的立场寻求全过程的整体最佳。精益思想的企业价值创造过程包括：从概念到投产的设计过程；从订货到送货的信息过程；从原材料到产品的转换过程；全生命周期的支持和服务过程。

（3）流动。精益思想要求创造价值的各个活动（步骤）流动（flow）起来，强调"动"。传统观念是"分工和大量才能高效率"，但是精益思想却认为成批、大批量生产经常意味着等待和停滞。精益将停滞视为企业的浪费。精益思想号召"所有的人都必须和部门化的、批量生产的思想做斗争，因为如果产品按照从原材料到成品的过程连续生产的话，我们的工作几乎总能完成得更为精确有效"。

（4）拉动。"拉动"的本质含义是让企业按用户需要拉动生产，而不是把用户不太想要的产品强行推给用户。拉动生产通过正确的价值观念和压缩提前期，保证用户在要求的时间得到需要的产品。实现了拉动生产的企业具备当用户需要时，就能立即设计、计划和制造出用户真正需要的产品的能力；最后实现抛开预测，直接按用户的实际需要进行生产。实现拉动的方法是实行JIT生产和单件流（one-piece flow）。JIT和单件流的实现必须对原有的制造流程做彻底的改造。流动和拉动将使产品开发周期、订货周期、生产周期降低50%~90%。

（5）尽善尽美。精益思想定义企业的基本目标是：用尽善尽美（perfect）的价值创造过程为用户提供尽善尽美的价值。James P. Womack阐述精益制造的目标是"通过尽善尽美的价值创造过程（包括设计、制造和对产品或服务整个生命周期的支持）为用户提供尽善尽美的价值"。精益制造的"尽善尽美"有三个含义：用户满意、无差错生产和企业自身的持续改进。

3. 精益生产的核心思想特征

精益生产的核心思想是消除一切无效劳动和浪费，将目标定格在尽善尽美上，通过不断地降低成本、增强生产灵活性、提高质量、实现无废品和零库存等手段，确保企业在市场竞争中的优势。同时，精益生产把责任下放至企业的各个层次，采用小组工作法，充分调动全体员工的积极性和创造性，将缺陷和浪费及时地消灭在每个岗位上。

在《改变世界的机器》一书中，詹姆斯·P.沃麦克等人从五个方面对精益生产的思想特征进行了阐述。

1）以顾客为上帝

产品面向顾客，将顾客纳入产品开发的过程，与顾客保持密切的联系，以多变的产品、尽可能短且准时的交货期满足顾客的需求，真正体现"顾客是上帝"的真谛。

2）以人为中心

（1）充分发挥一线员工的积极性和创造性，使员工积极为企业发展献计献策，下放部分权力，挖掘员工的潜力。

（2）满足员工学习新知识和实现自我价值的愿望，形成独特的具有竞争意识的企业文化。

3）以精简为手段

（1）裁掉多余的环节和人员，构建精简的组织架构。

（2）采用先进的柔性加工设备，减少生产人员的数量。

（3）采用 JIT 和看板方式管理物流，大幅度减少或者实现零库存，同时减少库存管理人员、物流设备和设施占地面积。

4）团队工作组和并行设计

（1）团队工作组是指由企业各部门的专业人员组成的多功能设计组，对产品的开发和生产具有很强的集成能力和指导能力。

（2）并行设计是指研发和试制并行，发现产品设计中的不合理之处，随即进行修改。

5）准时供货方式

企业应与供应商建立良好的关系，相互支持，相互信任，信息共享，利益均沾，从而确保物料的准时供应，为企业带来最小的库存和最少的在制品数。

9.1.3 精益生产的方法与系统

精益生产方式是一个体系，其核心体系包括"一大目标""两大支柱"和"一大基础"。其体系架构如图 9-2 所示。"一大目标"是屋顶，代表这一方式的最高行动纲领，即实现最佳品质、最低成本、最短提前期；"两大支柱"，即准时制生产与自働化，是精益生产架构之屋得以建立和存在的支撑；持续改善是精益生产的"一大基础"。四大要素缺一不可，密切相关、互相强化。

1. 准时制生产方式

JIT 生产方式，其实是保持物质流和信息流在生产中的同步，实现以恰当数量的物料,在恰当的时候进入恰当的地方,生产出恰当质量的产品。这种方法可以减少库存,缩短工时,降低成本,提高生产效率。JIT 是第二次世界大战以后最重要的生产方式之一。由于它起源于日本的丰田汽车公司,因而曾被称为"丰田生产方式",后来这种生产方式的独特性和有效性被越来越广泛地认识、研究和应用,人们才称其为 JIT。

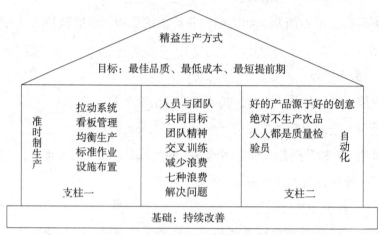

图 9-2 精益生产方式体系架构

准时制生产的基本思想是"只在需要的时候,按需要的量,生产所需的产品",也就是追求一种无库存,或库存达到最小的生产系统。JIT 的基本思想是生产的计划和控制及库存的管理。

JIT 的基础之一是均衡化生产,即平均制造产品,使物流在各作业之间、生产线之间、工序之间、工厂之间平衡、均衡地流动。为达到均衡化,在 JIT 中采用月计划、日计划,并根据需求变化及时对计划进行调整。

JIT 提倡采用对象专业化布局,用以减少排队时间、运输时间和准备时间,在工厂一级采用基于对象专业化布局,以使各批工件能在各操作间和工作间顺利流动,减少通过时间;在流水线和工作中心一级采用微观对象专业化布局和工作中心形布局,可以减少通过时间。

JIT 可以使生产资源合理利用,包括劳动力柔性和设备柔性。当市场需求波动时,要求劳动力资源也做相应调整。如需求量增加不大时,可通过适当调整具有多种技能操作者的操作来完成;当需求量降低时,可采用减少生产班次、解雇临时工、分配多余的操作工去参加维护和维修设备的方法。这就是劳动力柔性的含义;而设备柔性是指在产品设计时就考虑加工问题，发展多功能设备。

JIT 强调全面质量管理，目标是消除不合格品。消除可能催生不合格品的根源，并设法解决问题，JIT 中还包含许多有利于提高质量的因素，如批量小、零件很快移到下一工序、质量问题可以及早发现等。

JIT 以订单驱动，通过看板，采用拉动方式把供、产、销紧密地衔接起来，使物资储备、成本库存和在制品大为减少，提高了生产效率。

2. JIT 实施手段

1）生产流程化

生产流程化即按生产汽车所需的工序从最后一个工序开始往前推，确定前面一个工序的类别，并依次恰当安排生产流程，根据流程与每个环节所需库存数量和时间先后来安排库存和组织物流。尽量减少物资在生产现场的停滞与搬运，让物资在生产流程上毫无阻碍地流动。

"在需要的时候，按需要的量生产所需的产品。"对于企业来说，各种产品的产量必须能够灵活地适应市场需要量的变化。众所周知，生产过剩会引起人员、设备、库存费用等的浪费。避免这些浪费的手段就是实施适时适量生产，只在市场需要的时候生产市场需要的产品。

为了实现适时适量生产，首先需要致力于生产的同步化。生产的同步化通过"后工序领取"方法来实现。"后工序只在需要的时间到前工序领取所需的加工品；前工序中按照被领取的数量和品种进行生产。"这样，制造工序的最后一道即总装配线成为生产的出发点，生产计划只下达给总装配线，以装配为起点，在需要的时候，向前工序领取必要的加工品，而前工序提供该加工品后，为了补充生产被领走的量，必向再前道工序领取物料，这样把各个工序都连接起来，实现同步化生产。

2）生产均衡化

生产均衡化是实现适时适量生产的前提条件。生产的均衡化，是指总装配线在向前工序领取零部件时应均衡地使用各种零部件，生产各种产品。为此在制订生产计划时就必须加以考虑,然后将其体现于产品生产顺序计划之中。在制造阶段，均衡化通过专用设备通用化和制定标准作业来实现。专用设备通用化，是指通过在专用设备上增加一些工夹具的方法使之能够加工多种不同的产品。标准作业是指将作业节拍内一个作业人员所应承担的一系列作业内容标准化。

标准化作业是实现均衡化生产和单件生产、单件传送的又一重要前提。丰田公司的标准化作业主要是指每一位多技能作业员所操作的多种不同机床的作业程序，是指在标准周期时间内，把每一位多技能作业员所承担的一系列的多种作业标准化。丰田公司的标准化作业主要包括三个内容：标准周期时间、标准作业顺序、标准在制品存量，它们均用"标准作业组合表"来表示。

3）资源配置合理化

资源配置的合理化是实现降低成本目标的最终途径，具体指在生产线内外，所有的设备、人员和零部件都得到最合理的调配和分派，在最需要的时候以最及时的方式到位。

从设备而言，相关模具能实现快速装换调整，例如，丰田公司发明并采用的设备快速装换调整的方法是SMED（快速换模）法。丰田公司所有大中型设备的装换调整操作均能够在10分钟之内完成，这为"多品种、小批量"的均衡化生产奠定了基础。

在生产区间，需要设备和原材料的合理放置。快速装换调整为满足后工序频繁领取零部件制品的生产要求和"多品种、小批量"的均衡化生产提供了重要的基础。

人员而言，多技能作业员（或称"多面手"）是指那些能够操作多种机床的生产作业工人。多技能作业员是与设备的单元式布置紧密联系的。

3. 自働化

自働化是精益生产的另一大支柱。"自働化"与"自动化"不同，"自働化"是丰田公司的自造词，它强调自动化系统中人的作用。

"好的产品源于好的创意""绝对不生产次品""人人都是质量检验员"等一系列由创始人丰田佐吉所提出的理念，已进化成了丰田人的一种自然而然的习惯，自働化思想已经渗透到了工序的每一个层次和环节。

4. 看板系统

看板，又称作传票卡，是传递信号的工具。看板式生产是实现JIT生产的重要手段之一。它可以是一种卡片，也可以是一种信号、一种告示牌。

1）看板的种类

看板的本质是在需要的时间、按需要的量对所需零部件发出生产指令的一种信息媒介体，而实现这一功能的形式是可以多种多样的。例如在丰田的工厂中，小圆球、圆轮、台车等均被利用来作为看板。随着计算机的普及，成图速度提高，已经越来越多地引入在各工序设置计算机终端，在计算机屏幕上显示看板信息的做法。

（1）工序内看板。工序内看板指某工序进行加工时所用的看板。这种看板用于装配线以及即使生产多种产品也不需要实质性的作业更换时间（作业更换时间近于零）的工序，例如机加工工序。

（2）信号看板。信号看板是在不得不进行成批生产的工序所使用的看板。例如冲压工序、树脂成型工序、模锻工序等。与上述的工序内看板不同，信号看板中必须记载的特殊事项是加工批量和基准数。加工批量是指信号看板摘下时一次所应加工的数量。基准数表示从看板摘下时算起还有几个小时的库存，也就是说，是从看板取下时算起，必须在多少小时内开始生产的指示。

（3）工序间看板。工厂内部后工序到前工序领取所需的零部件时使用的看板。

（4）对外订货看板。这种看板与工序间看板类似，只是"前工序"不是在本厂内，而是外部的协作厂家。对外订货看板上需记载进货单位的名称和进货进度。

（5）临时看板。进行设备安全、设备修理、临时任务、需要加班生产时所使用的看板。

2）看板的功能

（1）生产以及运送的工作指令。看板中记载着生产量、时间、方法、顺序以及运送量、运送时间、运送目的地、放置场所、搬运工具等信息，从装配工序逐次向前工序追溯，在装配线将所使用的零部件上所带的看板取下，以此再去前工序领取。"后工序领取"以及"适时适量生产"就是这样通过看板来实现的。

（2）防止过量生产和过量运送。看板必须按照既定的运用规则来使用。其中一条规则是："没有看板不能生产，也不能运送。"根据这一规则，看板数量减少，则生产量也相应减少。由于看板所表示的只是必要的量，因此通过看板的运用能够做到自动防止过量生产以及过量运送。

（3）进行"目视管理"的工具。看板的另一条运用规则是："看板必须在实物上存放"，"前工序按照看板取下的顺序进行生产"。根据这一规则，作业现场的管理人员对生产的优先顺序能够一目了然，易于管理。并且只要一看看板，就可知道后工序的作业进展情况、库存情况等。

（4）改善的工具。在 JIT 生产方式中，通过不断减少看板数量来减少在制品的中间储存。在一般情况下，如果在制品库存较高，即使设备出现故障、不良品数目增加也不会影响到后道工序的生产，所以容易把这些问题掩盖起来。而且即使有人员过剩，也不易察觉。根据看板的运用规则之一"不能把不良品送往后工序"，后工序所需得不到满足，就会造成全线停工，由此可立即使问题暴露，从而必须立即采取改善措施来解决问题。这样通过改善活动不仅使问题得到了解决，也使生产线的"体质"不断增强，带来了生产率的提高。JIT生产方式的目标是要最终实现无储存生产系统，而看板提供了一个朝着这个方向迈进的工具。

3）看板管理原则

（1）后工序只有在必要的时候，才向前工序领取必要数量的零部件：需要彻底改变现有流程和方法。

（2）前工序应该只生产足够的数量，以补充被后工序领取的零件。

在前两条原则下，生产系统自然结合为输送带式系统，生产时间达到平衡。

（3）不良品不送往后工序：后工序没有库存，后工序一旦发现次品必须停止生产，找到此品送回前工序。

（4）看板的使用数目应该尽量减小：看板的数量，代表零件的最大库存量。

（5）应该使用看板以适应小幅度需求变动：计划的变更经由市场的需求和生产的紧急状况，依照看板取下的数目自然产生。

5. 持续改进

持续改进（continual improvement）是增强满足要求的能力的循环活动。制订改进目标和寻求改进机会的过程是一个持续过程，该过程使用审核发现和审核结论、数据分析、管理评审的方法或其他方法，其结果通常催生纠正措施或预防措施。

精益管理的目标就是要追求"品质最高、成本最低"的尽善尽美的极限运营水平，这就要求对企业存在的不合理、不增值活动进行改善、改善再改善。持续改善是维持精益生产体系运转的基础，改善是生产技术手段优化、公司经济效益提高的源头。

企业要改善的地方无处不在，只不过随着科学技术的发展，人员素质的提高，机械化、自动化、信息化程度的进步，不合理的现象才会越来越少。从另一角度讲，旧的不合理现象解决了，新层次上的不合理现象又会产生。所以，任何企业在任何时候都应该坚持持续改善。

9.1.4 精益产品开发

精益产品开发与大量生产方式主要特点体现在：领导方式，团队工作，信息交流，同步开发。

首先是开发设计的项目领导方式——项目负责人为主查。1953 年丰田公司在一个新车开发项目中，任命了第一位主查项目经理。主查作为团队负责人，任务就是进行新产品的设计和工艺准备并使之投产。在日本的最佳工厂中项目主查掌握着大权，或许也是公司里最为令人羡慕的职位。在这个职位上，你可以指挥协调所需全部的技艺，使制造出一个像汽车那样异常复杂的产品成为现实。

其次是集体齐心协力——团队紧密配合。在精益的开发过程中，"主查"组织一个人数不多的团队，然后团队被分配接受一个开发项目，负责到项目完成为止。这些雇员来自公司各职能部门，如丰田汽车研发团队成员来自市场评估、产品计划、造型、先期结构设计、车身和发动机等设计、生产工程设计和工厂管理部门。他们保留与各自职能部门的联系，但在整个项目完成之前，他们都明确地处于"主查"的控制之下。他们在团队中的表现由"主查"给予评定，并将影响到下一个任务的分配。

在大量生产模式下，开发项目由许多人员组成，其中包括团队负责人，他们是从职能部门短期借调来的。在项目的全过程中，项目由市场营销部门开始，转移到工程部门，然后到工厂经营部门。这就像一辆汽车从焊接移动到油漆直至总装厂的组装部门。所以，在每个地方是由完全不同的人来参与工作的。团队负责人的业绩评价对成员的职务影响不大。

再次是信息交流。在日本最佳精益项目团队，每个成员都要签署正式契约，保证确定按每个成员都已同意的集体决策去做事情。"项目主查"的任务就是迫使整个项目团队面对项目中出现的所有困难达成一致。

最后是同步开发。这建立在团队紧密的信息交流和准确预测的基础上，能够极大地缩短开发周期。同步开发运用同步工程进行产品研发。同步工程也称并行工程，实际上是在摒弃传统的劳动分工思想的基础上建立起来的，是相对于顺序开发过程而言的，是一种全新的工作模式。

9.2 大规模定制

9.2.1 大规模定制生产概述

1. 大规模定制生产的概念

在新的市场环境中企业迫切需要一种新的生产模式,大规模定制(mass customization,MC)由此产生。1970年,阿尔文·托夫勒在 *Future Shock* 一书中提出了一种全新的生产方式的设想:以类似于标准化和大规模生产的成本和时间,提供顾客特定需求的产品和服务。1987年,斯坦·戴维斯(Start Davis)在 *Future Perfect* 一书中首次将这种生产方式称为"mass customization",即大规模定制。1993年B.约瑟夫·派恩(B. Joseph Pine II)在《大规模定制:企业竞争的新前沿》一书中写道:"大规模定制的核心是产品品种的多样化和定制化急剧增加,而不相应增加成本;其范畴是个性化定制产品和服务的大规模生产;其最大优点是提供战略优势和经济价值。"

大规模定制生产

我国学者祁国宁教授认为,大规模定制是一种集企业、顾客、供应商、员工和环境于一体,在系统思想指导下,用整体优化的观点,充分利用企业已有的各种资源,在标准技术、现代设计方法、信息技术和先进制造技术的支持下,根据顾客的个性化需求,以大批量生产的低成本、高质量和效率提供定制产品和服务的生产方式。另外香港科技大学的曾明哲(Mitchell Tseng)教授认为,大规模定制实际上是顾客和企业在产品设计、生产、制造以及服务等产品全生命周期中的协同行为,借以产生高附加值产品,为企业增值。MC的基本思路是基于产品族零部件和产品结构的相似性、通用性,利用标准化、模块化等方法降低产品的内部多样性,增加顾客可感知的外部多样性,通过产品和过程重组将产品定制生产转化或部分转化为零部件的批量生产,从而迅速向顾客提供低成本、高质量的定制产品。

大规模定制生产方式包括诸如时间的竞争、精益生产和微观销售等管理思想的精华。其方法模式得到了现代生产、管理、组织、信息、营销等技术平台的支持,因而就有超过以往生产模式的优势,更能适应网络经济和经济技术国际一体化的竞争局面。

2. 大规模定制基本原理

(1) 相似性原理。大规模定制的重点是识别和利用大量不同产品和过程的相似性，减少零部件种类。通过充分识别而挖掘产品中的几何相似性、结构相似性、功能相似性和过程相似性，利用标准化、模块化和系列化等方法减少产品的内部多样化，提高零部件和生产过程的可重用性。

产品和过程的相似性有多种形式。通过归纳方法，对这些相似的信息和活动进行归纳，形成标准的零部件模块、标准的产品结构和标准的事务处理过程，以便使用。这些对于减少产品的内部多样化有很重要的作用。

（2）重用性原理。在定制产品和服务中存在着大量可重新组合和可重复使用的单元。在大规模定制中利用可重新组合和可重复使用的单元，将定制产品的生产问题通过产品和过程的重组转化为批量生产问题，从而以低成本、高质量和快速度生产出个性化的产品，实现大规模定制，利用好零部件的附加值。

通过采用标准化、模块化和系列化等方法，可以充分挖掘和利用可重用单元。大规模定制中零部件的可重用性不仅指零部件设计信息的重用，还有产品报废后零部件的重复使用。

（3）全局性原理。实施大规模定制需要有一个全局性的思考，基于总成本思想，对产品全生命周期进行管理。

产品的价值链环节都是相关联的，有些情况下，降低了一个环节的成本，可能会使别的环节成本升高，最终导致总成本不下降反而上升。所以在大规模定制中，要用总成本思想考虑设计、采购、制造、销售和服务的成本，即产品全生命周期成本（life cycle cost，LCC）最优化。对产品价值链优化也要有总成本思想。

3. 大规模定制生产的特征

采用大规模定制的企业的共同目标是开发、生产、销售、支付买得起的产品和服务，这些产品和服务具有足够的多样性和定制化，几乎人人都能买到自己想要的产品。它具有以下特征。

（1）以顾客需求为导向。消费需求多样化和个性化朝极限化方向发展，使得企业面临的市场最终将极度细分化为每个产品一个市场面。企业以顾客提出的个性化需求为起点的大规模定制运营系统区别以往的过程推动模式，称为顾客拉动模式。

（2）以敏捷为标志。大规模定制方式下，企业与消费者是一对一的关系。在变幻莫测的需求环境下，要快速满足不同顾客的不同需求，要求企业成为敏捷组织。敏捷包括敏捷产品开发、敏捷制造、敏捷配送和组织结构的扁平化。

（3）以质量为前提。以敏捷为标志的大规模定制运营系统的有效运行，要求有告知了的产品设计和工艺设计为前提，要求有零缺陷的制造过程做保障，要求顾客满意的售后服务做补充与完善。

（4）以信息技术为支持。建立在多组织合作基础上的大规模定制，对支持企业的整个运营系统的手段提出了新要求。它以互联网、信息技术和电子商务网为支持。网络技术使得企业快速地获取订单，计算机辅助技术使得企业能够快速设计与开发产品和服务，ERP 支持下的企业管理使得快速生产实现，CRM 系统能够帮助企业与顾客进行有效沟通。

（5）以模块化、标准化为基础。大规模定制的基本思想是：将定制产品的生产问题通过产品重组和过程重组转化为或部分转化为批量生产问题。标准化、模块化可以减少定制的成分，使单元过程工作稳定，支持获取大规模定制生产的效率与效益。模块化将资源能力分成若干个单元，每个单元可按市场或顾客的需求重组，并对顾客的要求作出快速反应。

（6）以合作为手段。在以个性化需求为主的市场环境中，横向一体化与纵向一体化都不是最好的选择，竞争不是企业与企业之间的竞争，而是企业链与企业链之间的竞争。大规模定制方式通过动态重组形式集成能力，实现共赢。具有上述特征的大规模定制能同时获得三方面的经济效益：①用标准化零部件实现规模经济效益。②模块、零部件按多种方式组合成多种最终产品，实现范围经济效益。③在集成技术下，以上规模经济效益和范围经济的同时实现、互相增强，最终形成集成经济效益。

（7）以管理创新为关键。在新的生产方式下，传统的管理理论和管理方法的适用条件都已发生改变。大规模定制目标的实现，需要系统的管理理论和管理方法的创新来支持。

9.2.2 大规模定制生产的基本形式

大规模定制生产是通过让顾客参与到产品的设计、制造、装配和销售服务的过程中，以实现顾客的个性化需求。产品模块化是为了生产通用部件，以便进行批量生产，取得重复性批量生产的成本和质量。大规模定制生产要把产品模块化和顾客的参与结合起来，顾客参与得越早，产品的定制化程度越高，不同类型的顾客参与和不同类型的模块化就形成大规模定制生产的多种形式。

1. 顾客的参与在产品设计阶段

企业对每一类产品都有个模块化的基础设计方案，顾客根据产品的用途，对产品的功能和结构可提出自己的要求。企业对已有的、设计好的、可用的部件进行选择配置，并重新设计和修改其中的某些部件，以满足顾客的个性化需求。企业对新设计的部件和被修改的部件要单独进行加工制造。企业加工不了的，则要采取外包或外协的方式。

2. 顾客的参与在产品制造阶段

顾客对设计和制造好的模块化的产品部件和毛坯，提出自己对材质、规格型号的要求。企业根据顾客的要求，选用和加工所需的部件和零件，制成满足顾客个性化需求的产品。有些零部件的加工也可以采取外包或外协的方式。

3. 顾客的参与在产品装配阶段

企业设计制造好了模块化的各种产品部件和零件，顾客从企业提供的零部件清单中选择自己需要的零部件，企业按照顾客的要求进行装配，就可得到顾客所需的个性化产品。

4. 顾客的参与在销售服务阶段

人们到商场去购买裤子，只要选定合适的裤腰尺寸，而裤子的长度，有专设的服务店，在现场测量身高后，再确定裤长进行锁边。把确定裤长和锁边的工序后移到销售阶段，服装制造厂就不必生产许许多多规格的裤子，大大提高了同一规格裤子的生产批量。同时由于减少了品种规格，也可大大降低裤子的商品库存。

从以上情况可知，顾客参与定制生产阶段越早，产品的定制化程度越高，其制造成本也就相应较高；相反，顾客参与阶段越晚，则通用零部件越多，定制化程度越低，其制造成本也相应越低。

9.2.3 大规模定制生产的支撑技术

1. 制造系统模块化

与模块化的产品设计相似，模块化的生产单元具有标准接口，具有良好的可替换性，当用户需求发生变化或出现意外故障时可以通过模块间的替换满足动态的需求，使制造系统具有柔性和快速响应能力，从而满足大规模定制的要求。根据企业的产品种类情况，由某些通用模块构建生产线平台，通过改变某些面向特定顾客和应用的模块来调整生产线的产品范围。模块化制造系统的关键问题是模块之间的接口，包括硬件接口和信息接口。如果模块之间的接口是标准的，那么生产工程师就可以把来自不同供应商的设备集成到一个制造系统中。模块化制造系统的优点在于它提高了系统的可重组性和可扩展性。当产品类型发生变化时，可通过更换相应的工艺模块来调节系统的适应能力。当产品需求量发生变化时，可通过增加（减少）某些关键模块单元或提高（降低）系统自动化程度来增加（减少）产量，同时保证一定的经济性。另外，模块化的生产线也使管理简化。

2. 大规模定制动态组合的布局方式

传统制造系统规划的一个重要方面是合理安排车间、制造单元的布局，以加快工件的流动，减少排队等待时间、运输时间等。大规模定制制造系统规划的目标除了传统的制造系统规划目标外，更重要的是要保证制造系统的动态组合和调整能力，以满足大规模定制所要求的柔性和快速响应能力。

3. 大规模定制柔性物流系统

大规模定制对物流系统的期望可以归纳为：可以传输任何体积、重量、形状的物品，不需要轨道，没有路线的约束，提高传输速度，减少安装时间，增加智能化向导能力和自修复能力。传统的一体化的传送带、吊车、有导轨的自动导引车（AGV）等物料传输系统已经不能满足柔性物流的要求了。目前提出的一些物料运输系统和装置在柔性和可重组性方面都进行了一定的考虑。模块化的传送带将传送带模块分为线性传送带模块和连接传送带模块。通过这些模块的组合，可以形成不同形式的传送带，通过改变模块的方向和位置可以快速调整传输路线，而且通过二维传送带和三维传送带的组合可以形成各种类型的空间运输路线。

4. 大规模定制动态响应的控制结构

到目前为止，制造系统基本上有三种控制结构：集中控制结构、递阶控制结构和异构控制结构。其中异构控制结构将系统分解成近似独立的实体，实体通过预先定义的通信接口进行合作。实体之间消除主从关系，具有局部自治性，系统构成对实体是透明的，实体需要与其他实体合作。在异构控制结构中，每一个实体具有高度自治性，可以快速响应环境变化。大规模定制生产由于其订单到来的随机性，要求控制系统具有动态响应的特点。异构控制结构是大规模定制制造系统应该借鉴的结构。

5. 大规模定制减少生产准备工作

安德森（Anderson）认为，大规模定制生产仍然需要依靠流水式生产。在大批量生产模式下，制造商通过增加批量，将生产准备时间和成本分摊到尽可能多的产品中。大规模定制的极端情况是，每种产品的批量为一，批量为一的能力依赖于生产准备工作的减少。如果生产准备工作能够减少，那么制造商就可以做到按订单生产。生产准备工作的减少是大规模定制生产的重要前提。

9.3 敏捷制造

9.3.1 敏捷制造概述

1. 敏捷制造产生的背景

20世纪90年代，信息技术突飞猛进，信息化的浪潮汹涌而来，许多国家制订了旨在提高自己国家在未来世界中的竞争地位、培养竞争优势的先进的制造计划。为重新夺回美国制造业的世界领先地位，美国政府把制造业发展战略目标瞄向21世纪。美国通用汽车公司（GM）和理海（Lehigh）大学的雅柯卡（Iacocca）研究所在国防部的资助下，组织了百余家公司，由通用汽车公司、波音公司、IBM、得州仪器公司、AT&T（美国电话电报公司）、摩托罗拉等15家著名大公司和国防部代表共20人组成了核心研究队伍。此项研究历时3年，于1994年底提出了《21世纪制造企业战略》。在这份报告中，提出了既能体现国防部与工业界各自的特殊利益，又能获取它们共同利益的一种新的生产方式，即敏捷制造。

敏捷制造概念不仅涉及核心制造功能，而且涉及整个制造业务，包括营销、设计、生产、后勤供应、服务等。敏捷制造属于用户订单驱动型生产，敏捷制造的一个重要方面在于能力开发与用户和供应商之间的战略关系。敏捷制造并不意味着改变所有过去的生产过程和结构，而是强调如何利用旧的、可靠的生产过程（尽可能少添加新过程）和生产要素来构成新系统，生产更多的新产品。为了实现敏捷制造方式，制造企业的生产系统及其过程应当做到可重构性（reconfigure）、可重用性（reusable）和可扩充性（scalable），即RRS特性，通过有效的敏捷企业组织方式可以达到这一目标。敏捷制造系统（agile manufacturing system，AMS）是敏捷制造哲理的工程应用系统，以多种方式实现竞争环境下的敏捷，主要包括个性化需求满足、快速反应性、低成本、生产系统的重组与资源的重用等，如图9-3所示。

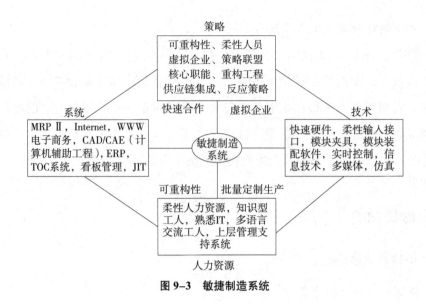

图 9-3 敏捷制造系统

2. 敏捷制造的特点和核心思想

敏捷制造是在具有创新精神的组织和管理结构、先进制造技术（以信息技术和柔性智能技术为主导）、有技术、有知识的管理人员三大类资源支柱支撑下得以实施的，也就是将柔性生产技术，有技术、有知识的劳动力与能够促进企业内部和企业之间合作的灵活管理集中在一起，通过所建立的共同基础结构，对迅速改变的市场需求和市场进度作出快速响应。敏捷制造比起其他制造方式具有更灵敏、更快捷的反应能力。

（1）从产品开发到产品生产周期的全过程满足要求。敏捷制造采用柔性化、模块化的产品设计方法和可重组的工艺设备，使产品的功能和性能可根据用户的具体需要进行改变，并借助仿真技术让用户很方便地参与设计，从而很快地生产出满足用户需要的产品。它对产品质量的概念是，保证在整个产品生产周期内达到用户满意；企业的质量跟踪将持续到产品报废，甚至直到产品的更新换代。

（2）采用多变的动态组织结构。21 世纪衡量企业是否具有竞争优势的准则在于企业对市场反应的速度和满足用户的能力。而要提高这种速度和能力，必须以最快的速度把企业内部的优势和企业外部不同公司的优势集中在一起，组成灵活的经营实体，即虚拟公司。

虚拟公司是一种利用信息技术打破时空阻隔的新型企业组织形式。它一般是某个企业为完成一定任务项目而与供货商、销售商、设计单位或设计师，甚至是用户所组成的企业联合体。选择这些合作伙伴的依据是他们的专长、竞争能力和商誉。这样，虚拟公司能把与任务项目有关的各领域的精华力量集中起来，形成单个公司所无法比拟的绝对优势。既定任务一旦完成，公司即行解体。当出现新的市场机会时，再组建新的虚拟公司。

虚拟公司大大缩短了产品上市时间，加速产品的改进发展，使产品质量不断提高，也能大大降低开支，增加收益。组成虚拟公司已被认为是企业重新建造自己生产经营过程的一个步骤，预计10年到20年以后，虚拟公司的数目会急剧增加。

（3）战略着眼点在于长期获取经济效益。传统的大批量生产企业，其竞争优势在于规模生产，即依靠大量生产同一产品，减少每个产品所分摊的制造费用和人工费用，来降低产品的成本。敏捷制造采用先进制造技术和具有高度柔性的设备进行生产，这些具有高柔性、可重组的设备可用于多种产品生产，不需要像大批量生产那样要求在短期内回收专用设备及工本等费用。而且变换容易，可在一段较长的时间内获取经济效益，所以它可以使生产成本与批量无关，做到完全按订单生产，充分把握市场中的每一个获利时机，使企业长期获取经济效益。

（4）建立新型的标准基础结构，实现技术、管理和人的集成。敏捷制造企业需要充分利用分布在各地的各种资源，要把这些资源集中在一起，以及把企业中的生产技术、管理和人集成到一个相互协调的系统中。为此，必须建立新的标准结构来支持这一集成。这些标准结构包括大范围的通信基础结构、信息交换标准等的硬件和软件。

（5）最大限度地调动、发挥人的作用。敏捷制造提倡以"人"为中心的管理。强调用分散决策代替集中控制，用协商机制代替递阶控制机制。它的基础组织是"多决策群体"（multi-decision team），是以任务为中心的一种动态组合。也就是把权力下放到项目组，提倡"基于统观全局的管理"模式，要求各个项目组都能了解全局的远景，胸怀企业全局，明确工作目标和任务的时间要求，但完成任务的中间过程则由项目组自主决定，发挥人的主动性和积极性。

敏捷制造的核心思想是：要提高企业对市场变化的快速反应能力，满足顾客的要求。除了充分利用企业内部资源外，还可以充分利用其他企业乃至社会的资源来组织生产。

9.3.2 敏捷制造三要素

敏捷制造的目标可概括为："将柔性生产技术，有技术、有知识的劳动力与能够促进企业内部和企业之间合作的灵活管理（三要素）集成在一起，通过所建立的共同基础结构，对迅速改变的市场需求和市场实际作出快速响应。"从这一目标中可以看出，敏捷制造实际上主要包括三个要素：生产技术、管理技术和人力资源。

1. 敏捷制造的生产技术

敏捷性是通过将技术、管理和人员三种资源集成为一个协调的、相互关联的系统来实现的。

（1）具有高度柔性的生产设备是创建敏捷制造企业的必要条件（但不是充分条件）。所必需的生产技术在设备上的具体体现是：由可改变结构、可量测的模块化制造单元构成的可编程的柔性机床组；"智能"制造过程控制装置；用传感器、采样器、分析仪与智能诊断软件相配合，对制造过程进行闭环监视等。

（2）在产品开发和制造过程中，能运用计算机能力和制造过程的知识基础，用数字计算方法设计复杂产品；可靠地模拟产品的特性和状态，精确地模拟产品制造过程。各项工作是同时而不是按顺序进行的。同时开发新产品，编制生产工艺规程，进行产品销售。设计工作不仅属于工程领域，也不只是工程与制造的结合。从用材料制造成品到产品最终报废的整个产品生命周期内，每一个阶段的代表都要参加产品设计。技术在缩短新产品的开发与生产周期上可充分发挥作用。

（3）敏捷制造企业是一种高度集成的组织。信息在制造、工程、市场研究、采购、财务、仓储、销售、研究等部门之间连续地流动，而且要在敏捷制造企业与其供应厂家之间连续流动。在敏捷制造系统中，用户和供应厂家在产品设计和开发中都应起到积极作用。每一个产品都可能要使用具有高度交互性的网络。

（4）把企业中分散的各个部门集中在一起，靠的是严密的通用数据交换标准、坚固的"组件"（许多人能够同时使用同一文件的软件）、宽带通信信道（传递需要交换的大量信息）。把所有这些技术综合到现有的企业集成软件和硬件中去，这标志着敏捷制造时代的开始。敏捷制造企业将普遍使用可靠的集成技术，进行可靠的、不中断系统运行的大规模软件的更换，这些都将成为正常现象。

2. 敏捷制造的管理技术

（1）敏捷制造在管理上所提出的最有创新意义的思想之一是组建"虚拟公司"。

敏捷制造认为，新产品投放市场的速度是当今最重要的竞争优势之一。推出新产品最快的办法是利用不同公司的资源，使分布在不同公司内的人力资源和物资资源能随意互换，然后把它们综合成单一的靠电子手段联系的经营实体——虚拟公司，以完成特定的任务。

（2）敏捷制造企业应具有组织上的柔性。因为，先进工业产品及服务的激烈竞争环境已经开始形成，越来越多的产品要投入瞬息万变的世界市场上去参与竞争。产品的设计、制造、分配、服务将用分布在世界各地的资源（公司、人才、设备、物料等）来完成。

3. 敏捷制造的人力资源

在动态竞争的环境中，敏捷制造在人力资源上关键的因素是人员。柔性生产技术和柔性管理要使敏捷制造企业的人员能够实现他们自己提出的发明和合理化建议。没有一个一成不变的原则来指导此类企业的运行。唯一可行的长期指导原则是，提供必要的物质资源和组织资源，支持人员的创造性和主动性。

在敏捷制造时代，产品和服务的不断创新和发展，制造过程的不断改进，是竞争优势的同义语。敏捷制造企业能够最大限度地发挥人的主动性。有知识的人员是敏捷制造企业中最宝贵的财富。因此，不断对人员进行教育，不断提高人员素质，是企业管理层应该积极支持的一项长期投资。每一个雇员消化吸收信息、对信息中提出的可能性作出创造性响应的能力越强，企业可能取得的成功就越大。对于管理人员和生产线上具有技术专长的工人都是如此。科学家和工程师参加战略规划和业务活动，对敏捷制造企业来说是带有决定性的因素。

9.3.3 敏捷制造系统

敏捷制造系统的构造与实施，是将 AM 的概念变为现实的过程，也是实现 AM 价值的关键步骤。图 9-4 是 AMS 的体系结构，其中 AM 概念是 AMS 的核心，中间层是 AM 概念实现的手段和方法，最外层的基础设施是实施这些方法的支撑结构。

敏捷性反映的是企业驾驭变化的能力，企业要实现的任何战略转移都可以从它具有的善于转变的能力中获益。敏捷制造强调通过联合来赢得竞争，通过产品制造、信息处理和现代通信技术的集成来实现人、知识、资金和设备（包括企业内部的和分布在全球各地合作企业的）的集中管理和优化利用。制造系统是一个复合系统，敏捷性概念的提出为制造系统赋予了新的概念和特征。

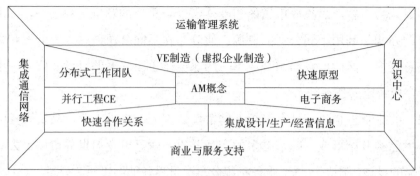

图 9-4 AMS 的体系结构

从系统工程的角度,可以把敏捷制造系统定义为:敏捷制造过程及其所涉及的硬件(包括人员、生产设备、材料、能源和各种辅助装置)以及有关软件(包括敏捷制造理论、敏捷制造技术和信息技术)等组成的可以有效实现制造业敏捷性的一个有机整体。

9.4 最优化技术与约束理论

9.4.1 最优化技术概述

最优化技术(optimized production technology,OPT)是以色列物理学家高德拉特(Eli yahu M. Goldratt)博士在20世纪70年代提出的。最初为帮助一个制造厂摆脱困境,采用OPT开发了软件。1979年,建立创新产品(creative output)公司宣传OPT概念和商品软件。约100家公司安装,之后继续深化OPT内容,提出"约束理论"(theory of constraints,TOC),创办研究所。之后,TOC又发展出用来逻辑化、系统化解决问题的"思维过程"(thinking process,TP)。与项目管理相结合,提出关键链。

衡量公司是否赚钱的标准通常是财务指标,主要包括衡量公司赚钱多少的绝对量——净利润、投资效果的相对评价——投资收益率、对企业生存状况评价的指标——公司现金流量。这些指标可以反映公司经营效果,但是事后评价,无法反映运作特性。高德拉特博士提出三个运作层面的评价指标:产销率、库存费用及运作费用。

产销率(throughput,T),企业通过销售获取资金的速率。库存费用是企业以销售为目的采购各种物资所占用的资金。运作费用是企业将库存转化为产销率的一切费用。

9.4.2 最优生产技术主要概念

1. 瓶颈与非瓶颈资源

制造资源是指生产产品所需的全部资源，如机器、工件、厂房和其他固定资产等。按照通常的思路，在设计一个企业时，总要使生产过程的各个阶段和环节的生产能力相等，即达到能力平衡。这是一种理想状态，OPT追求物流平衡。

OPT定义的瓶颈（bottleneck）是指实际生产能力小于或等于生产负荷的资源。这一类资源限制了整个企业产出的数量，是系统中限制产出效率的约束条件。如果不存在瓶颈资源，那么就会存在剩余的劳动力。这时系统应该做一些改变，从而暴露出系统的瓶颈资源所在。

生产能力（capacity）是指可以使用的生产时间。这不包括维修和其他停工时间。非瓶颈（no-bottleneck）是指生产能力大于对该资源需求的资源。因此，非瓶颈资源不需要工作，因为它的生产能力超过需求。非瓶颈资源包含了空闲时间。

2. 能力约束资源

能力约束资源（capacity-constrained resource，CCR）是指利用率接近生产能力的资源，如果不仔细计划，那么它就可能成为瓶颈资源。例如，工艺专业化车间的CCR可能要接受来自不同其他资源的工作任务。这些工作任务如果没有安排好，使得CCR的空闲时间超过它不利于生产能力的时间，那么晚些时候一些工作任务突然涌来，能力约束资源就会转化为瓶颈资源。如果批量大小发生改变，或者上游的作业因为某种原因不能实施，从而不能将足够的任务传递给CRR，那么这种情况就会发生。

3. 物流平衡

企业的生产过程可以看作一个从原材料到成品的高度相关的活动链。这个活动链中计划好的活动程序常会受企业中大量存在的随机事件的干扰而被打乱，如机器损坏、质量问题等。要识别这些干扰，找出问题出在何处，手段之一就是从"物流"着手，对企业中"物流"分类，根据不同类型"物流"的特点，认识它们各自的薄弱点或"瓶颈"所在，从而有针对性地进行计划与控制。

9.4.3 OPT的九个原则

OPT管理思想具体体现在生产排序原则上。有九个原则是实施OPT的基石。

这些原则独立于软件之外，直接用于指导实际的生产管理活动。OPT有关生产计划与控制的算法和软件是按照这九个原则提出和开发的。

1. 追求物流平衡而非生产能力的平衡

追求生产能力的平衡是为了使企业的生产能力得到充分利用。对于一个已投产的企业，特别是多品种生产的企业，如果一定要追求生产能力的平衡，那么即使企业的生产能力充分利用了，产品也并非都能恰好符合当时市场的需求。

2. 非瓶颈资源的利用程度不是由其本身决定的，而是由系统的约束决定的

系统的约束就是瓶颈。因为系统的产出是由所能经过瓶颈的产品量决定的，即瓶颈制约着产销率。而非瓶颈资源的充分利用不仅不能提高产销率，而且会使库存和运行费增加。

3. 资源的"利用"（utilization）和"活力"（activation）不是同义词

"利用"是指资源应该利用的程度，"活力"是指资源能够利用的程度；"利用"注重的是有效性，而"活力"注重的则是可行性。

按传统的观点，一般将资源能够利用的能力加以充分利用，所以"利用"和"活力"是同义的。按OPT的观点，两者有着重要的区别：因为做所需要的工作（应该做的，即"利用"）与无论需要与否，最大程度可做的工作（能够做的，即"活力"）之间是明显不同的。所以对系统中非瓶颈资源的安排使用，应基于系统的约束。从平衡物流的角度出发，应允许在非关键资源上安排适当的闲置时间。

4. 瓶颈上一个小时的损失则是整个系统的一个小时的损失

生产时间包括调整准备时间和加工时间，但瓶颈资源与非瓶颈资源上的调整准备时间的意义是不同的。而如果在瓶颈资源上节省一个小时的调整准备时间，则将能增加一个小时的加工时间，相应地，整个系统增加了一个小时的产出。

5. 非瓶颈资源节省的一个小时无益于增加系统产销率

因为非瓶颈资源上除了生产时间（加工时间和调整准备时间）之外，还有闲置时间。节约一个小时的生产时间，将增加一个小时的闲置时间，而并不能增加系统产销率。当然，如果节约了一个小时的生产时间，可以减少加工批量，加大批次，以降低在制品库存和缩短生产提前期。但这些结果能在多大程度上有益于系统追求的根本目标，依然牢牢受制于瓶颈资源。

6. 瓶颈控制了库存和产销率

产销率是企业通过销售获取资金的速率。产销率受到企业的生产能力和市场

的需求这两方面的制约，即它们是由内部瓶颈和外部瓶颈所控制的。

若瓶颈存在于企业内部，则表明企业的生产能力不足，相应地，产销率也受到限制；若企业所有的资源都能维持高于市场需求的能力，则市场需求就成了瓶颈，这时即使企业能多生产，但由于市场承受能力不足，产销率也不能增加。由于瓶颈控制了产销率，所以企业的非瓶颈应与瓶颈同步，它们的库存水平只要能维持瓶颈上的物流连续稳定即可，过多的库存只是浪费。因此瓶颈就相应地控制了库存。

7. 转运批量可以不等于加工批量

车间现场的计划与控制的一个重要方面就是批量的确定，它影响到企业的库存和产销率。OPT 把在制品库存分为两种不同的批量形式，即转运批量（指工序间运送一批零件的数量）和加工批量（指经过一次调整准备所加工的同种零件的数量），确定加工批量应考虑资源的合理应用（减少设备的调整次数）和合理的在制品库存（减少资金积压和在制品库存费用）。

为使瓶颈上的产销率达到最大，瓶颈上的加工批量必须大。非瓶颈上的加工批量要小以减少库存费用和加工费用。在制品库存不应因此增加，所以转运批量应该小。

8. 批量大小应是可变的，而不是固定的

原则 8 是原则 7 的直接应用。在 OPT 中，转运批量是从在制品的角度来考虑的，而加工批量则是从资源类型的角度来考虑的。

同一种工件在瓶颈资源和非瓶颈资源上加工时可以采用不同的加工批量，在不同的工序间传送时可以采用不同的转运批量，其大小根据实际需要动态决定。

9. 编排作业计划时应考虑系统资源约束，提前期是作业计划的结果，而不是预定值

MRP 是按预先制定的提前期，用无限能力计划法编制作业计划。但当生产提前期与实际情况出入较大时，所得的作业计划就脱离实际难以实施。

OPT 先安排瓶颈工序上加工的关键件的生产进度计划，以瓶颈工序为基准，把瓶颈工序之前、之间、之后的工序分别按拉动、工艺顺序、推动的方式排定，并进行优化，接下来编制非关键件的作业计划。OPT 中的提前期是批量、优先权数和其他许多因素的函数，是编制作业计划产生的结果。

9.4.4 OPT 的计划与控制

1. 鼓（drum）、缓冲（buffer）和绳（rope）

鼓是一个企业运行 OPT 的开端，即识别一个企业的瓶颈所在。瓶颈控制着企业同步生产的节奏——鼓点。要维持企业内部生产的同步、企业生产和市场需求的同步，存在着一系列的问题。其中一个主要问题就是企业的生产如何能满足市场或顾客的需求而又不产生过多的库存。因而，安排作业时，除了要对市场行情进行正确的预测外，还必须按交货期给顾客赋予一定的优先权数，在瓶颈上根据这些优先权数的大小安排生产，并据此对上下游的工序排序，则得到交付时间。

缓冲器又称缓冲，一般分为时间缓冲和库存缓冲。库存缓冲指安全在制品，其位置、数量的确定原则同时间缓冲。时间缓冲则是将所需的物料比计划提前一段时间提交，以防随机波动，以瓶颈上的加工时间长度作为计量单位。

如果说鼓的目标是使产销率最大，那么，绳子的作用则是使库存最小。我们知道，瓶颈决定着生产线的产出节奏，而对其上游的工序实行拉动式生产，等于用一根看不见的绳子把瓶颈与这些工序串联起来，有效地使物料依照产品出产计划快速地通过非瓶颈作业，以保证瓶颈的需要。所以，绳子起的是传递作用，以驱动系统的所有部分按鼓的节奏进行生产。图 9-5 所示为瓶颈资源的线性产品流程。

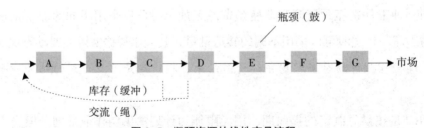

图 9-5 瓶颈资源的线性产品流程

在 DBR（鼓-缓冲器-绳）的实施中，绳子是由一个涉及原材料投料到各车间的详细的作业计划来实现的。绳子控制着企业物料的进入（包括瓶颈的上游工序与非瓶颈的装配），其实质和看板思想相似，即由后道工序根据需要向前道工序领取必要的零件进行加工，而前道工序只能对已取用的部分进行补充，实行的是一种受控生产方式。在 OPT 中，就是受控于瓶颈的产出节奏，也就是鼓点。没有瓶颈发出的生产指令，就不能进行生产，这个生产指令是通过类似看板的物质在工序间传递的。

绳子系统的控制，使得瓶颈前的非瓶颈设备均衡生产，加工批量和运输批量减少，可以缩短提前期以及减少在制品库存，而同时又不使瓶颈停工待料。所以，绳子是瓶颈对其上游机器发出生产指令的媒介，没有它，生产就会混乱，要么造成库存过大，要么会使瓶颈出现"饥饿"现象。

2. OPT 的计划与控制步骤

OPT 认为，一个企业的计划与控制的目标就是寻求顾客需求与企业能力的最佳配合，一旦一个被控制的工序（即瓶颈）建立了一个动态的平衡，其余的工序应相继地与这一被控制的工序同步。OPT 的计划与控制是通过 DBR 系统实现的。即"鼓""缓冲器"和"绳子"系统。实施计划与控制主要包括以下步骤。

（1）识别企业的真正约束（瓶颈）所在是控制物流的关键。一般来说，排队最长的机器就是"瓶颈"。若知道一定时间内的产品及其组合，就可按零部件的加工路线及工时定额，计算出各类机床的任务工时，将任务工时与能力工时比较，负荷最高、最不能满足需求的机床就是瓶颈。找出瓶颈以后，可以把企业里所有的加工设备划分为关键资源和非关键资源。

（2）基于瓶颈约束，建立产品出产计划（master production schedule）。产品出产计划的建立，应该使受瓶颈约束的物流达到最优，因为瓶颈约束控制着系统的"鼓的节拍"（drum-beat），即控制着企业的生产节拍和产销率。为此，需要按有限能力法进行生产安排，在瓶颈上扩大批量，设置"缓冲器"。

（3）实行对"缓冲器"的有效管理，以防止随机波动，使瓶颈不至于出现等待任务的情况。

（4）对企业物料进行平衡，使得进入非瓶颈的物料应被瓶颈的产出率所控制（即"绳子"）。

9.4.5 约束理论的概念和发展过程

1. 约束理论的概念

约束理论的基本理念是：限制系统实现企业目标的因素并不是系统的全部资源，而仅仅是其中某些被称之为瓶颈的个别资源。约束理论认为，系统中的每一件事都不是孤立存在的，一个组织的行为由于自身或外界的作用而发生变化，尽管有许多相互关联的原因，但总存在一个最关键的因素。找出制约系统的关键因素加以消除，起到事半功倍的作用。管理的艺术就在于发现并转化这些瓶颈，或使它们发挥最大效能。约束理论就是一种帮助找出和改进瓶颈，使系统（企业）效能最大化的管理哲理，是事半功倍的管理哲理。

约束理论是由以色列的物理学家和企业管理大师高德拉特博士创造的。由于采用了常识的通俗的逻辑推理，更易于接受，TOC 成为企业进步非常突出和有效的工具。现在，TOC 已经成为一种改进任何系统——商务、工业、个人或环境的有效方法。

2. 约束理论的发展过程

约束理论的前身是 OPT。OPT 是高德拉特和其他三个以色列合作者创立的。OPT 是由一组管理理念和规则（如瓶颈资源与非瓶颈资源的划分，"鼓－缓冲－绳"计划、控制系统等）组成的理论体系，最初被理解为"对制造企业进行管理，解决瓶颈的方法"。后几经改进发展成为以"产销率、库存、运行费"为基础的指标体系，逐渐形成了一种面向增加产销率而不是传统的面向减少成本的管理理论工具，并且最终覆盖到企业管理的所有职能方面。

进入 20 世纪 90 年代，TOC 又发展出用于逻辑化、系统化解决问题的思维过程工具。因此，TOC 既是面向产销率的管理理念，又是管理工具，如图 9-6 所示。

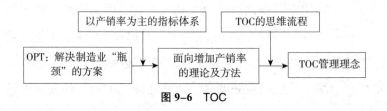

图 9-6　TOC

9.4.6　约束理论的核心内容

1. 企业目标与衡量标准

高德拉特对公司目标的观点十分直接，他认为"企业的目标就是赚钱"。

约束理论

高德拉特认为尽管一个组织会有很多目标，如提供职位、消费原材料、提高销售额、增加市场份额、发展技术以及生产高质量的产品等，但是这些目标并不能保证公司长期生存。它们只是实现目标的手段，而不是目标本身。只有公司能赚钱，它才会兴旺发达。

为了适当地评价一个企业的绩效，需要采用两套度量标准，一套从财务的角度出发，另一套从运营的角度出发。

1）财务指标

（1）净利润（net profit，NP）。一个企业赚多少钱的绝对量。一般来说，净利润越高的企业，其效益越好。

（2）投资收益率（return on investment，ROI）。表示一定时期的收益与投资的比值。当两个企业投资不同时，单靠净利润是无法比较它们效益的好坏的。

（3）现金流量（cash flow，CF）。表示短期内收入和支出的钱。没有一定的现金流量，企业也就无法生存下去。

2）作业指标

（1）产销率。按 OPT 的规定，它不是一般的通过率或生产率，而是单位时间内生产出来并销售出去的量，即通过销售活动获取金钱的速率，生产出来但未销售出去的产品只能是库存。

（2）库存（inventory，I）。是一切暂时不用的资源。它不仅包括为满足未来需要而准备的原材料、加工过程的在制品、一时不用的零部件、未销售的成品，而且还包括扣除折旧的固定资产库存占用的资金、产生的机会成本及一系列维持库存所需的费用。

（3）运行费（operating expenses，OE）。生产系统将库存转化为产销量的过程中的一切花费，其中包括所有的直接费用和间接费用。

对制造型企业，"库存"是输入的原材料，它从黑箱里出来，就成了产成品，这种从输入到输出的转换所花费的钱就是"运行费"。对于学校，校内所有的学生组成"库存"，单位教学时间对单个学生所产生的影响就是"产销率"，教育经费（包括教学设施、教师工资等）是"运行费"。

2. 约束理论的五个核心步骤

为了切实实现系统改进，TOC 提出识别并突破"约束"的五大核心步骤。

1）找出系统中存在哪些约束

企业要增加产销率的话，一般会在以下方面想办法：原料（materials）：增加生产过程的原材料投入；能力（capacity）：如果由于某种生产资源不足而市场需求无法满足，就要考虑增加这种资源；市场（market）：如果由于市场需求不足而供给能力过剩，就要考虑开拓市场；政策（policy）：找出企业内部和外部约束产销率的种种政策规定。

2）找突破（exploit）这些约束的办法

若某种原材料是约束，就要设法确保原材料的及时供应和充分利用；若市场需求是约束，就要给出进一步扩大市场需求的具体办法。若要突破某台瓶颈设备利用率不高这个约束，则可：

（1）设置时间缓冲，在瓶颈设备紧前工序的完工时间与瓶颈设备的开工时间之间设置一段缓冲时间。

（2）在制品缓冲。

（3）在瓶颈设备前设置质检环节，以保证经过瓶颈的工件正品率100%。

（4）统计瓶颈设备产出的废品率，并找出出废品的原因并根除之。

（5）对返修或返工的方法进行研究改进。

3）使企业的所有其他活动服从于第二步中提出的各种措施

如果流水线上的一台机器是约束，那么可以在适当的地方设置时间缓冲，来保证流水线上其他生产环节对这台机器的供给能够满足这台机器的生产需要。正是这一点，使得TOC不单单是一种制造理念，而且是一种管理理念或经营理念，可以应用于营销、采购、生产、财务等企业经营各方面的协调。

4）具体实施第二步中提出的措施，使第一步中找出的约束环节不再是企业的约束

工厂的某台机器是约束，就要采取缩短设备调整和操作时间、改进流程、加班、增加操作人员、增加机器等途径。

5）谨防人的惰性成为系统的约束

当一个约束被突破，一定要重新回到第一步，开始新的循环。就像一根链条一样，改进了其中最薄弱的一环，原来的次薄弱环节就会成为最薄弱的。

9.5 智能制造

9.5.1 智能制造的概念

智能制造是一项综合系统工程，以传统管理技术和标准化为基础，突出人的核心作用，将互联网技术、设备联网技术、云计算和大数据信息化技术广泛应用于生产设施、控制、操作、制造执行、企业运营、分析决策、商业模式、协同创

新过程；实现自动识别、自动记录、自主分析、自主判断、自主决策、自主优化，并通过设备联网、智能运营模式、协同创新，对传统制造业进行改造升级，实现企业管理过程的智能化、柔性化、集成化。制造过程的时间、安全、质量、效率、交货期、成本、服务等依然是智能制造管理目标的主题。

9.5.2 以传统技术为基础的智能制造体系

经典的管理技术如工业工程、精益生产、六西格玛、管理体系等依然是智能制造管理的基石，无论任何系统在设计时都必须遵循相应的管理原则，这也是智能制造管理实施成功的关键所在。智能制造中，需把这些管理工具在系统中进行工具化和智能化，如我们在设计仓库管理系统（WMS）时，一个原则必须遵守，即先进先出，在流程设定、作业执行等环节必须遵循这一原则，并提供相应的自动化的流程、预警防错和反馈机制。再如在进行整体规划或单一系统，甚至单一模块设计时必须遵守过程方法 PDCA 原则，形成闭环控制。

9.5.3 智能制造的内涵和特征

智能制造是一种全新的制造管理系统，它随着市场的变化和制造业内在发展逻辑，经过演变和整合逐步形成。它将传统管理技术通过信息化、自动化、网络化植入日常管理中，使其得到升华。

智能管理是高度综合性管理工程技术系统，涉及信息技术、网络技术、自动化等技术以及管理学、经济学等学科；在进行研究和设计时，必须先设计其整体架构，再设计详细的子系统，进行各子系统或具体问题的研究，以实现企业发展的整体功能最优为目标。通过对智能制造系统的综合、系统分析，构建系统模型来指导企业智能制造系统的推进，这样必须建立一个知识结构合理的推进组织。

智能制造是企业价值链的智能化和协同创新的应用，是推进信息化与工业化深度融合、提升的有效手段，解决企业的设计、生产、销售、服务等为顾客创造价值的一系列活动、功能以及业务流程之间的连接问题；将创新资源和要素有效汇聚，通过突破创新主体间的壁垒，充分释放彼此间"人才、资源、信息、技术、数据"等创新要素活力而实现协同创新下的深度合作。通过核心企业的引导和机制安排，促进价值链上企业发挥各自的能力优势，整合互补性资源，实现优势互补，协作开展技术创新，加速技术应用，并促使技术不断进步。

智能制造是过程方法应用的集中体现：通过数据自动采集、存储、提炼、分析、预警、指令，实现闭环生态系统；更高阶段体现为：拥有强大的知识库，能够自主识别、自主分析、自主判断、自主决策，通过闭环生态系统对制造不断优化升级。

智能制造以顾客需求为中心，其动力在于质量、成本、效益、服务和环境等必须同时满足市场和社会的需求，在最短的周期提供高质量的产品，提供具有竞争优势的价格和全方位的服务，从而获得利益最大化。

9.5.4 实现智能制造的重要手段

设备联网系统核心指导思想是实现分布式控制，分为三个部分。

1. 设备联网通信

设备联网通信是设备联网控制的核心部分，通过设备网口或网络通信模块，对不同操作系统、不同性能的设备与服务器双向并发远程通信，以实现设备与服务器的数据通信。

2. 设备生产程序管理

在正常情况下，程序是按照程序名放在不同的目录下的，有时同一程序又往往存在不同的版本，这样查找所需的程序就较为困难，并且容易出现程序调用错误的情况。既要准确快速地调用相应的程序，又要保证程序的版本正确，联网系统必须做到这一点。

程序管理系统平台构架在顾客端/服务器体系结构上，产品数据集中放置在服务器中实现数据的集中和共享。程序管理系统包括产品结构树的管理、加工程序的流程管理、人员权限的管理、安全管理、版本管理、产品及设备管理。

3. 设备数据采集与监控

采集与监控模块负责设备实时信息的采集，包括远程监控设备状态（运行、空闲、故障、关机、维修等状态）、设备的运行参数（转速等），实时获知每台设备的当前加工产品状况、产品加工的工艺参数、工单信息等。

9.5.5 智能制造载体

智能工厂利用设备联网技术和监控预警手段增强信息准确性及实时性，并提高生产服务质量；让制程按照设定的流程工艺运行，具有高度的可控性，减少人为干预；具有采集、分析、判断、规划、推理、预测功能；通过生产仿真系统和可视化手段，制造情景实时呈现，并可以进行自行协调、自行优化。智能工厂的形成是自下而上的过程：人和智能设施、智能管理形成智能工序，多智能工序的集成形成智能产线，智能产线的集成形成智能车间，智能车间的集成形成智能工厂。

本章小结

本章对运营管理方式的相关概念和方法进行了介绍，应了解当前现代企业在精益生产、智能制造等方面所面临的问题，理解精益生产的含义及未来发展趋势；明确大规模定制的内容，以及敏捷制造的要素、特征、体系结构；应掌握和理解约束理论的概念，以及智能制造的特征，并能概括出智能制造在大数据时代的发展趋势。

即测即练

五问复盘

1. 什么是精益生产？
2. 如何实现大规模定制？
3. 如何理解敏捷制造？
4. 约束理论的核心内容是什么？
5. 智能制造有什么内涵和特征？

思维转变

通过网络收集一个案例，简述如何加强企业运营管理。

参考文献

[1] 泰勒. 科学管理原理 [M]. 马风才, 译. 北京: 机械工业出版社, 2017.

[2] 许正. 工业互联网: 互联网+时代的产业转型 [M]. 北京: 机械工业出版社, 2015.

[3] 朱冬. 掌握"后疫情时代"的五大商业趋势 [EB/OL]. (2020-04-02). http://finance.sina.com.cn/wm/2020-04-02/doc-iimxxsth3188847.shtml.

[4] 訾猛, 邱苗. 变革与创新, 新消费时代: 国君消费大组 2021 开年扛鼎之作 [DB/OL]. (2021-02-19). http://www.wenku120.com/doc-126271.html.

[5] 陈荣秋, 马士华. 生产运作管理 [M]. 6 版. 北京: 机械工业出版社, 2022.

[6] 庄郑悦. 15 分钟送到家美团实现无人机送货上门 [EB/OL]. (2021-07-09). http://www.xsnet.cn/content/2021-07/09/content_200199.html.

[7] 卡桑, 特维施. 运营管理: 供需匹配的视角: 英文版·第 2 版 [M]. 任建标, 改编. 北京: 中国人民大学出版社, 2019.

[8] 李兰, 董小英, 等. 企业家在数字化转型中的战略选择与实践推进: 2022·中国企业家成长与发展专题调查报告 [R/OL]. (2022-08-22). https://kns.cnki.net/kcms/detail/12.1288.F.20220819.1731.002.html.

[9] 雅各布斯, 蔡斯. 运营管理: 原书第 15 版 [M]. 苏强, 霍佳震, 邱灿华, 译. 北京: 机械工业出版社, 2020.

[10] 约翰逊, 弗林. 采购与供应管理: 原书第 15 版 [M]. 杜丽敬, 译. 北京: 机械工业出版社, 2020.

[11] 大野耐一. 丰田生产方式 [M]. 谢克俭, 李颖秋, 译. 北京: 中国铁道出版社, 2016.

[12] 马士华, 林勇. 供应链管理 [M]. 6 版. 武汉: 华中科技大学出版社, 2016.

[13] 宋志平. 企业迷思: 北大管理公开课 [M]. 北京: 机械工业出版社, 2020.

[14] 曲立. 现代生产管理方式 [M]. 北京：社会科学文献出版社，2008.

[15] 李科，王润五，肖明涛，等. AI 时代重新定义精益管理 [M]. 北京：人民邮电出版社，2022.

[16] 豆大帷. 新制造："智能 +" 赋能制造业转型升级 [M]. 北京：中国经济出版社，2019.

[17] 齐二石，李建国，罗帅. 创新驱动的中国制造转型升级路径研究 [J]. 机械设计，2022，39（1）：70-74.

[18] 刘永胜，杜志平，白晓娟. 供应链管理 [M]. 北京：北京大学出版社，2012.

[19] 谢礼珊，彭家敏，关新华. 服务管理 [M]. 北京：清华大学出版社，2016.

[20] 舒伯阳. 服务运营管理 [M]. 北京：中国旅游出版社，2019.

[21] 仝新顺，刘芳宇. 生产与运作管理 [M]. 北京：清华大学出版社，2020.

[22] 斯莱克，琼斯，约翰斯顿. 运营管理：第 7 版 [M]. 陈福军，吴晓巍，译. 北京：清华大学出版社，2016.

[23] 汪应洛. 系统工程 [M]. 5 版. 北京：机械工业出版社，2017.

[24] 宋航. 万物互联：物联网核心技术与安全 [M]. 北京：清华大学出版社，2019.

[25] 中国通信工业协会物联网应用分会，等. 物联网 +5G[M]. 北京：电子工业出版社，2020.

[26] 李俊杰，李仲涛，武凯. 智能工厂从这里开始 [M]. 北京：机械工业出版社，2022.

[27] 斯莱克，刘易斯. 运营战略 [M]. 刘晋，李军，向佐春，译. 北京：人民邮电出版社，2004.

[28] 希特，爱尔兰，霍斯基森. 战略管理：竞争与全球化（概念）：第 12 版 [M]. 焦豪，等译. 北京：机械工业出版社，2018.

[29] 华牧. 创华为：任正非传 [M]. 北京：华文出版社，2017.

[30] 顾亮，赖林萍，王冬明. 餐饮引爆力：定位选址 + 爆品打造 + 品牌营销 + 运营管理 [M]. 北京：中国铁道出版社，2020.

[31] 李维华. 选址学概论：单店选址理论与实务 [M]. 北京：企业管理出版社，2021.

[32] 席西民. 管理何为：一个"理想主义"践行者的人生告白 [M]. 北京：北京大学出版社，2022.

[33] 郝志忠. 用户力：需求驱动的产品、运营和商业模式 [M]. 北京：机械工业出版社，2015.

[34] 冯国，许祖华. 汪应洛科学管理铸强国 [J]. 管理观察，2014（24）：5.

[35] 董明，孙琦. 动态能力视角下制造业价值链的数字化重构路径：全球灯塔工厂案例分析 [J]. 工业工程与管理，2022，27（5）：197-207.

[36] 工业互联网产业联盟，中国信息通信研究院. 工业互联网综合知识读本 [M]. 北京：电子工业出版社，2019.

[37] 秦现生，同淑荣，王润孝. 并行工程的理论与方法 [M]. 西安：西北工业大学出版社，2008.

[38] 李浩. 智能产品服务系统模块化设计方法 [M]. 北京：清华大学出版社，2019.

[39] 殷国富，杨随先. 计算机辅助设计与制造技术 [M]. 武汉：华中科技大学出版社，2008.

[40] 斯图尔特，邱菀华. 价值工程方法基础 [M]. 北京：机械工业出版社，2007.

[41] 熊伟. 质量功能展开：从理论到实践 [M]. 北京：科学出版社，2009.

[42] 刘鸿恩，张列平. 质量功能展开（QFD）理论与方法：研究进展综述 [J]. 系统工程，2000，18（2）：1-6.

[43] 吴爱华，赵馨智. 生产计划与控制 [M]. 2版. 北京：机械工业出版社，2019.

[44] 曾强. 生产计划 [M]. 北京：北京邮电大学出版社，2019.

[45] 孔繁森. 生产计划与管控 [M]. 北京：清华大学出版社，2021.

[46] 尹文生. 生产计划与控制系统的逆向分析与求解 [M]. 武汉：华中科技大学出版社，2018.

[47] 中国认证认可协会. 质量管理方法与工具 [M]. 北京：高等教育出版社，2019.

[48] 武志军. 质量管理学 [M]. 北京：化学工业出版社，2022.

[49] 埃文斯，林赛. 质量管理与卓越绩效：第11版 [M]. 中国质量协会，译. 北京：中国人民大学出版社，2022.

[50] 赵永强，郭琪，陶茜，等. 质量管理理论及应用 [M]. 北京：电子工业出版社，2021.

[51] 尤建新，邵鲁宁，李展儒. 质量管理学 [M]. 4版. 北京：科学出版社，2021.

[52] 张坚. 质量管理实战：方法、技巧与工具一本就够 [M]. 北京：人民邮电出版社，2021.

[53] 刘俊艳，辛圣瑶. 资源约束下的生产计划智能排产系统研究 [J]. 机械设计，2022，39（10）：60-69.

[54] 杨晓梅，李文汇，张宇琼，等. 多状态系统的生产计划与设备维修的联合决策 [J]. 组合机床与自动化加工技术，2022（9）：164-168.

[55] 杨晓梅，官开. 考虑次品率限制的生产计划与视情维修联合优化策略 [J]. 工业工程与管理，2022，27（2）：191-201.

[56] 顾清华，马龙，卢才武，等. 露天矿山企业长期生产计划模型与优化算法 [J]. 工业工程与管理，2020，25（1）：38-52.

[57] 丁珈，万国华. 企业生产计划与调度的实践研究述评：社会技术系统视角 [J]. 管理科学学报，2020，23（12）：110-123.

[58] 李荣. 质量管理工具方法实务指引 [M]. 济南：山东大学出版社，2021.

[59] 赵晓波，黄四民. 库存管理 [M]. 2版. 北京：清华大学出版社，2018.

[60] 李葆文. 设备管理新思维新模式 [M]. 4版. 北京：机械工业出版社，2019.

[61] 刘宝红. 需求预测和库存计划：一个实践者的角度 [M]. 北京：机械工业出版社，2020.

[62] 刘宝红，赵玲. 供应链的三道防线：需求预测、库存计划、供应链执行 [M]. 北京：机械工业出版社，2018.

[63] 黎新伍，叶晗堃. 跨境电子商务运营与管理 [M]. 2版. 南京：南京大学出版社，2021.

[64] 卢慧玲，张家敏. 创新供应链管理 [M]. 3版. 北京：中国人民大学出版社，2021.

[65] 张天柱. 农业嘉年华运营管理 [M]. 北京：中国轻工业出版社，2020.

[66] 周永务，李斐. 新零售运营管理面临的问题与挑战 [J]. 系统管理学报，2022，31（6）：1041-1055.

[67] 张杰. LNG槽车站的生产过程管理 [J]. 化学工程与装备，2022（10）：66，92-93.

[68] 郑路，颜伟雄，胡觉亮，等. 基于模块化的服装混合流水线平衡优化 [J]. 纺织学报，2022，43（4）：140-146.

[69] 刘志国. 企业运营管理理论框架构建 [J]. 中国管理信息化，2022，25（7）：122-125.

[70] 张珂. 物流企业服务质量改进对策探讨 [J]. 中国物流与采购，2022（20）：88-89.

[71] 武赫. 养老产业的开发与运营管理研究 [M]. 石家庄：河北科学技术出版社，2019.

[72] 罗军，龚庆，徐旭. 供应链：运作管理及海关标准 [M]. 南京：南京大学出版社，2019.

[73] 缪剑鸣. 自动运营的企业系统 [M]. 南京：南京大学出版社，2018.

[74] 柳荣. 采购与供应链管理 [M]. 北京：人民邮电出版社，2018.

[75] 李伟清. 酒店运营管理 [M]. 重庆：重庆大学出版社，2018.

[76] 程国平，袁付礼，郜庆路. 生产运作管理 [M]. 2版. 北京：人民邮电出版社，2017.

[77] 彭英. 电信运营管理 [M]. 2版. 北京：人民邮电出版社，2017.

[78] 陈国华. 运营管理 [M]. 南京：南京大学出版社，2022.

[79] 范体军，李淑霞，常香云，等. 运营管理 [M]. 北京：科学出版社，2022.

[80] 邹艳芬，胡宇辰，陶永进. 运营管理 [M]. 2版. 上海：复旦大学出版社，2022.

[81] 王国弘. 运营管理 [M]. 北京：电子工业出版社，2021.

[82] 马士华，崔南方，周水银，等. 生产运作管理 [M]. 4版. 北京：科学出版社，2022.

[83] 蔡建飞. 生产运作管理 [M]. 北京：北京大学出版社，2017.

[84] 刘立枝，闫亦农，雒彬钰，等. 模块化裤装缝制流水线的优化设计 [J]. 毛纺科技，2020，48（1）：66-69.

[85] 蔡建华. 生产与运作管理 [M]. 北京：北京大学出版社，2015.

[86] 徐玖平，胡知能. 运筹学 [M]. 4版. 北京：科学出版社，2018.

[87] 《运筹学》教材编写组. 运筹学 [M]. 5版. 北京：清华大学出版社，2021.

[88] 党耀国，朱建军，关叶青. 运筹学 [M]. 4版. 北京：科学出版社，2021.

[89] 肖特尔，汤普森，格罗斯，等. 排队论基础 [M]. 5版. 闫煦，邓博文，译. 北京：人民邮电出版社，2022.

[90] 唐加山. 排队论及其应用 [M]. 北京：科学出版社，2016.

[91] 孙荣恒，李建平. 排队论基础 [M]. 北京：科学出版社，2002.

[92] 刘树华，鲁建厦，王家尧. 精益生产 [M]. 北京：机械工业出版社，2021.

[93] 杨华.精益生产管理实战手册[M].北京：化学工业出版社，2018.

[94] 赵勇.精益生产实践之旅[M].北京：机械工业出版社，2017.

[95] 杨申仲.精益生产实践[M].2版.北京：机械工业出版社，2021.

[96] 庞国锋，徐静，郑天舒.大规模个性化定制模式[M].北京：电子工业出版社，2019.

[97] 中国电子技术标准化研究院.智能制造大规模个性化定制案例集[M].北京：电子工业出版社，2020.

[98] 柿内幸夫.改善4.0：用户主导时代的大规模定制方式[M].王蕾，译.北京：东方出版社，2022.

[99] 沃麦克，琼斯，鲁斯.改变世界的机器：精益生产之道[M].余锋，张冬，陶建刚，译.北京：机械工业出版社，2021.

[100] 铃村尚久.精益制造055：丰田生产方式的逆袭[M].李清玉，译.北京：东方出版社，2022.

[101] 汪定伟.敏捷制造的ERP及其决策优化[M].北京：机械工业出版社，2003.

[102] 苏金泷.敏捷制造：敏捷集成基础结构设计[M].北京：人民邮电出版社，2015.

[103] 张申生，等.敏捷制造的理论、技术与实践[M].上海：上海交通大学出版社，2000.

[104] 姚振强，张雪萍.敏捷制造[M].北京：机械工业出版社，2004.

[105] 张小强.工业4.0智能制造与企业精细化生产运营[M].北京：人民邮电出版社，2017.

[106] 宁振波.智能制造的本质[M].北京：机械工业出版社，2021.

[107] 刘强，丁德宇.智能制造之路[M].北京：机械工业出版社，2017.

[108] 李培根，高亮.智能制造概论[M].北京：清华大学出版社，2021.

[109] DODSON B，HAMMETT P C，KLERX R. Probabilistic design for optimization and robustness for engineers[M]. 2nd edition. New York：John Wiley & Sons，Ltd.，2014.

[110] GOLDSTEIN S M，JOHNSTON R，DUFFY J A，et al. The service concept：the missing link in service design research?[J]. Journal of operations management，2002，20（2）：121-134.

[111] KOUFTEROS X, VONDEREMBSE M, DOLL W. Concurrent engineering and its consequences[J]. Journal of operations management, 2001, 19(1): 97-115.

[112] BITNER M J, OSTROM A L, MORGAN F N. Service blueprinting: a pratical technique for service innovation[J]. California management review, 2008, 50(3): 66-94.

[113] FLIEβS, KLEINALTENKAMP, et al. Blueprinting the service company: Managing service processes efficiently[J]. Operations research, 2004, 57(4): 392-404.

[114] GEUM Y, PARK Y. Designing the sustainable product-service integration: a product-service blueprint approach[J]. Journal of cleaner production, 2011, 19(14): 1601-1614.

[115] JACOBS R. Kano model[J]. Quality world, 2007, 33(8): 30-32.

教师服务

感谢您选用清华大学出版社的教材！为了更好地服务教学，我们为授课教师提供本书的教学辅助资源，以及本学科重点教材信息。请您扫码获取。

❯❯ 教辅获取

本书教辅资源，授课教师扫码获取

❯❯ 样书赠送

管理科学与工程类重点教材，教师扫码获取样书

 清华大学出版社

E-mail: tupfuwu@163.com
电话：010-83470332 / 83470142
地址：北京市海淀区双清路学研大厦 B 座 509

网址：https://www.tup.com.cn/
传真：8610-83470107
邮编：100084